山东省世界社会主义共产主义运动研究基地
山东省中外社会主义比较研究基地　主办
聊城大学世界社会主义共产主义运动研究所
程玉海　张祥云　　　　　　　　顾问

International Communist
Movement History and Socialism
Research Edits Publication

国际共运史与社会主义研究辑刊

2018年卷（总第8卷）

中国社会科学出版社

图书在版编目（CIP）数据

国际共运史与社会主义研究辑刊 . 2018 年卷：总第 8 卷/李华锋，秦正为主编 . —北京：中国社会科学出版社，2018.12
ISBN 978 - 7 - 5023 - 3313 - 9

Ⅰ.①国… Ⅱ.①李… ②秦… Ⅲ.①国际共产主义运动史—文集②社会主义—文集　Ⅳ.①D1 - 53②D091.6 - 53

中国版本图书馆 CIP 数据核字（2018）第 234597 号

出 版 人	赵剑英
责任编辑	杨晓芳
特约编辑	席建海
责任校对	郭志云
责任印制	王　超

出　　版	中国社会科学出版社
社　　址	北京鼓楼西大街甲 158 号
邮　　编	100720
网　　址	http://www.csspw.cn
发 行 部	010 - 84083685
门 市 部	010 - 84029450
经　　销	新华书店及其他书店
印　　刷	北京君升印刷有限公司
装　　订	廊坊市广阳区广增装订厂
版　　次	2018 年 12 月第 1 版
印　　次	2018 年 12 月第 1 次印刷
开　　本	710×1000　1/16
印　　张	23.5
插　　页	2
字　　数	289 千字
定　　价	98.00 元

凡购买中国社会科学出版社图书，如有质量问题请与本社营销中心联系调换
电话：010 - 84083683
版权所有　侵权必究

目　录

国际共运史

关于"十月革命"争论的历史回顾与当代思考
　　——纪念十月革命 100 周年 ………………………… 秦正为 3
十月革命与列宁全球化理论 …………………………… 李德芳 22
科尔宾与英国工党选战困境 …………………………… 李华锋 38
英国工党领袖选举制度嬗变探微 …………………… 张洪伟 李华锋 45

科学社会主义

中国特色社会主义新时代的历史方位及其深远影响
　　——基于党的十九大报告的解读 ………………… 秦正为 65
意识形态建设：政党的一项极端重要的工作 ………………… 李合亮 82
论共产党人坚守理想信念的历史经验与路径选择
　　——关于习近平理想信念重要论述的研究与思考 ……… 于学强 97

论共产主义远大理想和中国特色社会主义共同理想的有机统一
　　——兼议高校思想政治理论课话语体系的核心内涵……… 魏宪朝 115

习近平关于青年教育重要论述的主体结构与内在逻辑………… 李士峰 131

执政党建设

论正确树立马克思主义民主观………………………… 孙德海 149

民生取向：中国共产党意识形态建设的基本价值诉求………… 李合亮 165

基于权力"集中—民主"视角下的干部"带病提拔"析议…… 于学强 177

干部为官不为问题的生成机理与治理机制…………………… 刘子平 190

从不作为政治到责任政治：净化党内政治生态的一个

　　分析维度………………………………………………… 邹庆国 203

习近平的本领观与学习型政党建设………………… 刘焕申　杨丽梅 222

中国政治

论习近平关于国家治理体系和治理能力现代化重要论述
　　——"五位一体"和"四个全面"推进中国特色

　　社会主义事业视角的探讨………………………… 陈延庆　陈出新 241

心系人民：推进"四个伟大"的动力源泉…………… 宋义明　张　娟 278

论社会主义文化强国建设的民生自觉………………………… 陈兆芬 283

推进政府与社会资本合作（PPP）模式的必要性及

　　路径探析…………………………………………… 张西勇　段玉恩 293

国际政治

中国对太平洋岛国的文化外交：目标、路径及效用评析 ……… 李德芳 311

全球化的困境及未来走向刍议 …………………………………… 刘丽坤 340

学术动态

聚焦文化自觉与马克思主义文化理论内在关系的精心架构
　　——《列宁文化自觉思想研究》评介 ………………… 黄明理 349

20世纪60年代以来非政府组织和环境非政府组织研究述评 …… 刘子平 356

国际共运史

关于"十月革命"争论的历史回顾与当代思考[*]

——纪念十月革命 100 周年

秦正为[**]

毋庸置疑,历史公认十月革命是世界历史发展进程中的大事件,它不仅影响了俄国,影响了社会主义,也影响了世界各国,影响了资本主义乃至封建主义,影响了整个人类社会的历史进程和未来发展。但是,还在十月革命之前,在革命孕育过程之中,就存在着分歧和争论,而在十月革命之后,在全盘否定斯大林之后,特别是在苏东剧变之后,这种争论一直持续不断,甚至一浪高过一浪乃至唾沫横飞、激流汹涌,与对世界上第一个社会主义国家整个发展历程的评价相伴随、共始终,至今犹然。由此,在十月革命爆发 100 周年之际,对这些论争进行梳理和思考,不仅具有重要的理论意义,也具有重要的时代价值。下面分三个部分予以论述。

---

[*] 基金项目:作者主持的国家社科基金项目(13BKS022)、山东省社科基金项目(14CXJJ21)阶段性成果。

[**] 秦正为(1973—),男,山东阳谷人,聊城大学政治与公共管理学院、世界共产主义运动研究所教授、博士,中共中央编译局博士后,研究方向为马克思主义基本理论与中国特色社会主义。

一 关于"十月革命"争论的历史发展

关于"十月革命"的争论,始于十月革命发动之前,并且没有随着苏联解体而结束。纵观其100年的发展历程,大致可以分为以下五个时期。

(一)十月革命前的争论

1917年二月革命推翻了沙皇的封建专制,执政权力由资产阶级临时政府掌握,武装力量则在工兵代表苏维埃手中,因而出现两个政权并立的局面。4月初,列宁回国并发表著名的《四月提纲》,主张将革命由第一阶段推进到第二阶段,即无产阶级革命阶段。为此,孟什维克和社会革命党人、普列汉诺夫、布尔什维克内部的加米涅夫等提出了反对意见,列宁进行了批驳。孟什维克和社会革命党人认为,当时既然是资产阶级革命,就应由资产阶级掌握政权,因而对临时政府妥协退让。对此,列宁尖锐批判说:这是在扼杀革命,是把革命拉向后退,因而我们目前的任务就是要同这种小资产阶级社会主义思潮的路易·勃朗分子,即齐赫泽、策列铁里、斯切克洛夫们坚决划清界限,要"粉碎这个危害无产阶级革命的社会民主党"[①]。普列汉诺夫认为,列宁的革命路线是"讲梦话",是"无政府主义""布朗基主义"。对此,列宁进行了回击:"谁只要肯思索和学习,谁就不能不知道,布朗基主义是主张由少数人夺取政权,而工人等等代表苏维埃却明明是大多数人民的公开的直接的组织""普列汉诺夫先生在他的《统一报》上拼命地叫喊无政府主义,这只不过是再次证明他背离了马克

[①] 《列宁全集》第29卷,人民出版社1985年版,第123页。

思主义。"① 并说，"假使我讲了两个钟点的'梦话'，为什么几百个听众会听得下去呢？"② 加米涅夫在《真理报》发表《我们的分歧》，认为"在欧洲经济最落后的国家内，民主革命还没有完成"③，因而反对革命推进。对此，列宁批评道："谁按旧方式提出资产阶级革命的'完成'问题，谁就是为死教条而牺牲活的马克思主义。"④ "谁只是根据'资产阶级民主革命还没有完成'这个简单的公式行事……就是在目前乖乖地向小资产阶级投降。"⑤ 在4月下旬召开的布尔什维克党的第七次代表会议上，李可夫发言支持加米涅夫。列宁批评道："李可夫同志说，社会主义应当从其他工业比较发达的国家产生。这是不对的。不能说谁来开始和谁来结束。这不是马克思主义，而是对马克思主义的拙劣的模仿。"尽管"马克思说过，法国开始，德国人完成。可是现在俄国无产阶级的成就比谁都大。""我们制定的路线是正确的，……我们正在成长，一个真正的党也理应如此。"⑥ 最后，会议赞同列宁的路线，确定了革命的方针。

在十月革命前夕，这种争论继续发展。7月上旬，孟什维克和社会革命党人与资产阶级相勾结，发动"七月事变"，镇压工人群众和布尔什维克党人。对此，列宁进行了揭露和批判，8月上旬布尔什维克党的"六大"通过了武装起义的方针。9月下旬，孟什维克和社会革命党人举行所谓的"民主会议"，决定召开"预备国会"。对此，列宁揭露道：我们"应当抵制预备议会。应当到工兵农代表苏维埃中去，到工会中去，总之应当到群

---

① 《列宁全集》第29卷，人民出版社1985年版，第143页。
② 同上书，第118页。
③ 《国际共产主义运动史》，人民出版社1978年版，第670页。
④ 《列宁全集》第29卷，人民出版社1985年版，第139页。
⑤ 同上书，第145页。
⑥ 《国际共产主义运动史》，人民出版社1978年版，第694页。

众中去。应当号召他们进行斗争。应当给他们提出正确、鲜明的口号：驱逐克伦斯基的波拿巴主义匪帮和解散他伪造的预备会议，解散这个策列铁里的布里根杜马"①。此时，第二国际的考茨基、伯恩斯坦等也极力宣扬议会斗争，反对暴力革命。对此，列宁在8—9月写作了著名的《国家与革命》，系统地阐述了无产阶级革命和无产阶级专政理论。10月下旬，加米涅夫、季诺维也夫等又起来反对武装起义，并在孟什维克的《新生活报》发表声明，这等于泄密。对此，列宁进行了痛斥："在非党的报纸上反对这项没有公布的决定——难道还有比这更卑鄙的叛变活动，更可耻的工贼行为吗？"② 面对俩人以分裂相威胁，列宁继续痛斥说："我对这种威胁的答复是：一定要干到底……对于分裂的威胁，我的答复是：宣布战斗到底，要把这两个工贼开除出党。"③ 最后，党中央坚持了列宁的革命主张，十月革命得以发动和胜利。

（二）十月革命后的争论

尽管十月革命取得了胜利，但反对的声音仍然不绝于缕。在国内，以普列汉诺夫为代表。他们认为，俄国革命只能是资产阶级民主革命，十月革命的胜利并非好事，"我国工人阶级为了自己和国家的利益还远不能把全部政权夺到自己的手中来。把这样的政权强加给它，就意味着把它推上最大的历史灾难的道路，这样的灾难同时也是整个俄国的最大灾难"④。同时，西方国家的现状决定了世界革命也不会到来，因而十月革命"必将失

---

① 《列宁全集》第32卷，人民出版社1985年版，第256页。
② 同上书，第412页。
③ 同上书，第419页。
④ ［俄］普列汉诺夫：《在祖国的一年》，生活·读书·新知三联书店1980年版，第464—465页。

败"。在国外，主要分为左、中、右三派。左派以卢森堡为代表，一方面肯定十月革命的必然性，认为其不但挽救了俄国革命，"也挽救了国际社会主义的荣誉"①；另一方面也指出了十月革命的局限，认为其取消或限制民主只能是"一小撮政治家的专政"，因而期待世界革命解决十月革命没有解决的问题。中派以考茨基等为代表，其基本观点为：十月革命是"早产儿"，是利用了"密谋""政变"的手段，实行的是"新的官僚阶级的独占统治"②。右派是指俄国流亡者和英美学者组成的最早的自由派，强烈地反对和攻击十月革命，认为十月革命就是"灾难""瘟疫"等，带有浓厚的意识形态色彩。另外，西方马克思主义学派对十月革命作出了自己的评价，葛兰西于1917年11月2日在《前进报》发表《反〈资本论〉的革命》，认为落后的俄国不可能取得无产阶级革命的胜利，十月革命是"反卡尔·马克思《资本论》的革命"，并在《狱中札记》中指出十月革命不适合西方；普兰查斯在《国家、权力和社会主义》等论著中对十月革命模式或夺取政权的"列宁主义模式"进行了批评，也认为不适合于西方。

其中，列宁关注和批判较多的就是中派。1918年8月，考茨基抛出《无产阶级专政》的小册子，指责苏维埃政权"消灭民主"。对此，列宁撰写了《无产阶级革命和叛徒考茨基》，指出："考茨基要么是根本反对国家政权转到工人阶级手中，要么是容许工人阶级把旧的资产阶级的国家机器拿到手中，但决不容许他们摧毁、打碎这个机器，并代之以新的无产阶级的国家机器。……在这两种情况下，考茨基同马克思主义决裂并转到资产阶级方面，都是十分明显的事实。"③ 与此同时，社会党国际主席王德威尔

---

① 《国际共运史研究资料——卢森堡专辑》，人民出版社1981年版，第69页。
② 《考茨基言论》，生活·读书·新知三联书店1980年版，第337页。
③ 《列宁全集》第35卷，人民出版社1985年版，第261—262页。

得也抛出了《社会主义反对国家》一书，鼓吹无产阶级应该建立"劳动的人民国家"。对此，列宁揭露道："'劳动的人民国家'一语，不过是19世纪70年代德国社会民主党人所标榜的、而被恩格斯斥责为无稽之谈的'自由的人民国家'的旧调重弹。……是以非阶级概念代替阶级概念。"①"王德威尔得也同考茨基一样……这就是他们的叛徒行径之所在。"② 在此前后，考茨基还指责苏维埃宪法"专横"，在1919年夏出版的《恐怖主义和共产主义》中说苏维埃政权"大批杀人"和实行"恐怖主义"。对此，列宁指出，考茨基视资本主义法律为"秩序"和"法制"，却污蔑工人专政为"专横""考茨基一谈到选举权，便原形毕露，表明他是一个根本不顾理论的、反对布尔什维克的论战家"③。而"在最残酷的国内战争正在进行，资产阶级阴谋引入外国军队来推翻工人政府的时期，工人阶级的革命政党居然不用死刑来惩罚这种行动，是可以想象的吗？除了不可救药的可笑的书呆子以外，任何一个人都会否定地回答这些问题"④。这表明，考茨基等人只能是资产阶级的"应声虫"。1922年苏汉诺夫出版《革命札记》，提出了十月革命是"早产儿"的论调，即"俄国生产力还没有发展到实行社会主义的高度"。对此，1923年列宁在病中口授了《论我国革命》，指出俄国尽管落后，但革命条件已经成熟，可以先发动革命，夺取政权，再"创造发展文明的根本前提"，小资产阶级民主派"他们都自称马克思主义者，但是对马克思主义的理解却迂腐到无以复加的程度。马克思主义中有决定意义的东西，即马克思主义的革命辩证法，他们一点也不理解。马克

---

① 《列宁全集》第35卷，人民出版社1985年版，第326页。
② 同上书，第324页。
③ 同上书，第256页。
④ 《列宁全集》第37卷，人民出版社1986年版，第176页。

思说在革命时刻要有极大的灵活性,就连马克思的这个直接指示他们也完全不理解"①。由于苏维埃政权的日益巩固,列宁的理论也大多为人所接受。

(三) 斯大林时代的争论

1924年列宁逝世后,经过激烈的党内斗争,斯大林最终掌握了权力。由此,在对待十月革命问题上主要表现为四派,即苏联派、托派、自由派、自由意志派。苏联派,即以斯大林为代表的官方派,《联共(布)党史简明教程》选取了列宁的某些观点,肯定十月革命的历史必然性及其社会主义性质,以"一国胜利论"淡化"世界革命论",因此孟什维克、社会革命党人乃至托洛茨基、布哈林等均成了反革命。托派,是以托洛茨基为代表的反对派,流亡国外的托洛茨基一方面肯定十月革命,另一方面认为斯大林背叛了列宁开创的社会主义,而形成了"官僚特权阶层""官僚集团""官僚集体主义"的统治,生产资料属于国家,而国家"属于"官僚。自由派,是以西方自由主义者为代表的反对派,认为"斯大林主义"是"列宁主义""罪恶"的进一步发展,斯大林模式的"罪恶"证明了"布尔什维克党是冷酷无情的、教条主义的,从根本上说是不民主的"②,而错误的根源在于苏共排斥民主的极权主义,这正是列宁密谋的党暴力夺权的必然结果。自由意志派,是西方一些在政治上属于"极左"派的无政府主义著作家,也包括苏联境内的一些无政府主义者,他们认为十月革命是民众自发行为的组合物,正是他们推翻了沙皇、资产阶级临时政府,但

---

① 《列宁全集》第43卷,人民出版社1987年版,第369页。
② 刘淑春等:《"十月"的选择——90年代国外学者论十月革命》,中央编译出版社1997年版,第85页。

其试图掌握自己命运的历程被布尔什维克所控制，结果造成悲剧。由于苏联建设的伟大成就，苏联派作为主流观点很长时间内处于压倒的优势地位。

（四）后斯大林时代的争论

赫鲁晓夫上台后，对斯大林进行全盘否定，思想文化领域交汇激荡，对于十月革命的看法也发生了较大变化。在此背景下，主要分为三派，即正统派、重评派、现代化派。正统派，体现的是苏联官方的观点，即抛弃《联共（布）党史简明教程》的主流看法，主张"回到列宁"，将斯大林时期的错误与十月革命区别看待，不再夸大斯大林的个人作用，布哈林等人的历史贡献得到尊重，革命群众的"自发"作用和党组织的"自觉"领导的关系问题得到重视，等等。这些观点，尽管体现了"解冻时期"的"新气象"，但仍相对处于保守状态。重评派，指的是采用社会学和计量史学等新方法重新研究十月革命的一些西方学者，他们开始注重研究工人、士兵、农民等的革命的"自发性"，肯定"底层"群众的革命作用，认为布尔什维克在掌权前后发生了根本变化、"大大脱节"和蜕变，声称他们"已经开始弄清导致十月人民大联合迅速崩溃、布尔什维克党变质、布尔什维克政权性质改变的过程"[①]。现代化派，体现的是将十月革命与俄国现代化相联系进行评价的观点，以吉拉斯为代表，认为十月革命不是社会主义性质的，创立的也不是社会主义制度，而是东方社会特有的新的社会形态，即共产党的政治官僚统治；十月革命是俄国工业化的客观要求，斯大

---

① 刘淑春等：《"十月"的选择——90年代国外学者论十月革命》，中央编译出版社1997年版，第94—95页。

林的工业化没有"背叛"十月革命,执政党要进行工业化就必须集权,但绝对的权力也绝对导致了腐败。由于官方的背景,正统派一直处于主导和引导地位。

(五) 苏联解体前后的争论

戈尔巴乔夫上台后,提出了所谓的"新思维",致使苏联和西方的社会思潮均急剧右转,对十月革命的评价也因此急转直下。但由于"解冻"的影响,在右转的同时存在左翼以及其他的声音。并且,这种状况在官方、学界、民间、西方均有表现。在官方,戈尔巴乔夫时期依然强调"回归列宁",即否定斯大林但不否定列宁、不否定十月革命。苏联解体,叶利钦上台后,开始全面否定十月革命。由于左翼和民众的强烈反对,1996年叶利钦将"十月革命节"改为"和睦和解日",既肯定这是"日历中最红的一天",又说其"带来了灾难和不幸"。2004年,俄罗斯国家杜马一度废除"11月7日节",后在俄共等左翼政党和民众的强烈反对下,又将其定为"军人荣誉日",恢复红场阅兵仪式。在学界,1985—1991年在"回归列宁"口号和政治较量的推动下,反对者与支持者基本势均力敌。1991年年底苏联解体后,反对者和否定的声音占压倒优势,如雅科夫列夫咒骂布尔什维克是"俄国法西斯的变种",德·沃尔科戈诺夫则指责列宁"把赌注押在革命的方法上",加夫里尔·波波夫指责"十月革命是布尔什维克冒险主义的结果",菲拉托夫公然提出"布尔什维克的实验是人类近代史上持续时间最长、最激烈的极权主义社会实验",等等。[1] 相对而言,

---

[1] 项佐涛、孔寒冰:《历史中的观念与观念中的历史——国外对十月革命的看法及其演变研究》,《当代世界与社会主义》2007年第4期。

支持者和拥护者的理论水平相对较高,认为应该摒弃意识形态的攻击,从特定的历史条件来研究、评判十月革命。在民间,苏联解体后不久,对于十月革命,曾有65%左右的人采取冷漠化、"无所谓"的态度,20%左右的人认为是伟大革命,15%左右的人认为是悲剧和灾难。但随着时间的推移,这种认识更加理性化,三项比例分别变为50%、40%、10%。在西方,否定的声音重新占据主导地位,自由派的观点被认为是正确的,重评派这时被迫改变乃至放弃原来的立场。总体而言,这一时期否定十月革命的声浪压倒一切。

二 关于"十月革命"争论的基本论点

关于"十月革命"的争论,已经持续了100年的时间。在这条历史长河中,涌现了众多流派,也出现了众多观点。简单概括,这些流派可以分为反对派和支持派,其基本分歧表现为以下四个方面。

(一)十月革命是偶然的还是必然的、是少数人的政变还是人民的革命

就反对派而言,在列宁时代无论是孟什维克、社会革命党人以及普列汉诺夫、考茨基、早期自由派,还是加米涅夫、卢森堡、西方马克思主义派,在斯大林时代无论是托派,还是自由派、自由意志派,无论是赫鲁晓夫时代的重评派,还是苏联解体前后的右翼人士,都认为十月革命是偶然的、是布尔什维克少数人的政变。他们认为,十月革命是各种偶然事件巧合的结果,是列宁历史上的反常现象,是以贪权的列宁为首的一小撮职业

革命家搞的阴谋，是布尔什维克搞的政变。① 有的认为，当时俄国经济落后，并不具备革命的条件，因而发动革命是布尔什维克党的一厢情愿，十月革命是"早产儿"。最为典型的是考茨基在《无产阶级专政》中所言，布尔什维克夺取政权，正如"一个怀孕的妇女为了缩短她所不堪忍受的妊娠期，竟然极其愚蠢地剧烈运动，以致早产"②。有的甚至认为，十月革命是列宁被德国"收买"的结果，是作为德国"间谍"搞的"政变"，等等。

就支持派而言，无论是列宁、斯大林乃至赫鲁晓夫、勃列日涅夫等官方观点的代表者，还是绝大多数的俄罗斯学者乃至一些严肃、理性的西方学者，都认为十月革命是当时俄国历史发展的必然产物，是各种客观条件综合发展和各种社会矛盾激化的必然结果，是一场人民大革命。有的认为，通过革命解决和平、土地和面包问题是人民群众的强烈愿望，人民群众有着革命的积极性、主动性。有的认为，布尔什维克党具有坚强的领导能力，能够顺应人民群众的革命要求，"全部政权归苏维埃"是人民的选择，是历史的选择。对此，列宁作了经典的分析和论证，特别是对于革命的"特殊性"也进行了深刻分析。他说："世界历史发展的一般规律，不仅丝毫不排斥个别发展阶段在发展的形式或顺序上表现出特殊性，反而是以此为前提的"③"我们知道社会主义革命和资产阶级民主革命之间并没有隔着一道万里长城"④"前一革命可以转变为后一革命。后一革命可以顺便解决前一革命的问题。后一革命可以巩固前

---

① 刘淑春：《国外学者关于十月革命的争论》，《马克思主义研究》1998年第2期。
② ［德］考茨基：《无产阶级专政》，生活·读书·新知三联书店1958年版，第55页。
③ 《列宁选集》第4卷，人民出版社2012年版，第776页。
④ 《列宁全集》第42卷，人民出版社1987年版，第170页。

一革命的事业。"① 他还说："既然建立社会主义需要有一定的'文化水平'……我们为什么不能首先用革命手段取得达到这个一定水平的前提，然后在工农政权和苏维埃制度的基础上赶上别国人民呢？"② 更为重要的是，无论是列宁还是后来的支持者，他们的理论水平都较反对派高得多，因而也更有说服力。

（二）十月革命的性质是资产阶级民主革命还是社会主义革命

就反对派而言，他们认为十月革命不是社会主义性质的革命，至于其性质又有不同的看法。有的认为，十月革命是资产阶级民主革命，因为十月革命只不过是二月革命的继续，即资产阶级民主革命的第二阶段，在经历了"战时共产主义"挫折之后"新经济政策"就是回归到资本主义。有的认为，十月革命是亚洲型社会革命，因为俄国具有独特的东方型亚细亚生产方式，因而俄国革命既反对封建主义，也反对私有资本主义，只能在国有基础上实现社会化大生产，实行国家资本主义，斯大林模式就是国家资本主义。有的认为，十月革命是新民主主义革命，因为十月革命前的俄国社会仍然是封建性质的社会，社会性质和革命任务决定了革命的性质，此前尽管进行过多次资产阶级民主革命但都没有完成任务，尽管就从资产阶级手中夺权而言是社会主义革命的性质，但就其社会改造的任务而言还是资本主义性质的，并且列宁本人也多次讲过资产阶级民主革命的"第一阶段""第二阶段"，反对"立刻转变"为社会主义革命。

---

① 同上书，第172页。
② 《列宁选集》第4卷，人民出版社2012年版，第777页。

就支持者而言，他们一直认为十月革命就是社会主义革命，并且直接称为"十月社会主义革命"。对于其原因，有的认为，十月革命推翻的是资产阶级临时政府和资产阶级的统治，当然就是社会主义革命；有的认为，十月革命是在马克思主义指导下，在无产阶级政党布尔什维克的领导下，依靠广大工人、士兵以及农民发动的，并且在俄国建立了社会主义制度的革命活动，因而其性质是社会主义的；有的认为，尽管十月革命要解决的任务还是资产阶级民主革命的任务，但是无论是领导阶级还是基本目标都超出了其范围，因而具有根本上的社会主义性，等等。对此，列宁也进行了多方面的经典分析，如从政治斗争的意义上、从计算和监督等经济手段的意义上、从"导向"和"引导"的意义上，十月革命都是社会主义革命。在十月革命后不久，1917 年 11 月，列宁在《关于党的任务的提纲+目前形势》中，第一条即提出："承认 10 月 25 日革命是社会主义革命。"① 同年 12 月 13 日，他于《在全俄铁路工人非常代表大会上的讲话》中又说："工人、农民和士兵所完成的十月革命，毫无疑问，是社会主义革命。"② 这是对十月革命社会主义性质的最早认定和权威定调，因而一直为科学社会主义者所坚持。

（三）十月革命道路是可选择的还是唯一的、是特定的还是普适的

就反对派而言，他们认为十月革命并不是唯一选择，即并非必须采取暴力革命的方式。有的认为，二月革命已经推翻了反动的沙皇的专制统治，并且已经建立了资产阶级的民主政治，完全没必要再进行革命。有的

---

① 《列宁全集》第 33 卷，人民出版社 1985 年版，第 128 页。
② 同上书，第 168 页。

认为，即使资产阶级临时政府有问题，也没必要采取暴力革命的方式，而是可以利用议会斗争的和平方式维护民主。有的认为，即使资产阶级临时政府需要推翻，也可以采取和平夺权的方式，而没必要再次发动革命。有的甚至认为，社会主义的"红色革命"中断了沙皇尼古拉二世的"绿色革命"；没有十月革命，通过尼古拉二世的杜马民主改革、斯托雷平改革俄国照样可以开辟良好的发展道路。对于十月革命道路，"西方马克思主义"认为这是俄国特定的政治经济等历史条件的产物，是俄国特定的、独有的道路，对于西方的社会主义革命不适用，因而不具有普适性。

就支持派而言，他们认为十月革命道路是必然的，即暴力革命是历史的必然。有的认为，沙皇尼古拉二世四次解散杜马、斯托雷平改革造就了一大批大农场主，说明其本质仍在于维护封建专制，加之"各民族监狱"的民族政策、参加"一战"的对外政策，导致内忧外患，革命起义不断。有的认为，尽管二月革命推翻了封建专制，召开了立宪会议，实现了一定的政治、言论、出版、结社等自由，但资产阶级临时政府对外继续参加"一战"则不能解决和平问题，对内维护大地主的利益则不能解决土地、面包问题，面对人民的要求又进行打压乃至血腥镇压，在此形势下必须立即暴力夺权。有的认为，分析列宁的认知过程可以明显地看出，列宁一开始也并未主张武装夺权，但回国后的形势变化才使其下定了决心。对此，列宁曾明确指出："我仍然坚持这样的观点：任何政党，特别是先进阶级的政党，如果在可能取得政权的时候拒绝夺取政权，那它就没有权利存在下去，就不配称为政党，就任何意义上来说都是渺小的无用之辈。"[①] 对于十月革命的道路，有的认为，无产阶级的暴

---

① 《列宁全集》第32卷，人民出版社1985年版，第283页。

力革命符合马克思主义的基本原理,因而是各国无产阶级建立社会主义的共同的康庄大道,具有普适性。

(四) 十月革命是巨大的灾难还是伟大的革命、是失败了还是胜利了

就反对派而言,他们认为十月革命是巨大的灾难,最终失败了。有的认为,十月革命是20世纪的最大悲剧,是对俄国社会进行最严重的革命破坏的开始。有的认为,十月革命是布尔什维克在人类近代史上持续时间最长、最激烈的极权主义的社会实验,因而造成了极大的破坏。有的认为,布尔什维克的执政不但没有解决俄国发展的诸多问题,反而引发了政治、经济、外交以及精神等多方面的危机。有的认为,十月革命中断了俄国的资本主义经济和资本主义民主的发展,中断了俄国的现代化道路,使俄国被迫走了70年的弯路,苏联解体后就是要"补这一课"。有的认为,十月革命本身就是"原罪",事实证明其最终失败了。

就支持派而言,他们认为十月革命是伟大的革命,最终胜利了。他们大多认为,十月革命不仅是俄国历史上的伟大革命,也是世界历史上的伟大革命。其中,最为经典的就是毛泽东引用的斯大林的评价。1948年11月,毛泽东在给欧洲共产党和工人党情报局机关刊物《争取持久和平,争取人民民主!》撰写的纪念十月革命31周年的论文《全世界革命力量团结起来,反对帝国主义的侵略》中指出:"现在,当着全世界觉悟的工人阶级和一切真诚革命的人们对于苏联伟大的十月社会主义革命第三十一个周年举行欢欣鼓舞的纪念的时候,我想起了斯大林在一九一八年,在十月革命第一个周年纪念的时候所写的著名的论文。斯大林在这篇论文中说:

'十月革命的伟大的世界意义,主要的是:第一,它扩大了民族问题的范围,把它从欧洲反对民族压迫的斗争的局部问题,变为各被压迫民族、各殖民地及半殖民地从帝国主义之下解放出来的总问题;第二,它给这一解放开辟了广大的可能性和现实的道路,这就大大地促进了西方和东方的被压迫民族的解放事业,把他们吸引到胜利的反帝国主义斗争的巨流中去;第三,它从而在社会主义的西方和被奴役的东方之间架起了一道桥梁,建立了一条从西方无产者经过俄国革命到东方被压迫民族的新的反对世界帝国主义的革命战线。'"① 近年来,坚持这种论点的最具代表性的文献是俄共的《关于伟大的十月社会主义革命90周年》。有的认为,即使西方学者的统计数据也表明,苏联的经济指标是帝俄时期的几十倍乃至上百倍,正是苏联实现了一条非同寻常的现代化道路。至于革命的失败和胜利,列宁也作了经典论述。早在1919年5月,列宁就写道:"一年半来,我们的革命为无产阶级,为我们所服务的那个阶级,为我们奋斗的目的,为打倒资本统治所做的事情,要比法国革命为本阶级所做的事情多得多。所以我们说,即使出现某种最坏的情况,即使明天有某个幸运的高尔察克把所有的布尔什维克都斩尽杀绝,那革命还是胜利了。"② 1921年10月,列宁在《十月革命四周年》一文中写道:"我们已经开始了这一事业。至于哪一个国家的无产者在什么时候、在什么期间把这一事业进行到底,这个问题并不重要。重要的是,坚冰已经打破,航路已经开通,道路已经指明。"③

---

① 《毛泽东选集》第4卷,人民出版社1991年版,第1356页。
② 《列宁全集》第36卷,人民出版社1985年版,第355页。
③ 《列宁全集》第42卷,人民出版社1987年版,第175页。

三 关于"十月革命"争论的当代思考

关于十月革命的争论,时间跨度较长,流派众多,论点纷纭,令人眼花缭乱。但拨开历史的迷雾,站在当代的门槛,进行冷静、理性的思考,我们或许会得到以下三个启示。

第一,必须清醒地认识到争论的背后是政治力量的较量。纵观关于"十月革命"的争论,无论是在十月革命之前、期间及之后,还是在苏联解体前后,各种争论均代表着一种政治力量。这种政治力量,有的是布尔什维克党内的,有的是党外的,有的是西方的。与之相适应,这些论点,有的是出于善意的,对俄国的社会发展负责、对社会主义的发展负责、对人类社会的发展负责的;有的则是别有用心的,是为资产阶级服务、为西方国家服务的。由此观之,又可谓泾渭分明。这些争论,此起彼伏,实际上反映了其背后政治力量的起伏。布尔什维克党的发展壮大和执政,致使支持者观点占据上风和主流,苏共的垮台则导致了反对者的论点甚嚣尘上。实际上,否定十月革命也是苏共倒台的原因之一,是反对势力"和平演变"的重要手段和表现。毛泽东曾经指出:"一定的文化(当作观念形态的文化)是一定社会的政治和经济的反映,又给予伟大影响和作用于一定社会的政治和经济。"① 对此,也必须坚持马克思主义的基本原理和阶级分析的理论加以分析和认识。

第二,必须加强党的核心建设和主流意识形态建设。纵观这些争论,其主流观点的形成和变化,实际上与布尔什维克党的核心建设密切相关。在十月革命发动前,列宁远在瑞士,"远方来信"反映其对革命也没有把

---

① 《毛泽东选集》第 2 卷,人民出版社 1991 年版,第 663—664 页。

握,所以在党内出现不同意见是正常的。但由于列宁的崇高威望和核心领导地位,革命得以发动并取得胜利,十月革命的正面论点也就成为主流意识形态。此后,斯大林及其后继者依然保持了核心领导地位,关于十月革命的正面论点也依然保持了官方地位和主流地位。戈尔巴乔夫上台后,核心领导能力不够,所谓的"新思维"导致了思想的混乱,反对者的论点借机上位。当代俄罗斯铁腕人物普京上台后,其态度也严重影响着评价的动向。普京曾经讲:"谁要忘记过去,就是没良心;谁要回到过去,就是没头脑。"这引发了俄罗斯理性地评价苏联历史。2016 年 1 月普京的一番言论又引发了"普京拿列宁开刀"的议论,实际上普京"更多地还是要表达维护俄罗斯国家统一的现实主义态度"[1]。相比之下,中国之所以没有出现如此激烈的争论和悲剧,就在于中国共产党很好地坚持了党的核心建设和主流意识形态的建设。邓小平、江泽民、胡锦涛、习近平等对毛泽东以及中国革命、建设的评价就是证明。

第三,必须客观辩证地看待和评价历史。纵观这些争论,有的是基于历史而言的,有的则纯粹是出于政治目的而发的。但必须看到即使基于历史而言的,也有的是要么只抓一点、不及其余,要么注重细节描述、抹杀宏观叙事,要么任意嫁接、胡乱涂改历史等做法,实际上陷入了历史虚无主义的误区,或者说直接制造历史虚无主义。实际上,对于革命发生的历史必然性,恩格斯在分析 1848 年欧洲革命时就已指出:"把革命的发生归咎于少数煽动者的恶意那种迷信的时代,是早已过去了。现在每个人都知道,任何地方发生革命动荡,其背后必然有某种社会要求。"[2] 对于十月革

---

[1] 中国社会科学院中国特色社会主义理论体系研究中心:《辩证地历史地看待列宁和十月革命》,《红旗文稿》2016 年第 9 期。
[2] 《马克思恩格斯选集》第 1 卷,人民出版社 1995 年版,第 483 页。

命的某些失误或错误,列宁也承认:"我们一分钟也没有忘记,我们过去和现在确实有很多的失利和错误。在缔造前所未有的新型国家制度这种全世界历史上新的事业中,难道能没有失利和错误吗?我们一定要百折不挠地努力纠正这些失利和错误,改变我们对苏维埃原则的实际运用远未达到尽善尽美的状况。"① 这都是正确的历史态度。随着时间的推移,俄罗斯民众肯定十月革命的人数已占据多数,连一些中左学者也开始呼吁"将人民的革命节日以及十月革命的真相还给人民"。无论如何,我们不应该忘记列宁的这句话:"这个伟大的日子离开我们愈远,俄国无产阶级革命的意义就愈明显,我们对自己工作的整个实际经验也就思考得愈深刻。"②

(原载《南京政治学院学报》2017 年第 2 期)

---

① 《列宁选集》第 4 卷,人民出版社 2012 年版,第 566 页。
② 《列宁全集》第 42 卷,人民出版社 1987 年版,第 169 页。

十月革命与列宁全球化理论

李德芳*

全球化是一个历史范畴,在不同的历史时期有不同的表现和特点。尽管"全球化"一词直到 20 世纪 80 年代中期才进入学者和国际政治的视野,但全球化现象是早已存在的客观事实。15—16 世纪新航路的开辟和地理大发现,结束了此前世界各大洲彼此相对孤立的状态,世界日益连成一个整体,由此开启了人类"世界史"的进程。与马克思、恩格斯等马克思主义经典作家一样,列宁也对这一全球化现象给予了高度关注。列宁在对帝国主义时代"世界历史"的考察中,分析了当时出现的全球化浪潮及其对俄国革命的影响,形成了具有时代特点的全球化理论。列宁全球化理论的萌芽、形成与发展和十月革命有着密切联系,是列宁在对 19 世纪中叶以来俄国革命和命运及世界革命的探索过程中形成的。列宁全球化理论及其对资本主义全球化的特点、规律和趋势的认识,不仅对当前我们认识全球化提供了理论指导和方法,也为当下处于全球化时代的社会主义国家如何

---

* 李德芳(1975—),女,山东临朐人,聊城大学政治与公共管理学院副教授,法学博士,研究方向为国际政治理论与中国外交。

处理与资本主义国家的关系，如何引领全球化进程、促使资本主义全球化向社会主义全球化转变提供了借鉴和启示。下面分四部分予以论述。

一 对俄国革命可能的发展路径的探索引发了列宁对全球化的思考

19世纪中叶尤其是70年代以后，资本主义经济在第二次科技革命的推动下，以不可阻挡的趋势迅速向世界蔓延，不仅促使欧洲各国相继走上资本主义道路，也把像俄国这样的落后国家卷入了资本主义全球化的进程。到19世纪90年代，俄国已经成为一个资本主义国家。列宁在思考卷入资本主义全球化进程中俄国革命可能的发展路径的过程中，发现只有在对资本主义扩张的本质进行分析并具体考察俄国资本主义形成和发展的原因和趋势的基础上，才能进一步探讨俄国革命未来的发展路径和结局，他的全球化理论就萌芽于这些考察和思考中。虽然在列宁的著作中，并没有出现"全球化"一词，但是列宁在其著作和讲话中大量使用了与全球化有关的"世界历史""世界体系""国际化""国际资本""全球"等概念。列宁早期的全球化理论或曰全球化理论的萌芽主要体现在《俄国资本主义的发展》一文中。列宁指出，"本书的任务是分析革命前的俄国经济"，进而考察俄国资本主义生产力的发展"给工人阶级进一步实现其真正的和根本的社会主义改造任务"创造的"最有利的条件"[①]。具体说来有以下两点。

第一，资本主义生产扩张的规律促使其不断"寻求国外市场"，资本主义全球化把包括俄国在内的落后国家卷入世界经济的旋涡。列宁指出，资本主义生产的规律，即"生产方式的经常改造和生产规模的无限扩大"，

---

① 《列宁选集》第1卷，人民出版社1995年版，第162页。

促使"资本主义企业必然超出村社、地方市场、地区以至国家的界限"而"寻求国外市场"①。资本主义为了保持其经济的增长和对剩余价值的不断占有,"资本主义国家必须有国外市场"②,如果没有国外市场,资本主义就不可能发展甚至不能继续生存下去。列宁深刻地认识到,"资本主义如果不经常扩大其统治范围,如果不开发新的地方并把非资本主义的古老国家卷入世界经济的漩涡,它就不能存在和发展"③。俄国正是在资本主义"寻求国外市场"的进程中被卷入了资本主义全球化进程。列宁通过考察19世纪60年代以后俄国商品流通的增长、工商业人口的增长以及雇佣劳动使用的增长,指出19世纪90年代的俄国已经卷入了资本主义全球化的进程并形成了国内市场和国外市场。资本主义的扩张促使"浅耕犁与连枷、水磨与手工织布机的俄国,开始迅速地变为犁与脱粒机、蒸汽磨与蒸汽织布机的俄国"④,并不断"把小的地方市场结合成为广大的国内市场(然后结合成为世界市场)"⑤。另一方面,资本主义在俄国的建立也不断排挤人身依附形式、减少农业劳动力的比例,并造成了大规模的人口流动和大工业中心的建立以及居民的联盟和联合。

第二,资本主义的"历史使命"促进了全球经济的一体化发展,也把资本主义的固有矛盾扩展到俄国,为俄国革命准备了经济基础和社会基础。列宁在探讨资本主义在俄国经济发展中的历史作用时辩证地指出,资本主义既有其进步性,也有其消极和矛盾性的一面。列宁指出,"资本主义的进步的历史作用"不仅促进了俄国"社会劳动生产力的提高和劳动的

---

① 《列宁选集》第1卷,人民出版社1995年版,第192页。
② 同上书,第191页。
③ 同上书,第232页。
④ 同上书,第234页。
⑤ 同上书,第236页。

社会化"①，而且催生了与机器大生产相联系的工人阶级，为俄国革命准备了经济基础和社会基础。俄国资本主义"经济发展的跳跃性，生产方式的急剧改革和生产的高度集中，人身依附与宗法关系的一切形式的崩溃，人口的流动，大工业中心的影响等等"②，不仅迅速改变了俄国落后的旧经济制度，也引起了"生产者性格的深刻改变"③。随着资本主义全球化的不断扩展，资本主义不合理的本质也随之扩展到全球——资本家依靠占有的生产资料对本国工人阶级的剥削发展为资本家对本国、殖民地和落后国家工人阶级剩余价值的占有。而鉴于俄国资本主义改革的不彻底性，尤其是封建农奴制的残余和俄国农业资本主义的畸形发展，阻碍了俄国资本主义的发展，使生产者状况无限制地恶化。俄国的"生产者'不仅苦于资本主义生产的发展，并且苦于资本主义生产的不发展'"④。因此，推翻这些与资本主义不相容、阻碍资本主义发展的旧制度，成为俄国革命的首要任务，也决定了俄国革命的性质首先只能是资产阶级民主革命。列宁进一步指出，俄国资本主义发展的特点及资产阶级的软弱性决定了俄国革命必须是由无产阶级领导和参与的资产阶级民主革命。

二　对十月革命及俄国命运的思考推动了列宁全球化理论的创立

19世纪末20世纪初，资本主义的发展出现了一些新的特征，由自由竞争资本主义过渡到垄断资本主义即帝国主义阶段。面对不断变化的资本主义，列宁在进一步思考俄国革命和俄国命运的同时，对资本主义的这一

---

① 《列宁选集》第1卷，人民出版社1995年版，第234页。
② 同上书，第237页。
③ 同上。
④ 同上书，第238页。

新阶段进行了深入分析,形成了著名的"帝国主义论",并为1917年十月革命的爆发和胜利提供了理论支撑。列宁全球化理论集中体现在《帝国主义是资本主义的最高阶段》一文中,不了解列宁的帝国主义论,就很难理解列宁的全球化理论。列宁指出,当时写作"帝国主义论"的目的是帮助"理解帝国主义的经济实质这个基本经济问题",因为"如果不研究这个问题,就根本不会懂得如何去认识现在的战争和现在的政治"[①],也就不能把握俄国革命的道路和帝国主义时代无产阶级的使命和任务。具体来说,原因有以下三点。

第一,帝国主义是资本主义的垄断阶段,是以金融资本全球化为主要特征的资本主义全球化的新阶段。列宁在考察了19世纪末20世纪初世界资本主义生产集中和垄断的发展、银行的新作用、金融资本及其输出以及由此带来的资本家同盟对世界瓜分的基础上,总结出"帝国主义"这一资本主义的特殊阶段的五大特征:"(1)生产和资本的集中发展到这样高的程度,以致造成了在经济生活中起决定作用的垄断组织;(2)银行资本和工业资本已经融合起来,在这个'金融资本的'基础上形成了金融寡头;(3)和商品输出不同的资本输出具有特别重要的意义;(4)瓜分世界的资本家国际垄断同盟已经形成;(5)最大资本主义大国已把世界上的领土瓜分完毕。"[②] 由此可见,在帝国主义时代,由于垄断组织和金融资本占据主导地位,不仅促进了大规模的资本输出和帝国间对殖民地的争夺,而且由银行资本和工业资本相结合而产生的金融资本在垄断组织和金融寡头的推动下,迅速实现了金融资本的国际化,并成为全球经济活动的支配者,并

---

① 《列宁选集》第2卷,人民出版社1995年版,第576页。
② 同上书,第651页。

进而影响和控制全球政治、文化和社会生活的一切领域。这五大特征及其内部之间的联系，就是全球化特征的日益显现及其在各个层面的展开，是列宁对帝国主义时代资本主义全球化特征的概括和总结。总之，在帝国主义阶段，金融资本的全球化成为资本主义全球化的主要形式和最新表现形态，并促使资本主义全球化的方式发生了重大转变——由商品输出发展到资本输出①。而资本输出的扩大及其全球化趋势又进一步推动了资本主义经济全球化的发展。

第二，帝国主义是资本主义全球化发展的最高阶段，为世界无产阶级革命准备了社会基础。列宁在总结归纳帝国主义五大特征的基础上，得出了帝国主义就是垄断资本主义的结论。在这一阶段，资本主义一方面把"世界全部领土"都纳入资本主义的现代化进程，卷入资本主义全球体系中；另一方面，在这一"资本主义的特殊阶段"即"垄断阶段"，"资本主义已成为极少数'先进'国家对世界上绝大多数居民实行殖民压迫和金融扼杀的世界体系"②下，金融资本在强大的垄断力量的支配下迅速向全球扩张，而金融全球化又加速了帝国主义大国对世界的瓜分。帝国主义的本质造就了全球发展的不平衡，少数发达国家成为"城市"，大多数落后国家成为"农村"，世界被分裂为两部分：一边是资产阶级的世界，另一边是无产阶级的世界；一边是极少数的"先进"国家，另一边是大多数被剥削被压迫的殖民地和"落后"国家，"帝国主义时代的剥削已经呈现出全球化发展态势"③。由此列宁提出了"帝国主义意味着战争"的理论，并断定世界历史在19世纪末20世纪初已经进入帝国主义和无

---

① 张晓忠：《解读列宁"帝国主义论"中的全球化思想》，《商业经济》2007年第5期。
② 《列宁选集》第2卷，人民出版社1995年版，第578—579页。
③ 张晓忠：《列宁全球化思想及其中国化研究》，人民出版社2012年版，第195页。

产阶级革命的时代。根据"一战"期间国际形势的发展，列宁断言"在战争造成的全世界的经济破坏的基础上，世界革命危机日益发展，这个危机不管会经过多么长久而艰苦的周折，最后必将以无产阶级革命和这一革命的胜利而告终"①。

第三，列宁关于帝国主义时代的全球化理论为十月革命的发动和胜利提供了理论支撑。恩格斯说："共产主义不是学说，而是运动。它不是从原则出发，而是从事实出发。共产主义者不是把某种哲学作为前提，而是把迄今为止的全部历史，特别是这一历史目前在文明各国造成的实际结果作为前提。"②列宁指出，20世纪初资本主义全球化造成的实际结果，就是帝国主义在全球的扩张。在帝国主义这一资本主义发展的最高阶段，资本的发展已经超出了民族国家的范围，垄断代替了竞争，从而创造了能够实现社会主义的一切客观前提——"帝国主义把群众推向这种斗争，因为它使阶级矛盾大大加剧，无论在经济方面或政治方面都使群众的处境日益恶化"③。同时，随着垄断组织和金融资本的全球扩展，资本主义国家出现了"新的帝国主义大国"（如德国、美国和日本），这是资本主义经济政治发展不平衡规律的必然结果。而在资本主义制度下，当帝国主义国家实力对比发生变化，"除了用实力来解决矛盾"④外没有别的办法，无论是美西战争还是第一次世界大战，都是帝国主义国家间矛盾激化的结果。帝国主义战争给社会主义革命提供了前提条件，是"社会主义革命的前夜"，"这不仅因为战争带来的灾难促成了无产阶级的起义，而且因为国家垄断资本

---

① 《列宁选集》第2卷，人民出版社1995年版，第579页。
② 《马克思恩格斯选集》第1卷，人民出版社2012年版，第291页。
③ 《列宁选集》第2卷，人民出版社1995年版，第561页。
④ 同上书，第658页。

主义是社会主义的最充分的物质准备,是社会主义的前阶,是历史阶梯上的一级,在这一级和叫作社会主义的那一级之间,没有任何中间级"[1]。尤其是第一次世界大战,不仅给参战国带来了不可估量的经济损失,也进一步加深了帝国主义对参战国无产阶级和落后民族的剥削。而第一次世界大战对于"具有中世纪性质,资本主义民主革命还没有完成"[2]的俄国而言更是致命的打击,使社会矛盾更加尖锐,让俄国成为帝国主义链条上最薄弱的环节。由此列宁断言,"在帝国主义时代,殖民地和半殖民地方面进行的民族战争不仅很有可能,而且是不可避免的"[3]。而经济和政治发展不平衡这一"资本主义的绝对规律"也使"社会主义可能首先在少数甚至在单独一个资本主义国家内获得胜利"[4]。这些思想既为十月革命提供了思想武器,也成为世界无产阶级革命的指导思想。列宁领导的布尔什维克抓住这一革命时机,发动了十月革命,推翻了沙皇俄国资本家和地主的统治。事实上,十月革命也是被卷入帝国主义全球化浪潮中的俄国在政治、经济、军事领域全面崩溃,国家面临四分五裂的危险而地主资产阶级统治集团无力阻止的情况下,由无产阶级发动的一场实现俄国民族国家自保的革命。

三 十月革命的成功和社会主义实践促进了列宁全球化理论的发展和完善

十月革命胜利后,列宁在对国内外形势进行科学分析的基础上指出,

---

[1] 《列宁选集》第 3 卷,人民出版社 1995 年版,第 266 页。
[2] 同上书,第 572 页。
[3] 同上书,第 694 页。
[4] 同上书,第 554 页。

随着十月革命和苏维埃政权的建立，世界历史开始进入社会主义与资本主义"两制并存"的时代，并提出利用和借鉴资本主义先进技术和资金发展社会主义经济的"新经济政策"。十月革命的胜利和社会主义建设为列宁全球化理论的发展和成熟提供了实践基础。理由有以下两点。

第一，十月革命的胜利和苏维埃国家的建立，开辟了资本主义和社会主义的"世界性交替"和"两制共存"时代。十月革命胜利后，列宁领导布尔什维克党"在世界上建立了第一个社会主义国家，将社会主义由理想变为现实"①。从全球化进程的角度来说，十月革命的胜利打断了资本主义主导的全球化，并开辟了非资本主义全球化的新道路②。列宁继承马克思主义的世界革命理论，坚持认为社会主义革命是"世界历史性"的事业，指出"俄国的社会主义革命是世界社会主义革命的重要组成部分"③，因此，在十月革命胜利后，列宁也在积极探索由俄国革命带头实现共产主义的方式和途径。不过，由于苏维埃俄国在取得十月革命的胜利后不久就遭到了外部14个国家和国内反革命势力的联合绞杀，被迫与国内外帝国主义和反动派进行了长达三年的战争，"打断"了列宁设想的"世界革命"进程。到1920年年底，在敌我力量对比悬殊的较量中生存下来的苏维埃俄国，经济凋敝，社会危机和政治危机一触即发。列宁从苏维埃俄国的现状和国际形势出发，指出资本主义时代和社会主义时代的"世界性交替"可能需要很长的时间，从当时的情况看，社会主义和资本主义两个营垒呈现出相互对峙的局面，尽管社会主义营垒要弱一些。也就是说，十月革命后

---

① 于沛：《十月革命和科学社会主义的历史命运》，《中国社会科学》2007年第5期。
② 徐艳玲：《全球化、西方全球化与反西方全球化》，山东人民出版社2005年版，第242—243页。
③ 张晓忠：《列宁全球化思想及其中国化研究》，人民出版社2012年版，第263页。

列宁领导的苏维埃俄国社会主义建设，在突破资本主义全球化的同时被资本主义全球化所围攻，而以资本扩张为主要特征、把世界连成一体的全球化进程已经使一国内部的发展不可能不受到外部世界的影响。列宁也意识到，随着经济全球化的发展，无论是社会主义的俄国还是帝国主义国家，都是"正在融合为一个单一的经济机体"① 的世界经济的一部分。因此，在"两制共存"的时代，鉴于这种共同的世界经济联系造成的联合态势，社会主义国家脱离世界经济，不同资本主义发生联系是不能生存下去的。因此，列宁提出，"在目前情况下应该把自己的生存同资本主义的关系联系起来"②。列宁的"世界革命论"和"两制共存"理论是其全球化理论的主要组成部分，进一步发展和丰富了列宁的全球化理论。

第二，无产阶级在取得政权后，可以利用国家垄断资本主义为社会主义有计划地发展国民经济做准备。经济发展是社会主义国家的根本任务，是促进社会进步和政权稳固的重要保障。列宁指出，"无产阶级取得国家政权以后，它的最主要最根本的需要就是增加产品数量，大大提高社会生产力。而这项在俄共纲领上已经明确提出的任务，今天由于战后的经济破坏和饥荒而变得格外紧迫了"③。因此，如何在战争的废墟上建设社会主义成为当时苏维埃俄国面临的最大的问题。列宁经过科学分析，决定利用资本主义，最终将资本主义主导的全球化引向社会主义主导的全球化。列宁指出，在俄国这样"一个经济遭到空前破坏的国家里，在一个破产农民占人口绝大多数的国家里，如果没有资本的帮助，

---

① 《列宁全集》第26卷，人民出版社1988年版，第294页。
② 《列宁全集》第41卷，人民出版社1986年版，第167页。
③ 《列宁选集》第4卷，人民出版社1995年版，第623页。

要保持无产阶级政权是不可能的"①。同时,"一战"后百废待兴的西方资本主义国家也需要与苏维埃俄国发展贸易往来,以恢复其经济,并扩张其市场和原料来源地。因此,从1921年开始,"新经济政策"开始在苏维埃俄国实施。这一政策的核心就是利用"国家资本主义"恢复和发展苏维埃俄国凋敝的经济。"正是基于对全球化进程与俄国当时实际的分析,列宁果断实现了由'战时共产主义政策'向'新经济政策'的转变,这体现了列宁的全球化认识。"②列宁在分析20世纪20年代以后资本主义全球化的特点及其发展趋势时指出,随着金融资本在全球的扩展,资本主义的扩张本性及其私有制与社会化之间的矛盾日趋显现和激烈,越来越多的西方国家开始通过国家投资、国家资本输出、企业国有化等国家干预经济的方式,调节垄断资本主义经济的发展,帝国主义逐渐由一般垄断资本主义发展到国家垄断资本主义。国家垄断资本主义在干预和调节资本主义经济的同时,发展了如社会化管理、宏观调控等手段,为无产阶级在取得政权后有计划按比例地发展国民经济创造了条件。因此,列宁明确提出,"我们应该利用资本主义(特别是要把它纳入国家资本主义的轨道)作为小生产和社会主义之间的中间环节,作为提高生产力的手段、途径、方法和方式"③,"把资本主义纳入国家轨道,建立起一种受国家领导并为国家服务的资本主义"④,是促进俄国生产力的提高和经济发展的唯一出路。通过"新经济政策"的实施,到20世纪20年代,苏维埃俄国(苏联)的"煤炭、电力、钢铁

---

① 《列宁选集》第4卷,人民出版社1995年版,第454页。
② 徐艳玲:《全球化、西方全球化与反西方全球化》,山东人民出版社2005年版,第247页。
③ 《列宁选集》第4卷,人民出版社1995年版,第510页。
④ 同上书,第578页。

和机械工具这些主要工业领域的产值已接近甚至超过 1913 年的水平"①，许多工业部门也逐渐得以建立和恢复。这不仅增强了苏维埃社会主义共和国的经济实力，也促使苏维埃俄国（苏联）在融入经济全球化的进程中逐渐增强了抵制资本主义生产方式侵袭的能力。

四 列宁全球化理论的当代价值

列宁的全球化理论是在对第二次工业革命推动下的全球化浪潮的特点和被卷入全球化进程的俄国资本主义的发展状况分析的基础上，从唯物史观出发辩证地对资本主义全球化的进程及其运动规律作出的科学阐释。在当今全球化时代，金融危机的频发和世界经济分化的加剧，不断再现着资本主义经济全球化的不合理本质和弊端。列宁全球化理论和应对全球化的策略为我们今天乃至今后认识全球化、融入和引领全球化进程有着积极的指导作用和方法论意义。具体说来有以下三大意义。

第一，列宁关于帝国主义垄断资本的本质及其对金融全球化的分析为我们认识和把握全球化的特征提供了借鉴。全球化是一个历史进程，在这一过程中社会关系也在不断发生变化。相比较于"历史上的全球化"，"当代全球化"无论在广度、深度还是影响力上都发生了巨大的变化，世界在信息革命的推动下开始进入以"数字化时代"为标志的"全球化时代"。然而，不管全球化的表现形态和特点如何变化，全球化的趋势不会改变，全球化带来的影响和弊端仍然存在。考察和分析全球化时代的世界，我们依然可以看到列宁指出的"帝国主义时代"的特征：以跨国公司为代表的垄断组织是今天世界经济的常态，金融寡头统治着

---

① ［英］杰弗里·霍斯金：《俄罗斯史》，李国庆译，南方日报出版社 2013 年版，第 436 页。

今天的全球经济,"富国俱乐部"在全球GDP总量中占据绝对优势,资本家国际垄断同盟已经或正在瓜分全球市场。正如当代俄罗斯政治家久加诺夫指出的那样,"全球化的今天,科学合理地研究列宁的帝国主义理论格外迫切,这些理论有助于更深层次地探索和理解全球化的本质、进程、规律及其特点"①。列宁指出,"经济和政治发展的不平衡是资本主义的绝对规律"②,这种不平衡随着全球化的扩展带来的就是全球贫富差距的拉大,南北矛盾的加深。近年来,随着全球化尤其是金融全球化的不断扩展和深化,全球财富越来越集中在少数金融大亨手中,贫富分化日益严重,历史仿佛又回到列宁判断的19世纪末20世纪初帝国主义造就的金融资本和金融寡头对世界经济的垄断时期。世界银行统计数字显示,按照购买力平价计算,2014年七国集团GDP总量为34.5万亿美元,占世界GDP总量(约为77.3万亿美元)的45%左右③。2016年《全球财富报告》数据显示,"全球财富金字塔底层的35亿成年人人均拥有的财富不到1万美元,这个群体拥有的总财富仅占全球总财富的2.4%。而人数为3300万的百万富翁,仅占全球成年人口的0.7%,却拥有着全球45.6%的财富"④。由此可见,列宁提出的帝国主义导致的世界经济不平衡的发展结构与经济发展不平衡导致的矛盾和冲突依然是当今全球化时代世界经济体系的主要特征。因此,正确看待全球化的作用及其影响,正确分析全球化的本质,消除其弊端,是我们融入全球化的

---

① [俄罗斯] 根纳季·久加诺夫:《全球化与人类命运》,何宏江译,新华出版社2004年版,第52—53页。
② 《列宁选集》第2卷,人民出版社1995年版,第554页。
③ 2014年金砖五国GDP总量达到33.1万亿美元,七国集团GDP为34.5万亿美元[EB/OL].http://www.qqjjsj.com/jj-dt/71844.html。
④ 瑞信.2016全球财富报告[EB/OL].http://mt.sohu.com/20161124/n474085240.shtml。

前提，也是今后中国引领全球化进程的必要条件。

第二，列宁关于经济文化比较落后的社会主义国家可以借鉴"资本主义全球化"的成果发展和建设社会主义的观点为全球化时代的中国推进改革开发提供了经验与借鉴。十月革命胜利后，在总结战时共产主义政策的经验和教训的基础上，列宁提出了经济文化比较落后的俄国应该借助"资本主义全球化"的成果发展和建设社会主义的主张。列宁指出，"新经济政策"的实质就是无产阶级国家"采用资本主义经济学中叫作'国家资本主义'的一系列原则"① 发展社会主义，在"破坏了的封建基地和半破坏的资本主义基地上为新的社会主义大厦奠定经济基础"②。20世纪六七十年代后，经济全球化以前所未有的速度向全球扩展，世界经济一体化的趋势不断增强。邓小平继承了马克思主义全球化理论，在对当今时代出现的新情况、新趋势进行分析的基础上，得出了世界历史已经进入和平与发展时代的科学论断，为中国改革开放的提出及应对全球化提供了理论依据。1985年，邓小平在总结中国改革开放的经验时强调改革是中国发展生产力的必由之路，指出"社会主义究竟是什么样子，苏联搞了很多年，也没有完全搞清楚。可能列宁的思路比较好，搞了个新经济政策"③。邓小平还强调指出，对于处于新一轮经济全球化进程中的经济文化相对落后的中国来说，"关起门来搞建设是不能成功的，中国的发展离不开世界"④。中国改革开放30多年的实践和取得的成就，再一次验证了列宁提出的经济文化比较落后的社会主义国家

---

① 《列宁选集》第4卷，人民出版社1995年版，第713页。
② 同上书，第569页。
③ 《邓小平文选》第3卷，人民出版社1993年版，第139页。
④ 同上书，第78页。

可以借鉴资本主义的先进因素发展本国经济，促进生产力发展的全球化理论。

第三，列宁关于全球化发展趋势的论述为中国引领全球化进程提供了理论依据和指导。进入21世纪以来，全球化进入了新的发展阶段，以垄断金融资本的全球扩张为特征的金融全球化成为当今全球化的重要表现形式。但另一方面，垄断金融资本的扩张导致的全球金融危机也成为阻碍全球化进一步发展的重要因素。由于受到2008年全球金融危机和欧债危机的影响，美国和欧洲等资本主义大国"逆全球化"现象（如贸易保护主义、民粹主义等）日益显现，世界经济增速放缓，全球化进程受到了极大的冲击。目前世界经济仍然处在深度调整时期，复苏动力不足，增长分化加剧，经济全球化进入阶段性调整期。但是，我们应该看到，"经济全球化符合生产力发展要求，符合各方利益，是大势所趋"①。因此，在全球化时代，世界各国最紧要的任务就是如何融入全球化进程，并积极引导全球化进程来促进本国经济和社会的发展。因此，当全球化进程因为金融垄断资本而受阻，更加公平合理的社会主义全球化将成为推动全球化继续前进的重要手段。随着中国国力的不断增强，中国的发展与世界的进步越来越紧密地联系在一起。中国在坚定不移推动和引领经济全球化进程的同时，"在参与经济全球化进程中，注重同各自发展实践相结合，注重解决公平公正问题，引领经济全球化向更加包容普惠的方向发展"②。"一带一路"倡议的提出和"亚投行"的设立，不仅是中国适应和应对全球化之举，是中国更深层次的改革开放之举，更是中

---

① 面向未来开拓进取促进亚太发展繁荣［EB/OL］. http：//world. huanqiu. com/exclusive/2016－11/9706893. htm。

② 同上。

国引领世界向更加公平的全球化发展之举。《2015年安联全球财富报告》显示,亚洲财富分配结构较其他地区更为平等,亚洲的(简单)基尼系数为62.7,低于全球平均水平的63.8[①],这主要得益于中国经济的发展和较为公平的财富分配的推动。

(原载《南京政治学院学报》2017年第2期)

---

① 2015安联全球财富报告:中国金融资产首超日本[EB/OL].http://finance.jrj.com.cn/2015/10/16180619938680.shtml。

科尔宾与英国工党选战困境[*]

李华锋[**]

2015年9月,非主流的科尔宾成为英国工党新一任领袖,并在2016年9月赢得连任。今年6月,在科尔宾的领导下,工党迎来新一次的英国大选,如何看待工党的大选成绩?在科尔宾领导下,工党能够重新走上执政前台吗?

一 保守党"助攻"工党议会席位数增加

英国议会的正常任期是5年,按照正常的进程,英国大选应于2020年举行。2016年6月英国脱欧公投后上台的保守党首相特蕾莎·梅,此前也多次表示不会解散议会,提前大选。但在今年4月18日,特蕾莎·梅突然以"脱欧大局已定,反脱欧力量影响政府的脱欧计划,需要全民投票赋予政府权威,形成强有力的议会支持"为由,宣布提前举行大选。6月大选

---

[*] 基金项目:国家社科基金项目"英国工党主流思想的嬗变研究"(13BKS062)和山东省社科规划重大项目"英国工党社会主义观的嬗变研究"(16ALJJ04)的阶段性成果。

[**] 李华锋(1976—),男,法学博士(后),聊城大学世界共产主义运动研究所所长,教授,山东省世界社会主义共产主义运动研究基地主任,山东省中外社会主义比较研究基地主任。

的结果对特蕾莎·梅来说却是事与愿违。保守党仅获得 318 个议席,不仅没有扩大在议会的优势,仅而比选前减少 13 席,而且所获议席不足半数,产生"悬浮议会",最后靠与民主统一党合作才得以继续执政。而工党获得 262 个议席,比选前猛增 32 个议席,大大缩小了与保守党的差距,甚至理论上存在上台执政的可能。在获得选票数上,工党赢得 1288 万张选票,比 2015 年大选增长了 9.6%,这是 1945 年以来与前一次大选相比的最高增幅。因此,与特蕾莎·梅大选后的焦头烂额相比,科尔宾欣喜不已,犹如自己是胜利者一般,工党可谓是"虽败犹荣"。

工党在党内纷争严重,在最初民调明显落后的情况下,能够取得出人意料的成绩,增强在议会的实力,既与科尔宾自身相对适宜的竞选策略有关,也与外在的保守党失误有关。从科尔宾本人讲,由于其一贯的传统左翼色彩与主张,从其出任工党领袖起,无论是媒体还是党内高层都对工党不看好,认为工党将重蹈 20 世纪 80 年代激进左翼主导时期的旧辙。科尔宾并不是一个顽固不化的人,虽然坚持传统左翼的观点,但不寻求完全回到过去。为了党的团结和争取更多的选票,在 2016 年连任工党领袖后他就在一些问题上显示出一定的灵活性,在竞选中提出属于左翼但不算极左的竞选宣言,如提出结束紧缩政策,实行 10 英镑最低工资标准,提高大公司和高收入者的税率,免除大学学费,降低移民数量等。这些主张是对金融危机下英国贫富差距加大的纠偏,不仅吸引了工党原有的社会底层支持者,而且获得了收入微薄或没有收入的青年人的认可,使年轻人成为工党选票的重要来源。同时,在竞选中,虽然不少选民认为科尔宾不属于典型的政客,不大适合担任首相,但他作为非传统政客表现出来的亲民、朴实色彩和正直、坚毅的品格,与特蕾莎·梅形成鲜明的对比,为其加分不少。许多对特蕾莎·梅不满的选民把科尔宾作为次优选择,所以投票给了工党。

从保守党来说,在竞选中出现失误和对己不利的因素,使工党获益匪浅。特蕾莎·梅决定提前大选的重要背景就是当时保守党的民意支持率超出工党21%,特蕾莎·梅本人的支持率超出科尔宾36%,保守党的胜利将是毫无悬念的一边倒。正是因为这一点,特蕾莎·梅在竞选中并没有对工党给予重视,并没有像科尔宾一样不遗余力地到全国各地开展演讲与拉票活动,给人高高在上的感觉。竞选纲领总体上仍是新自由主义的模式,在经济与社会事务上核心目标是"为了英国更强盛繁荣",为此提出进一步降低公司所得税税率,废除对退休金的三重保护,变小学生的免费午餐为早餐等刺激经济、削减福利的政策。这些姿态与主张使保守党对工党的优势逐步萎缩。在临近大选的半个月,英国曼切斯特和伦敦接连遭受恐怖主义袭击更使保守党顿时紧张,民调领先的优势所剩无几。因为这暴露出保守党政府安保能力的不足,因为正是在特蕾莎·梅担任内政大臣时保守党政府作出大幅削减警力的决定。

二 工党内斗失掉胜选的可能

虽然工党在大选中取得出人意料的成绩,远比媒体和工党自身预计的要好很多,使工党看到了上台执政的一丝曙光,增强了重返执政前台的信心,但工党还是与政权失之交臂,遭遇自2010年以来了英国大选的三连败。不出意料的话,工党将远离英国政权至少十年。尤其值得注意的是虽然保守党竞选过程中失误连连,最终大选结果让人大跌眼镜,但从始至终没有一家媒体与民调机构认为工党会赢,大多数认为保守党将以较大的优势获胜，实现扩大议席的目标与诉求。即使最终结果令工党和科尔宾深受鼓舞，被媒体称为"虽败犹荣"，但这主要是与人们的预期相比，与工党原有议席数纵向比较而言的。横向比较看，工党议席仍与保守党有着56席的巨大差距，劣势十分明显。换言之，工党只是缩小了与保守党的差距，和保守党仍不处于一个重量级上。除非保守党拱手相让，工党没有任何上台执政的可能性。

工党"意料之中"和"毫无悬念"的失败与科尔宾领导下工党自身状况及其定位与主张有着密切的关系。在撒切尔革命的作用下，从20世纪80年代初金诺克出任工党领袖开始，工党就开始了艰难的右转进程，并在世纪之交在布莱尔领导下实现连续执政，再创辉煌。虽然在布朗和米利班德领导时期，工党出现小幅度的回转，但没有超出工党与保守党形成的新共识政治。而科尔宾担任工党领袖后，无论是经济与社会政策，还是政治与安全主张，都带有鲜明的传统左翼特点。这被党内主流政治精英认为是不切实际的危险做法，认为将会使工党长期失去赢得大选的机会，甚至走上泡沫化的命运。因此，从科尔宾2015年不被看好地"逆袭"成工党领袖，到他提出各项政策主张，工党前任领袖金诺克、布莱尔、布朗、米利班德都曾发声，或表示对工党的担心，或对他某一政策主张进行抨击和反对。在担任工党领袖的近两年时间里，不时有众多议员和影子内阁大臣或者公开反对科尔宾，或者在议会投票中不与他保持一致。2016年6月，科尔宾刚干领袖不到一年，党内就"逼宫造反"，要求他辞职，失败后又迫使他接受重新进行领袖选举就是鲜明的例证。而今年4月特蕾莎·梅提前进行英国大选的提议能够获得议会通过，得到工党的一致同意，很大程度上是工党内科尔宾的反对者希望通过工党大选的一败涂地，迫使他尽早辞职下台。

在自身定位和政策主张上，科尔宾把工党定位为中下层民众的政党，是民主社会主义政党，而不是右倾化的社会民主主义政党。其反紧缩、重福利的经济社会政策主张虽然吸引了众多的草根选民，尤其是数量传统的劳工选民和青年学生，但与保守党界限分明的"杀富济贫"主张也削弱了争取上层选民，尤其是庞大的中间选民的竞争力。同时，在经济危机的背景下，许多选民对科尔宾免除大学学费的可行性表示怀疑，学费免除后学校运转的主要资金来自哪里？在看似早已成为定论的所有制问题上，科尔宾提出的铁路、能源、邮政等领域重新实行国有化的主张，在许多人看来是开历史的倒车。而任何条件下英国都不能首先使用核力量，坚持单边核裁军的主张更是被视为对国家安全造成了威胁。

正是工党党内的涣散内讧和科尔宾的传统左翼主张，使英国媒体一致认为英国大选毫无悬念。工党大选成绩的"虽败犹荣"虽然有科尔宾自身努力，政策主张受到部分选民认可的缘由，但很大程度上是因为保守党过于轻视工党，不可预料的恐怖主义袭击又给工党提供了助攻。

三 工党胜选前景不容乐观

由于大选的虽败犹荣，大选后科尔宾的人气以及他领导的工党支持率暴涨。进入7月，英国的民调数据显示，工党的支持率达到46%，比保守党的支持率约高8%。这是科尔宾担任工党领袖两年来工党支持率第一次超过保守党。在两年来最有利的环境下，科尔宾自己也踌躇满志，期待英国在2017年年底或2018年年初再次举行大选，实现问鼎政权。但综合各方面的因素，科尔宾领导下英国工党上台执政的前景不容乐观。原因主要有以下三点。

第一，英国短期内不可能进行新一次大选。按照现在的民调数据，如果英国在两三个月之内再次选举，工党还是有可能成功的，但这是不现实的。按照英国的法律规定，提前解散议会必须具备以下两个条件之一：议会通过对政府的不信任投票；首相提出提前大选并获得2/3的议员支持。在本次大选豪赌失败的情况下，特蕾莎·梅仍不辞职，表示要带领英国继续前行。在目前形势下，让特蕾莎·梅再次提出提前大选是不可能的事情。而工党自身议席有限，与其他一些小党理念差异巨大，对保守党领导的联合政府提出不信任案既是不可想象的，也是不会成功的。实际上，由于特蕾莎·梅的失策，如果再遇重挫，在党内反对下其被迫辞职，产生新的保守党领袖和首相更有可能。而新首相在不利形势下也是不会宣布提前大选的。因此，工党并不具备短期内上台执政的选举程序。

第二，科尔宾并没有形成自己的具有包容性的思想理念和政策主张。英国作为中产阶级队伍庞大的后工业化国家，中间化是主要政党争取选民的基本策略，即在稳固原有选民基础的同时，尽可能争取处于中间的、投票意向随机性强的流动选民。而科尔宾的做法是重归劳工阶级政党的理念，大幅度地左转。这种做法尽管吸引了传统选民，但对于争取中间选民是不利的。这次大选工党成绩不错和当前工党支持率跃居首位，与其说是工党做得好，主张适宜，毋宁说是特蕾莎·梅在突发事件面前失误连连，各种不利因素叠加造成的。如大选结束后不久伦敦发生死亡80人的特大火灾，特蕾莎·梅救灾表现不佳等。从总体上看，保守党政府在全球经济不景气的大背景下，治理经济与社会的成效还是不错的。最近三年英国经济以约2%的速度增长；今年上半年英国的失业率降到4.5%，创下40年来的最低水平。这也是保守党得以连续执政的根本原因。

第三，科尔宾不可能出现大幅度的右转。虽然为了工党的团结和增强工党的吸引力，2016年保住领袖职位的科尔宾在政策主张上出现了一定的回转，如呼吁党内高层摈弃前嫌共同奋斗、在竞选中没有提出废除君主制等。但科尔宾左翼理念坚定，在左翼思想处于低潮的布莱尔时期也不曾改变，在自己执掌工党，左翼思想具有适宜土壤的背景下更不可能激进转向。更何况科尔宾正是以传统左翼形象与理念，赢得党内草根党员和支持者的认可，得以赢得和保住领袖职位。因此，幻想科尔宾的理念与主张出现明显右转几无可能。而历史地看，工党传统左翼的主张富有较多的理想主义色彩，总体上无法适应英国社会的现实，并不能取得成功。20世纪80年代初，工党左翼也达到权力的顶峰，富特成为工党的领袖，但最终的结果是导致工党的分裂和1983年大选的惨败。过去两年科尔宾领导下工党的状况似乎是历史的再现。

综上所析，科尔宾领导下的工党看似走出低谷，充满希望，但很可能是昙花一现，并不具备与保守党抗衡的实力与主张。除非在下次大选前，保守党治理经济乏力，在竞选策略上失误不断，否则工党很难改变在政党竞争中的弱势地位。当然工党这种情况并非个案，而是欧洲主流中左政党面临的共同困境。

（原载《中国社会科学报》2017年9月28日）

英国工党领袖选举制度嬗变探微*

张洪伟　李华锋**

英国工党作为英国两大政党之一,同时是西方政坛左翼政党的主要代表。英国工党领袖选举制度是工党组织体制的重要组成部分,规定着工党领袖的产生路径,维系着工党的稳定与发展。逾百年的发展中,工党领袖选举制度经历了从无到有,从议会党团选举到选举团制度再到选举团制度渐进调整的演变历程。关于工党领袖选举制度的有益探讨,不仅有助于深化对工党建设发展规律的认识,而且对我党的思想制度建设有着极具鉴戒性的启迪意义。下面从三个方面予以论述。

一　工党领袖选举制度的空缺和初设

英国工党脱胎于英国工人运动,由工会和社会主义团体融合而建成。由于工会和各社会主义团体在阶级立场和意识形态等方面大相径庭,导致

---

* 基金项目:国家社科基金项目"英国工党主流思想的嬗变研究"(13BKS062)和山东省社科规划重大项目"英国工党社会主义观的嬗变研究"(16ALJJ14)的阶段性成果。
** 张洪伟(1993—),男,山东冠县人,聊城大学政治与公共管理学院国际政治专业研究生,主要从事英国政治研究。李华锋(1976—),男,河南许昌人,聊城大学政治与公共管理学院教授,硕士生导师,主要从事世界社会主义运动研究。

工党缺乏明确统一的发展目标。作为工党主要组成部分和经济来源的工会将工党定位于其在议会中的压力集团，并未对工党的发展规划做深思熟虑的打算，也未对完善工党组织体制建设给予足够重视。第一次世界大战期间，工党综合实力和政治地位有了极大提高，逐步明确政党独立发展的追求，并从思想意识和制度体系两方面进行全面革新。1922年英国大选中，工党首次成为反对党，随着工党议会党团主席在党内最高领导权的明确化，由工党议会党团选举工党领袖的制度随之确立下来。下面分两部分予以论述。

（一）工党创建伊始领袖选举制度的空缺

回顾工党百年发展历程，作为工党前身的劳工代表委员会的成立对英国政党政治和英国工人运动具有里程碑式的意义。但是，在劳工代表委员会建立时，并没有对当时英国社会造成广泛影响，反而面临着综合实力羸弱，组织体制不健全，发展目标模糊的困境。工党领袖选举制度的缺失是工党所处窘境在体制层面的具体体现。

1900年2月，在英国劳工运动过程中，来自部分工会、独立工党、社会民主联盟和费边社等一些社会主义团体的代表在伦敦召开了特别会议，决定成立一个维护劳工利益的政治组织。他们将新组织命名为"劳工代表委员会"，明确劳工代表委员会的政治任务是将更多同情工人阶级目标、代表工人阶级利益的人作为劳工代表选进议会。虽然劳工代表委员会融合了各组成部分共同的价值诉求，但是基于阶级立场和思想主张的差异，工会和各社会主义团体对劳工代表委员会有着不同的定位。对于工会而言，迫于保守党的冷漠态度和雇主方的压力，工会迫切寻求在劳工运动中取得突破，争取通过议会方式更好地保护劳工利益；对于各社会主义团体而言，通过建立政治组织参与英国政治生活是各社会主义团体将其理论主张付诸实践的主要路径。相较于各社会主义团体，工会作为劳工代表委员会的主要组成部分和重要财政来源，对劳工代表委员会的建设发展有着实质性的影响。在工会的思维观念中，劳工代表委员会只是一个防御性的松散的竞选联盟性质的政治组织，工会并未对其发展规划做宏观慎重的考量，也未对其组织体制建设给予足够的重视。1900年劳工代表委员会成立大会上，曾设"劳工代表委员会书记"一职，工会无意这个负责事务性工作的职务，最后由独立工党提名的年仅34岁的新闻工作者拉姆齐·麦克唐纳作为劳工代表委员会仅有的专职工作人员。1900年8月英国大选中，囿于缺乏工会足够的支持、政治势力的羸弱和政治经验的欠缺，最终劳工代表委员会提名的15名议员候选人中仅有2人当选，对当时英国政治进程的影响微乎其微。以往劳工运动的政治实践中，工会更偏向与自由党开展合作的选择。在此次大选中，与自由党合作而未加入劳工代表委员会的工会候选人有8人当选。选举结果的悬殊落差，使工会对劳工代表委员会的发展前景难抱乐观态度。内外交困的形势加剧了劳工代表委员会的窘迫处境，"从政党的特点看，劳工代表委员会没有党章和党纲，没有最高领导人，只有一个负责日常事务的书记，并不是一个现代意义上的政党"[①]。其唯一宗旨是将更多的工人代表选进议会，通过议会方式更好地保护工人的权益。

随着劳工代表委员会政治实力的增强，以及与自由党的合作，在1906年英国大选中，劳工代表委员会提名的50位候选人中有29人当选。为了

---

① 李华锋：《英国工党执政史论纲》，中国社会科学出版社2014年版，第4—5页。

更好地参与到政治生活中，在新议会开始运转时，劳工代表委员会更名为"工党"，并建立起独立的议会党团，经过投票流程，哈第当选为议会党团主席。早期工党议会党团主席与一般政党议会党团主席在职责和权力上有着很大不同，早期工党议会党团作为党内权力中心之一，对议会外党组织影响甚微，因而早期工党议会党团主席主要负责议会党团活动，并非真正意义上的政党领袖。在哈第当选议会党团主席后，主张主席轮值，造成议会党团主席的频繁更换，议会党团主席职责权力的内容和范围也难免受到客观现实的限制。综合来说，在工党的早期建设发展中，虽然设有党书记和议会党团主席等职务负责党的运行，但二者权责界限明确，都不是工党真正意义上的最高领导人。

（二）工党议会党团选举领袖制度的确立

1922年大选中，工党提名的414个候选人中有142人当选，超过同期自由党大选成绩，首次成为"国王陛下忠诚的反对党"，麦克唐纳也在议会党团主席的选举中以微弱优势取代克莱尼斯成为新一任主席。"麦克唐纳是与其所有前任党主席都不同的一位领袖（包括战前他自己在内）。从1922年起，他不仅被称为议会党团的主席，而且还被称为该党的'主席和领袖'。使用这种称呼表明，他也是反对党领袖，并有担任首相的可能。"[①]经过第一次世界大战，工党明确了政党现代性建设的转型目标，"它的终极目的是上台执政，它的政策纲领得依靠它的议会党团来贯彻执行，因而使议会党团及其领袖享有特权，权力很大，几乎成为凌驾于党组织之上的

---

① 江南造船厂业余学校英语翻译小组：《英国工党简史》，上海人民出版社1977年版，第54—55页。

党中之党"①。麦克唐纳当选为工党议会党团主席意味着工党最高领导权归属明确化,由工党议会党团选举议会党团主席的方式也被确定为工党领袖选举制度。

工党领袖的明确及领袖选举制度的确立是工党内外形势合力推动工党组织体制建设的结果。一方面,英国政坛局势悄然改变,党际格局发生巨大变化。第一次世界大战期间,自由党内部的阿斯奎斯和劳合·乔治在关于自由党党务决策和执政方针等问题的看法意见相左,产生分歧,造成自由党的分裂,政治精英和基础选民大量流失,严重损耗了自由党实力。对比自由党面临的泡沫化危机,工党在第一次世界大战期间实现了跨越式发展。"一战"的爆发使工党得以参加战时联合内阁,积累了宝贵的政治经验,其合宜的政策在英国社会和民众中塑造了良好的政治形象。英国大选的停摆和爱国情怀的高涨缓解了因工团主义浪潮给工党带来的党员脱党压力,把工党从何去何从的十字路口转轨到工党现代性建设的道路上来。虽然工党与自由保守两党实力差距仍然悬殊,但是,工党与两大政党,尤其是与自由党力量对比的天秤正在向工党倾斜。另一方面,第一次世界大战期间,工党政治地位的提升坚定了韩德逊和麦克唐纳等领导人谋求工党独立发展和上台执政的信念。工会为工党输出的主要政治力量和经济支持,以及采取的积极配合态度,助推了工党在"一战"期间的蓬勃发展势头。这也从侧面印证了工党在"一战"期间取得显著进步,很大程度上是受工会因素的影响。意识到工党发展困境虽有缓和但依然存在之后,韩德逊和麦克唐纳等领导人决定对工党从主导理念和体制建设方面进行自我全面革新,而在"一战"期间的参政体验使工会对工党追求执政的目标也表示认

---

① 杨平:《英国工党的组织与议会主义道路》,《西欧研究》1987年第2期。

可和赞同。1918年，工党制定了具有鲜明意识形态的党章和党纲，完善了政党组织机构建设，党员队伍不断扩大，选民支持率也连续攀升，工党实力和政治地位都有了明显提升。从一定意义上来说，工党在第一次世界大战期间迎来了发展的重要战略机遇期，借助党内外有利环境，工党现代性建设取得卓越成就，促成了工党在1922年英国大选中的理想成绩。可以说，工党议会党团主席党内最高领导权的明确是工党自我发展的直接体现。

在工党领袖议会党团选举制度中，"工党议会党团不仅控制着领袖选举的投票权，而且还决定着领袖选举时间和议员当选候选人的可能性"[①]。工党领袖"由本党下院议员秘密投票产生。仅下院议员可参选，参选者须获一名提议者和一名附议者的提名，后两者须是下院议员，公布其名字。每名议员投一票，获绝对多数票者当选"[②]；选举程序实行多轮末位淘汰制，即得票最少的候选人或票数相加不及前一者的最后两名候选人退出，重复进行多轮，直至绝对多数得票的一名候选人产生。工党在野时，凡获提名的候选人，即可依上述程序参与领袖竞选。一般来说，如若没有特殊情况，在工党执政时不会进行领袖选举，自1922年工党领袖议会党团选举制度确立至1981年选举团制度出台之间，除1976年工党领袖哈罗德·威尔逊于执政时退休，随即依工党在野时的领袖选举程序进行新一任工党领袖的选举，成为工党领袖选举的特例。

[①] R. M. Punnett, *Selecting the Party Leader: Britain in Comparative Perspective*, London: Harvester Wheatsheaf, 1992, pp. 80-81.
[②] 谢峰:《英国工党领袖选举制度演变研究》,《当代世界与社会主义》2013年第1期。

二 工党选举团选举制度的出台与渐进调整

20世纪60年代后,工党党内斗争日趋激烈,党内左翼寻求通过政党制度的改革进一步扩大对党内右翼的相对优势,领袖选举制度改革成为左右翼斗争的主要焦点之一。1981年,选举团制度经历重重争议后出台,成为工党新的领袖选举制度。进入20世纪80年代,党内斗争进入白炽化状态,严重内耗使工党面临生死存亡危机,工党思想意识和组织体制的改革迫在眉睫。在世界政党政治民主化浪潮的宏观背景下,工党领袖对领袖选举团制度做出渐进调整,从制度层面有效弥合了党内派系矛盾,及时遏止住工党发展颓势,为工党现代化重铸和政党民主化建设奠定了基础。下面分两部分予以论述。

(一) 从议会党团选举到选举团选举的重大变革

由于各组成部分在阶级出身和信仰主张等方面存有差异,工党内部向来存在不同派系势力和各自拥趸,限于工党纪律规定,左右两派斗争一直处于可控的范围之内。但是在20世纪70年代时期,工党左右两翼势力经历了此消彼长的发展过程,党内斗争重新占据党内工作的重心地位。威尔逊和卡拉汉首相当政期间,面对英国经济和社会发展停滞问题,工党政府采取左右摇摆的政策,不仅因应对危机的乏力引发党内左右两翼激烈争论,而且导致了"社会契约"的破灭,宣告工党政府和工会的暧昧关系在经历反复逆转后走向对立。此前工党的政治实践中,左翼难以在与右翼的斗争中分庭抗礼,但是在这一时期,左翼社会思潮的回流、工会和左翼的利益重叠,都为左翼在党内斗争中占据优势增添了砝码。

对于工党在1979年英国大选中失利的原因，左右翼观点截然不同。左翼认为工党政府的右倾政策不仅未能有效解决社会经济危机，还加剧了党内矛盾斗争；右翼认为工会的不配合是工党失去执政地位的根本原因。党内左右翼罅隙加剧。工党左翼势力认识到，只有通过对工党组织体制改革进一步扩大左翼和工会的党内影响力，尤其是实现对工党领袖的影响和控制，才能保证工党在执政时坚持贯彻社会主义理念。对领袖选举制度的改革，也就成为左翼削弱右翼势力、达成自身政治诉求的重要手段之一。在1979年年会上的领袖选举中，来自左翼的迈克尔·富特当选新一任工党领袖，工会和左翼势力在党内有了广泛深入的渗透，这也为左翼进行政党制度改革提供了有力支持。

任何一种制度出现之前，都有其流变。"由于工党领袖仅由议会党团选举产生，与追随者之间没有直接的联系，致使其常常面对来自党内的反对声音。"[1] 工党领袖选举权限定于议会党团范围内的现状，使议会党团成员的主观因素成为影响选举过程和结果的重要变量，难以保证工党领袖选举结果符合全体党员意向。20世纪70年代，党内要求改革领袖选举制度的呼声日渐高涨。"迈克尔·米彻在1979年年会上指出：'我认为，支持扩展选举权的根本原因在于：一个政党的领袖不应仅对本党议会党团负责，而应对整个运动负责，因而领袖应由那些他对之负有更大责任的人选举产生。'"[2] 众多要求改革领袖选举制度的提案在同年年会上提交，虽然没有出台明确的领袖选举制度改革方案，但是经过激烈的讨论，已经构架出选举团制度的雏形。"1981年1月24日，工党在温布利召开专门会议，

---

[1] Thomas Quinn, *Modernising the Labour Party: Organisational Change Since 1981*, London: algrave Macmillan, 2005, pp. 122-123.

[2] 谢峰：《英国工党领袖选举制度演变研究》，《当代世界与社会主义》2013年第1期。

决定解决领袖的选举问题，但会上提交的议案仍然存在很大分歧，归纳起来大致有四种倾向性意见：第一，选举团按照议会党团∶选区工党∶附属组织＝3∶3∶4的代表比例分配；第二，按照议会党团、选区工党、附属组织各占1/3的比例分配；第三，按照议会党团∶选区工党∶附属组织＝2∶1∶1的比例分配；第四，选举团由所有个人党员组成。"[1] 几经周折之后，确立第一种提案为新的领袖选举制度，完成了工党领袖议会党团选举制度向选举团制度的重大变革。但是从一定意义上来说，选举团制度的出台是党内左右翼斗争在制度体系层面的直观体现，加强了左翼对工党发展的影响。

选举团制度与议会党团选举制度有着极大的不同。在选举团制度中，工党领袖的选举权被扩展到议会党团及以外的选区工党、工会及附属组织，议会党团、选区工党、工会及附属组织都有对领袖候选人的投票权，三者票额所占总票额比例为30%∶30%∶40%。同时，议会党团、选区工党和工会及附属组织均开始享有领袖候选人的提名权，"提名须获被提名人书面同意，并获5%的工党下院议员支持，提名组织和支持提名的议员被公布"[2]。且当工党执政时，如有候选人获提名，还须经2/3的年会代表同意方能进行领袖选举。在投票原则方面，选举团各组成部分之间有所差异：议会党团部分实行一人一票制；选区工党部分实行集体投票制，每个选区只有一张选票；工会及附属组织部分实行比例投票制，每千名缴纳政治基金的会员拥有一张选票。

(二) 选举团制度的渐进调整

党内斗争的白炽化状态不仅严重损耗了工党实力，还造成工党分裂的

---

[1] 刘成：《理想与现实——英国工党与公有制》，江苏人民出版社2003年版，第182—183页。
[2] 谢峰：《英国工党领袖选举制度演变研究》，《当代世界与社会主义》2013年第1期。

恶劣后果和严重的选举危机,使工党原本严峻的政治危机雪上加霜。"卡拉汉政府下台后,工党便以确立选举团制度为契机麇集党内政治精英,左翼势力如日中天。"① 右翼势力面对颓势作出激烈反应,在领袖选举团制度确立次日,党内右翼势力代表人物罗伊·詹金斯、比尔·罗杰斯、大卫·欧文和雪莉·威廉斯宣布退出工党,并于1981年3月组成了英国社会民主党,随即就有13名工党党员加入社会民主党,工党面临着史上最严重的分裂,招致泡沫化之虞。许多党员和选民对工党深感失望,纷纷脱离工党,1979—1982年,工党共流失约70万党员,工党实力遭受到严重冲击。左翼大肆实行激进左转政策,并且于1983年大选中发表了"二战"以来意识形态左倾最严重的竞选纲领——《为英国带来新希望》,最终仅获得846万张选票,占总票数的27.6%,议席席位也仅获209席。选民支持率的严重缩水凸显选举危机严重性,把原本深陷泥潭的工党推向生死存亡的关头。

工党在1983年英国大选中败北后,富特引咎辞职,E. 赫弗、尼尔·金诺克、R. 哈特斯利和P. 肖尔参加了新一任领袖选举,这也是选举团制度的第一次实践,最终金诺克以在议会党团、选区工党和工会及附属组织分别为49.3%、91.5%和72.6%的得票率,对哈特利斯在相应部分26.1%、1.9%、27.2%的得票率,以71.272%的总得票率对19.288%的总得票率的巨大优势,当选为工党领袖。金诺克执牛耳初,"工党在公众眼中已沦为一个被左翼控制的、四分五裂的、组织运转失灵、出现信仰危机的党,

---

① Thomas Quinn, *Modernising the Labour Party: Organisational Change Since 1981*, London: algrave Macmillan, 2005,

这个党有纲领而无计划，有组织而无调度，有理想而无现实感"①。积难重重的情境下，工党不得不走上改革之路。"金诺克出任工党领袖后，面对强硬左翼和极端左翼给工党带来的负面影响，站在温和左翼的立场上，联合党内右翼，同党内强硬左翼和极端左翼展开了激烈的争论和斗争。"② 领袖选举制度是党内极左势力占据相对优势的重要制度保障，对其进行改革，能够及时有效地平衡左右翼势力，弥合党内矛盾。应和世界政党政治民主化趋势，金诺克提议在选区工党部分实行党员一人一票制的投票原则，以借助基层党员相对温和的政治倾向削弱左翼对选区工党的控制和影响。但是，这一提案最终未能在年会上通过。

1988年年会上，强硬左翼代表人物托尼·本率先发难，对金诺克的领袖职位发起挑战，意图恢复左翼势力对工党的掌控。最终选举结果，金诺克以88.6%的总得票率对本11.4%的总得票率的巨大优势完成领袖职位的连任。经过这一事件，强硬左翼和极端左翼式微已是大势所趋，在次年年会上，金诺克趁机再次对领袖选举制度进行改革，具体表现有二：其一，为了维护工党的稳定运行和党内团结，金诺克将领袖候选人的议会党团成员门槛支持率从5%上调至20%。其二，在选举团的选区工党部分投中实行缴纳党费党员一人一票制的投票原则，但令人生憾的是，在票额归属问题上，仍坚持了"赢者全得"原则，即获得该选区票数最多的候选人将获得该选区全部选票。最终1989年年会通过了这些提案，1991年又将工党欧洲议会党团纳入选举团的议会党团部分。金诺克关于工党领袖选举团制

---

① 李媛媛：《英国工党地方性组织嬗变研究》，中国社会科学出版社2009年版，第194—195页。

② 李华锋：《英国工党沉浮与主导思想的关系研究》，中国社会科学出版社2013年版，第176—177页。

度的改革，推动了工党领袖选举制度的民主化进程，完善了工党民主化建设，在消除了工党泡沫化危机的同时，为工党的现代化政党转型目标的实现奠定了基础。

1992年大选中，势头正盛的工党获得35.2%的得票率和271个议会席位，憾失执政机会，并且连续四次在与保守党的交手中铩羽而归。金诺克不堪连续大选失利，引咎辞职。约翰·史密斯和布莱恩·库尔德参与新一任工党党魁之争，史密斯获得91.016%的总得票率，以绝对优势当选新一任工党领袖。史密斯上台后，决定在金诺克改革的基础上，进一步推动工党的现代化进程。工党的政治实践表明工党若想重回英国政治前沿阵地，就要尽可能地拉开与工会的距离。虽然经历削弱和限制，但是工会对工党还保持着一定程度上的影响。在领袖选举制度上，这种影响主要体现在两个方面：在投票原则上，选举团中工会及附属组织部分实行集体投票制，长期以来的集权化导致工会领袖以权力和制度之便，使其个人意愿代表全体工会会员的意愿；在票额上，工会及附属组织的票额占选举团总票额的40%，进一步放大了工会领袖影响党内人事和决策的效应。受工会影响，工党在处理问题时的政策和决定难以保持完全的客观公正。史密斯决心通过调整工会在选举团中的票额比重以及在选举团工会部分推行一人一票制投票原则的改革措施，加强工党在发展建设问题上的独立性。工会联合检查小组对于调整工会票额比重问题提出建议：将原来议会党团、选区工党、工会及附属组织票额分别占总票额的30%、30%、40%的比重调整为三者均占1/3，工会同意了这种调整。但是由于一人一票制投票原则的推行会严重制约工会领袖在党内事务和决策主张上的影响力，受到来自工会领袖方面的极力阻挠和大力反对。

意识到推行一人一票制投票原则的提案遭遇着巨大阻力，史密斯更加坚定了推进改革的决心，甚至以辞职为砝码向党内施压；同时，又给予工会充分就业的政策利好。最终，关于领袖选举制度改革的提案以微弱优势在年会获得通过。

新修订的选举制度中，议会党团、选区工党和工会及附属组织票额占总票额的比重均为1/3，且废止了工会部分的集体投票制，在工会缴纳政治基金的会员中实行一人一票制的投票原则，选区工党和工会及附属组织部分的"赢者全得"原则也被废止，候选人所获总票数由其在各选举部分所得选票数依比例换算相加而来。至此，在选举团全部组成部分，都贯彻了一人一票制的投票原则。史密斯进一步对候选人资格的议会党团门槛支持率进行调整：当领袖职位空缺时，候选人只需获12.5%的议会党团支持率便可参与领袖选举；而当工党处于执政地位时，候选人如想进行领袖选举还需经年会同意。新修订的选举制度使"参与领袖选举的人由原来的几百数千个党员积极分子扩大到数百万普通党员，工党从间接民主转向了直接民主"[1]。

史密斯的改革极大地削弱了工会在党内的势力及对党内事务的影响，金诺克时期改革的蓬勃势头得以延续，选民支持率逐渐回升，工党有望重回英国执政地位。但就在工党发展前景日趋明朗之时，史密斯却因心脏病突发离世。随后举行的工党领袖选举中，托尼·布莱尔以57%的总得票率出任工党领袖。上台之后，布莱尔接过史密斯的接力棒，继续工党的重铸进程，并于1997年大选中带领工党重返执政地位，工党进入新的辉煌时代。

---

[1] 刘靖北、张文成：《当代英国工党的组织变革及评价》，《中国浦东干部学院学报》2007年第1期。

2010年英国大选中，工党不敌竞争对手保守党，失去了自1997年以来一直占据的执政地位。布朗宣布对大选失利负责，引咎辞职。在2010年9月的工党领袖选举中，时年41岁的埃德·米利班德击败其兄长戴维·米利班德，接任工党领袖，成为工党自成立以来最年轻的领袖。米利班德上台时，党情、国情和世情正经历着复杂深刻的变化，英国工党发展出现颓势。2008年世界经济危机爆发，西方资本主义国家普遍遭遇经济社会发展停滞危机。英国实体经济和虚拟经济受到不同程度的冲击，长期福利政策引致财政赤字使英国处境雪上加霜。由于工党政府执政期间应对社会经济问题的乏力、党内斗争的加剧以及政党政治的钟摆效应，工党重新面对何去何从的战略选择。明确了工党重返执政地位的政治目标以后，米利班德开始对工党进行制度体系和思想意识方面的调整。在领袖选举制度的改革中，"为了扩大党内民主，争取更多的人关注和认可工党，废除了选举团制度，实行彻底的一人一票制，同时实施'注册支持者'制度。即即使不是工党党员，只要在网上注册为工党的支持者，都可以参加工党领袖选举的投票"[①]。这些改革措施，在工党和其支持者之间建立起最直接的联系，削弱了工会的影响，在社会和选民群众中塑造起具有吸引力和认同感的政党形象，将工党的组织根蔓深入到社会基础的土壤中。

三 英国工党领袖选举制度嬗变的特质

英国工党领袖选举制度演进，与英国工党各时期面临党内外形势交织联系，互相作用，也是英国思想文化传统影响政治进程的结果。其嬗变历

---

① 李华峰、董金柱等：《英国工党理论与实践专题研究》，人民出版社2017年版，第208—209页。

程表现出渐进、保守的特征，映射着英国传统文化的烙印。具体表现为以下三点。

(一) 工党领袖选举制度嬗变历程与工党起伏息息相关

英国工党领袖选举制度，作为工党组织体制重要组成部分，与工党发展历程息息相关：一方面，工党领袖选举制度的确立和改革都有着深刻的现实背景，有着鲜明的时代特征烙印；另一方面，工党领袖选举制度又在一定程度上发挥着工党处理党内外事务，缓和党内矛盾的调节阀作用。

具体来说，工党初建伊始，各组成部分的利益诉求和政治理念主张大相径庭，尤其是作为早期工党主要组成部分的工会将工党定位于自己在议会中的压力集团，并未就工党发展规划做过慎重考量；工党政治力量孱弱，对英国政治的影响力有限，体制不完善的弊病难以得到足够的重视和有效的解决。经过早期发展，工党明确了现代性建设和上台执政的政治目标。1922 年大选中，工党首次成为在野党，映衬出工党正在摆脱早期的窘迫处境，初步崛起于英国政坛，建立起相应的领袖选举制度成为应然。

选举团制度的出台及一系列变革，应和着复杂深刻的党内外环境。选举团制度的出台，是党内左右派系势力斗争的产物和表现。20 世纪 60 年代，英国产业结构转型、社会阶级结构变化、党内左右翼斗争加剧，招致工党产生泡沫化之虞。领袖选举制度改革，成为党内斗争的主要阵地，几经斡旋后，出台选举团制度替代议会党团选举制度，维持并扩大了左翼对右翼的相对优势。党内左翼势力在组织体制上的得势招致工党严重分裂，使深陷泥潭的工党处境雪上加霜。自金诺克后,工党为调和党内矛盾,开启了现代化的重铸历程,对选举团制度进行了多次改革和调整。选举团制度不仅成为保持党内动态平衡的一种杠杆,也成为工党党员表达自己政治诉求的有效渠道。

可以说,工党领袖选举制度的嬗变,基本契合着工党发展历程相应阶段的党内外形势,又在一定意义上,从组织体制层面为工党的建设起到推动作用。

(二) 英国工党领袖选举制度嬗变的民主化趋势

"政党是在一个民主国家的架构内运行的,它是致力招纳广大群众加入的,而广大群众都认为只有民主性质的权力才是合法的。因此,政党都要非常小心谨慎地让自己拥有一个民主的外表。"[1] 渐进深化的民主化趋势,是英国工党领袖选举制度嬗变的主要特征之一。选举权范围的不断扩大以及投票方式的不断调整,是工党领袖选举制度民主化建设的主要体现。

工党领袖选举制度初设时,选举权和被选举权都被限定在工党议会党团范围内,相较于同时期保守党实行的相对隐秘的非正式协商领袖产生方式,工党议会党团成员享有领袖候选人的提名权和投票权,并且在领袖选举中实行一人一票制的投票原则,凸显出工党领袖选举制度的相对民主化,但是这一民主化范围和程度是十分有限的。选举团制度的出台是工党领袖选举权范围外溢的表现,将工党领袖的选举权范围从议会党团扩大到

---

[1] [法] 莫里斯·迪韦尔热:《政党概论》,(香港) 青文化事业有限公司1991年版,第119—120页。

议会党团及选区工党、工会及附属组织部分。虽然党内矛盾斗争是领袖选举制度改革的主要动因,然而从一定意义上来说,领袖选举团制度的出台消除了由议会党团选举工党领袖的种种弊端,选举权范围的溢散保障了工党领袖选举过程和结果更能客观真实反映党员意向。在世界政党政治民主化浪潮的宏观背景下,一人一票制投票原则的推广及调整促成选举团各部分票额比重均等,成为选举团制度改革的目标。这些举措确保了工党领袖选举制度从代表式民主尽可能向直接式民主转变,推动了党内民主建设,助力工党的复兴与重铸。"民主是现代社会发展的当然诉求,党内民主也是必然的方向。"[①] 审视工党领袖选举制度嬗变历程,虽然历次改革的动因及目的各不相同,但改革方向的民主化是整个嬗变历程的显著特质。

(三) 英国工党领袖选举制度嬗变的保守性特征

保守是英国思想文化中的显著特征,对英国政治改良进程有着潜移默化、不可磨灭的影响。通过对选举制度中票权不对称性的渐进调整,工党领袖选举制度民主化程度大大加强。在肯定工党领袖选举制度演进不断民主化的同时,必须承认这一制度改革历程的保守性。

在工党领袖议会党团选举制度中,受议会党团成员主观因素影响,难以保证工党领袖选举过程和结果符合全体党员意向。20世纪80年代,工党面临严峻的党内外形势,对组织制度的改革作出谨慎的反应,出台了工党领袖选举团制度。由工党议会党团、选区工党和工会及附属组织三部分共同选举工党领袖,实现了领袖的选举权由工党议会党团向全党范围外溢

---

① 陈文、梁玉柱:《从"选举民主"到"协商民主":英国工党的改革经验与启示》,《党政研究》2016年第1期。

的突破，工党领袖选举制度得以由间接民主向直接民主过渡。然而，"由于议员、选区工党党员、工会及附属团体成员人数范围差异巨大，其投票的'票权'具有不对等性，选举制度改革仍然比较保守"[①]。除了选举团各部分在票权比重上有所差异，在投票原则及程序上不尽相同，集体投票制和"赢者全得"原则使民主未能得到真正意义上的实现。金诺克、史密斯、布莱尔、米利班德在对工党领袖选举制度的渐进调整中，侧重于在选举团各部分推行一人一票制投票原则的实践，其目的是为了进一步消弭选举制度中票权的不对称性弊端，尽可能摆脱工会对工党组织制度和思想主张的影响，以实现更为彻底、更为直接的民主化。受英国政治传统和工党内外时势的影响，工党领袖选举制度没有经历激进急转的变革。纵观工党领袖选举制度嬗变历程，工党领袖选举制度嬗变的渐进保守特征，体现着工党民主化建设的总体趋势和规律。

工党领袖选举制度嬗变历程为我们深化对党内民主建设的认识，把握政党发展规律，提供了鉴戒性的范例。但是，随着时代的发展，愈来愈多跨越传统阶级利益的议题被提上政党的议程，对政党的政策纲领和施政理念造成深刻的影响。国别政党的研究，对我们更好应对时代发展，完善政党思想组织建设，提高执政能力水平是大有裨益的。

（原载《德州学院学报》2018年第1期）

---

① 陈文、梁玉柱：《从"选举民主"到"协商民主"：英国工党的改革经验与启示》，《党政研究》2016年第1期。

科学社会主义

中国特色社会主义新时代的历史方位及其深远影响*

——基于党的十九大报告的解读

秦正为**

中国共产党第十九次全国代表大会的胜利召开,是中国全面深化改革阶段的大事件,是中国特色社会主义发展进程的大事件,也是中国发展和中华民族伟大复兴的大事件,是影响世界社会主义和人类社会历史发展的大事件。之所以如此,就在于这次大会的召开,标志着中国进入了"中国特色社会主义新时代"。中国特色社会主义新时代,是历史形成的,具有丰富的科学内涵,也具有重大的历史意义和深远的影响。下面分三部分予以论述。

---

* 基金项目:作者主持的国家社科基金项目"中国特色社会主义制度体系研究"(13BKS022)、山东省社科基金项目"习近平国家利益观研究"(14CXJJ21)阶段性成果。

** 秦正为(1973—),男,山东阳谷人,聊城大学政治与公共管理学院、世界共产义运动研究所教授,硕士生导师,博士,中共中央编译局博士后,研究方向为马克思主义基本理论与中国特色社会主义。

一 中国特色社会主义进入新时代的历史条件

中国特色社会主义进入新时代的历史条件,具体来说有以下六点。

第一,历史基础。报告指出:"九十六年来,为了实现中华民族伟大复兴的历史使命,无论是弱小还是强大,无论是顺境还是逆境,我们党都初心不改、矢志不渝,团结带领人民历经千难万险,付出巨大牺牲,敢于面对曲折,勇于修正错误,攻克了一个又一个看似不可攻克的难关,创造了一个又一个彪炳史册的人间奇迹。"[1] 可以说,中国特色社会主义进入新时代,关键在于中国共产党的坚强领导,在于其"不忘初心、牢记使命"的责任担当。而这种"初心"和"使命",就是在其成立之初的初心、初衷、出发点,就是"为什么"建党、"为了谁"、实现"什么目标"、承担"什么样的历史使命",那就是人民的幸福、民族的复兴。中国共产党始终坚持"不忘初心、牢记使命",使外媒也不得不承认:中国共产党不仅是"革命党""执政党",也是"使命党"[2]。可以说,没有中国共产党90多年的艰苦奋斗,也就没有中国特色社会主义新时代,这是其坚实的历史基础和恒久的历史滋养。

第二,实践基础。报告指出:"实践是理论之源""改革开放之初,我们党发出了走自己的路、建设中国特色社会主义的伟大号召。从那时以来,我们党团结带领全国各族人民不懈奋斗,推动我国经济实力、科技实力、国防实力、综合国力进入世界前列,推动我国国际地位实现前所未有

---

[1] 习近平《决胜全面建成小康社会 夺取新时代中国特色社会主义伟大胜利——在中国共产党第十九次全国代表大会上的报告(2017年10月18日)》,《人民日报》2017年10月28日。
[2] 《新加坡学者:中共不仅仅是一个执政党,更是一个使命党》,环球网,http://world.huanqiu.com/exclusive/2017-10/11331989.html。

的提升，党的面貌、国家的面貌、人民的面貌、军队的面貌、中华民族的面貌发生了前所未有的变化，中华民族正以崭新姿态屹立于世界的东方。经过长期努力，中国特色社会主义进入了新时代，这是我国发展新的历史方位。"① 由此可见，中国特色社会主义进入新时代，是改革开放长期努力的结果。中国特色社会主义新时代，其本质是中国特色社会主义。可以说，没有改革开放，就没有中国特色社会主义，自然也就不会有中国特色社会主义新时代。报告还指出：十八大之后，"五年来的成就是全方位的、开创性的，五年来的变革是深层次的、根本性的。五年来，我们党以巨大的政治勇气和强烈的责任担当，提出一系列新理念、新思想、新战略，出台一系列重大方针政策，推出一系列重大举措，推进一系列重大工作，解决了许多长期想解决而没有解决的难题，办成了许多过去想办而没有办成的大事，推动党和国家事业发生历史性变革。这些历史性变革，对党和国家事业发展具有重大而深远的影响"②。由此可见，中国特色社会主义进入新时代，关键是全面深化改革的结果。中国特色社会主义新时代，其鲜明特色是新时代。可以说，没有十八大以来的重大举措和重大成就，就没有中国特色社会主义新时代。因而，改革开放，是中国特色社会主义新时代的实践基础和发展动力。

第三，社会基础。报告指出："中国特色社会主义进入新时代，我国社会主要矛盾已经转化为人民日益增长的美好生活需要和不平衡不充分的发展之间的矛盾。"③ 时代的变化，是与社会的变化紧密相连的，而其主

---

① 习近平：《决胜全面建成小康社会 夺取新时代中国特色社会主义伟大胜利——在中国共产党第十九次全国代表大会上的报告（2017年10月18日）》，《人民日报》2017年10月28日。
② 同上。
③ 同上。

要标志就是社会主要矛盾的变化。从古代中国进入近代中国,在于社会主要矛盾由地主阶级和农民阶级的矛盾,开始转变为外国资本主义和中华民族的矛盾、封建主义和人民大众的矛盾;而外国资本主义和中华民族的矛盾,成为各种社会矛盾中最主要的矛盾。中华人民共和国建立后的社会主义过渡时期,主要矛盾是工人阶级和资产阶级的矛盾。三大改造完成后,进入社会主义全面建设时期,主要矛盾是人民对于经济文化迅速发展的需要同当前经济文化不能满足人民需要的状况之间的矛盾。改革开放之初,1981年党的十一届六中全会指出主要矛盾是人民日益增长的物质文化需要同落后的社会生产力之间的矛盾。经过30多年的发展,中国的改革开放取得了举世瞩目的重大成就,因而主要矛盾也随之变化。并且,"我国社会主要矛盾的变化是关系全局的历史性变化,对党和国家工作提出了许多新要求"[1]。因而,社会的新变化、主要矛盾的新变化,必然开启社会发展的新时代。

第四,理论基础。报告指出:"我们党坚持以马克思列宁主义、毛泽东思想、邓小平理论、'三个代表'重要思想、科学发展观为指导,坚持解放思想、实事求是、与时俱进、求真务实,坚持辩证唯物主义和历史唯物主义,紧密结合新的时代条件和实践要求,以全新的视野深化对共产党执政规律、社会主义建设规律、人类社会发展规律的认识,进行艰辛理论探索,取得重大理论创新成果,形成了新时代中国特色社会主义思想。"[2]由此可见,中国特色社会主义进入新时代,关键还在于马克思主义的指导作用,在于形成了新时代中国特色社会主义思想。历史证明,新思想的形

---

[1] 习近平:《决胜全面建成小康社会 夺取新时代中国特色社会主义伟大胜利——在中国共产党第十九次全国代表大会上的报告(2017年10月18日)》,《人民日报》2017年10月28日。
[2] 同上。

成，是新时代开启的重要标志和推动力。例如马克思主义诞生，开启了科学社会主义新时代；列宁主义诞生，开启了现实社会主义新时代；毛泽东思想诞生，开启了中国革命和建设的新时代；邓小平理论诞生，开启了中国特色社会主义新时期；而习近平新时代中国特色社会主义思想诞生，则开启了中国特色社会主义新时代。正因如此，十九大新修订的党章指出："在习近平新时代中国特色社会主义思想指导下，中国共产党领导全国各族人民，统揽伟大斗争、伟大工程、伟大事业、伟大梦想，推动中国特色社会主义进入了新时代。"[①] 可以说，没有马克思主义的指导，没有习近平新时代中国特色社会主义思想的指导和推动，就没有中国特色社会主义新时代。

第五，时代背景。报告指出："今天，我们比历史上任何时期都更接近、更有信心和能力实现中华民族伟大复兴的目标。"[②] 这实际上就是中国特色社会主义进入新时代的时代背景。这个新时代，是相对于历史上的各个时期而言的。近代以来，为了中华民族的伟大复兴，我们经历了旧民主主义革命时期、新民主主义革命时期、社会主义过渡时期、社会主义全面建设时期、改革开放新时期。在新时期新阶段，我们进入新时代。为此，报告指出："十八大以来的五年，是党和国家发展进程中极不平凡的五年。面对世界经济复苏乏力、局部冲突和动荡频发、全球性问题加剧的外部环境，面对我国经济发展进入新常态等一系列深刻变化，我们坚持稳中求进工作总基调，迎难而上，开拓进取，取得了改革开放

---

① 《中国共产党章程（中国共产党第十九次全国代表大会部分修改，2017年10月24日通过）》，《人民日报》2017年10月29日。

② 习近平：《决胜全面建成小康社会 夺取新时代中国特色社会主义伟大胜利——在中国共产党第十九次全国代表大会上的报告（2017年10月18日）》，《人民日报》2017年10月28日。

和社会主义现代化建设的历史性成就。"① 同时，我们必须清醒地认识到，"当前，国内外形势正在发生深刻复杂变化，我国发展仍处于重要战略机遇期，前景十分光明，挑战也十分严峻"②。因此，必须坚持"四个伟大""四个全面"，这是新时代的新要求。由此可见，新时代是十八大以来的新时代。

二 中国特色社会主义进入新时代的科学内涵

报告指出："中国特色社会主义进入了新时代，这是我国发展新的历史方位。"③ 这是对中国特色社会主义新时代的明确定位，实际上也蕴含着丰富的科学内涵。中国特色社会主义新时代最为明显的内涵和特征，就是"新时代"，既表现为新变化，同时包含着没有变，因为其本质特征仍然是中国特色社会主义。

新时代的新变化，主要表现为以下十个方面。

第一，新主题。时代不同，时代主题也不同。在过去的时代，我们党提出并深刻认识和回答了"什么是社会主义、怎样建设社会主义""建设什么样的党、怎样建设党""实现什么样的发展、怎样发展"等主题。党的十九大报告指出："十八大以来，国内外形势变化和我国各项事业发展都给我们提出了一个重大时代课题，这就是必须从理论和实践结合上系统回答新时代坚持和发展什么样的中国特色社会主义、怎样坚持和发展中国特色社会主义。"④ 由此，"新时代坚持和发展什么样的中国特色社会主义、

---

① 习近平：《决胜全面建成小康社会 夺取新时代中国特色社会主义伟大胜利——在中国共产党第十九次全国代表大会上的报告（2017年10月18日）》，《人民日报》2017年10月28日。
② 同上。
③ 同上。
④ 同上。

怎样坚持和发展中国特色社会主义",也就成为我们必须深刻认识和回答的新时代的主题。

第二,新意味。报告指出:"中国特色社会主义进入新时代,意味着近代以来久经磨难的中华民族迎来了从站起来、富起来到强起来的伟大飞跃,迎来了实现中华民族伟大复兴的光明前景;意味着科学社会主义在二十一世纪的中国焕发出强大生机活力,在世界上高高举起了中国特色社会主义伟大旗帜;意味着中国特色社会主义道路、理论、制度、文化不断发展,拓展了发展中国家走向现代化的途径,给世界上那些既希望加快发展又希望保持自身独立性的国家和民族提供了全新选择,为解决人类问题贡献了中国智慧和中国方案。"[1] "三个意味着",反映了中华民族、科学社会主义、发展中国家在新时代的新变化和发展前景,也反映了新时代中国特色社会主义对其的新贡献。

第三,新方位。报告指出:"这个新时代,是承前启后、继往开来、在新的历史条件下继续夺取中国特色社会主义伟大胜利的时代,是决胜全面建成小康社会、进而全面建设社会主义现代化强国的时代,是全国各族人民团结奋斗、不断创造美好生活、逐步实现全体人民共同富裕的时代,是全体中华儿女勠力同心、奋力实现中华民族伟大复兴中国梦的时代,是我国日益走近世界舞台中央、不断为人类作出更大贡献的时代。"[2] "五个时代",实际上就是指明了新时代的历史方位。新时代,不同于以往的其他时期,也不同于改革开放新时期的过去时代。新时代,是由十八大开启、十九大明确提出的新时代,是具有明确定位、明确目标、明确方向的

---

[1] 习近平:《决胜全面建成小康社会 夺取新时代中国特色社会主义伟大胜利——在中国共产党第十九次全国代表大会上的报告(2017年10月18日)》,《人民日报》2017年10月28日。
[2] 同上。

新时代。

第四，新矛盾。报告指出："中国特色社会主义进入新时代，我国社会主要矛盾已经转化为人民日益增长的美好生活需要和不平衡不充分的发展之间的矛盾。"① 社会在发展，主要矛盾也会随之变化。在新时代，在国内，温饱问题已经解决，全面小康即将建成；在国际上，中国已经成为世界第二大经济体，社会生产能力在很多方面进入世界前列。因而，人民日益增长的不再仅仅是物质文化的需求，而是变为对美好生活的需要，并且这种美好生活需要在民主、法治、公平、正义、安全、环境等方面都有表现。但是，我们的发展还不平衡不充分，这是我们必须面对和着力解决的重大任务。这种新矛盾，也是新时代发展的动力。

第五，新任务。报告指出："总任务是实现社会主义现代化和中华民族伟大复兴，在全面建成小康社会的基础上，分两步走在本世纪中叶建成富强民主文明和谐美丽的社会主义现代化强国。"② 新时代的最大特点，就是目标明确、步骤清晰，显示出以习近平为核心的新时代领导集体的信心与决心。从十九大到2020年，是全面建成小康社会决胜期；从十九大到二十大，是"两个一百年"奋斗目标的历史交汇期；从2020年到2035年，再奋斗15年，基本实现社会主义现代化；从2035年到本世纪中叶，再奋斗15年，把我国建成富强民主文明和谐美丽的社会主义现代化强国。两个新时期、两个新阶段，与改革开放之初既定的"三步走"战略一脉相承，又有新规划、新目标，如"基本实现社会主义现代化"提前15年、总目标提高为"社会主义现代化强国"，从而勾画了新时代的发展路线图

---

① 习近平：《决胜全面建成小康社会 夺取新时代中国特色社会主义伟大胜利——在中国共产党第十九次全国代表大会上的报告（2017年10月18日）》，《人民日报》2017年10月28日。
② 同上。

和时间表。

第六，新框架。报告指出："实现伟大梦想，必须进行伟大斗争""建设伟大工程""推进伟大事业。"其中，伟大梦想，就是中华民族伟大复兴的梦想，这是新时代的奋斗目标。伟大斗争，就是进行具有许多新的历史特点的伟大斗争，这是新时代的战略战术。伟大工程，就是党的建设和新的伟大工程，这是新时代的领导保障。伟大事业，就是中国特色社会主义伟大事业，这是新时代的发展主题。报告指出：四个伟大，"紧密联系、相互贯通、相互作用，其中起决定性作用的是党的建设新的伟大工程"①。由此，四个伟大，也就构成了新时代的发展框架和四梁八柱。

第七，新布局。报告指出："中国特色社会主义事业总体布局是'五位一体'、战略布局是'四个全面'。"②"五位一体"的总体布局，即经济建设、政治建设、文化建设、社会建设、生态文明建设。"五位一体"的总体布局，是一个有机整体，其中经济建设是根本，政治建设是保证，文化建设是灵魂，社会建设是条件，生态文明建设是基础。坚持"五位一体"的总体布局，才能形成经济富裕、政治民主、文化繁荣、社会公平、生态良好的发展格局，才能把我国建设成为富强民主文明和谐美丽的社会主义现代化强国。"四个全面"的战略布局，即全面建成小康社会、全面深化改革、全面依法治国、全面从严治党。"四个全面"的战略布局，也是一个有机整体，其中全面建成小康社会是战略目标，全面深化改革、全面依法治国、全面从严治党是战略举措，分别起着动力源

---

① 习近平：《决胜全面建成小康社会 夺取新时代中国特色社会主义伟大胜利——在中国共产党第十九次全国代表大会上的报告（2017年10月18日）》，《人民日报》2017年10月28日。
② 同上。

泉、法治保障和政治保证的作用。"五位一体"的总体布局、"四个全面"的战略布局是党的十八以来逐渐提出的,在党的十九大重新强调,反映了政策的连贯性、一致性,完整地展现出新时代中央领导集体治国理政的发展蓝图和战略规划。

第八,新内容。报告指出了"八个明确",即"明确坚持和发展中国特色社会主义,总任务是实现社会主义现代化和中华民族伟大复兴,在全面建成小康社会的基础上,分两步走在本世纪中叶建成富强民主文明和谐美丽的社会主义现代化强国;明确新时代我国社会主要矛盾是人民日益增长的美好生活需要和不平衡不充分的发展之间的矛盾,必须坚持以人民为中心的发展思想,不断促进人的全面发展、全体人民共同富裕;明确中国特色社会主义事业总体布局是'五位一体'、战略布局是'四个全面',强调坚定道路自信、理论自信、制度自信、文化自信;明确全面深化改革总目标是完善和发展中国特色社会主义制度、推进国家治理体系和治理能力现代化;明确全面推进依法治国总目标是建设中国特色社会主义法治体系、建设社会主义法治国家;明确党在新时代的强军目标是建设一支听党指挥、能打胜仗、作风优良的人民军队,把人民军队建设成为世界一流军队;明确中国特色大国外交要推动构建新型国际关系,推动构建人类命运共同体;明确中国特色社会主义最本质的特征是中国共产党领导,中国特色社会主义制度的最大优势是中国共产党领导,党是最高政治领导力量,提出新时代党的建设总要求,突出政治建设在党的建设中的重要地位"①。这是新时代中国特色社会主义思

---

① 习近平:《决胜全面建成小康社会 夺取新时代中国特色社会主义伟大胜利——在中国共产党第十九次全国代表大会上的报告(2017年10月18日)》,《人民日报》2017年10月28日。

想的基本内容,也是阐明新时代坚持和发展"什么样"的中国特色社会主义。

第九,新方略。报告指出了"十四个坚持",即坚持党对一切工作的领导、坚持以人民为中心、坚持全面深化改革、坚持新发展理念、坚持人民当家作主、坚持全面依法治国、坚持社会主义核心价值体系、坚持在发展中保障和改善民生、坚持人与自然和谐共生、坚持总体国家安全观、坚持党对人民军队的绝对领导、坚持"一国两制"和推进祖国统一、坚持推动构建人类命运共同体、坚持全面从严治党。"十四个坚持"着重阐明在新时代"怎样"坚持和发展中国特色社会主义,从而"构成新时代坚持和发展中国特色社会主义的基本方略"①。这个基本方略,是对基本理论、基本路线的具体贯彻,是新时代的具体战略和路径规划。

第十,新思想。党的十九大的最大理论成果,就是提出了"习近平新时代中国特色社会主义思想"。党的十九大新修订的党章指出:"十八大以来,以习近平同志为主要代表的中国共产党人,顺应时代发展,从理论和实践结合上系统回答了新时代坚持和发展什么样的中国特色社会主义、怎样坚持和发展中国特色社会主义这个重大时代课题,创立了习近平新时代中国特色社会主义思想。"② "习近平新时代中国特色社会主义思想是对马克思列宁主义、毛泽东思想、邓小平理论、'三个代表'重要思想、科学发展观的继承和发展,是马克思主义中国化最新成果,是党和人民实践经验和集体智慧的结晶,是中国特色社会主义理论体系

---

① 习近平:《决胜全面建成小康社会 夺取新时代中国特色社会主义伟大胜利——在中国共产党第十九次全国代表大会上的报告(2017年10月18日)》,《人民日报》2017年10月28日。

② 《中国共产党章程(中国共产党第十九次全国代表大会部分修改,2017年10月24日通过)》,《人民日报》2017年10月29日。

的重要组成部分,是全党全国人民为实现中华民族伟大复兴而奋斗的行动指南,必须长期坚持并不断发展。"① 新时代,必然有新思想。新思想,有继承有发展,是新时代的指导思想和行动指南。新思想,以习近平的名字命名,在于习近平的主要创立者地位、决定性作用和卓越贡献,符合党的传统,也是应有之义。

新时代的没有变,主要表现为以下两个方面。

第一,基本国情没有变。报告指出:"我国仍处于并将长期处于社会主义初级阶段的基本国情没有变。"② 基本国情,主要是指一个国家的社会性质及其所处的社会发展阶段。毛泽东曾经指出:"认清中国社会的性质,就是说,认清中国的国情,乃是认清一切革命问题的基本的根据。"③ 对于基本国情的认识,我们曾经有过曲折,但在改革开放后逐渐深刻地认识到"我国仍处于并将长期处于社会主义初级阶段",并认为其时间"至少一百年",1992年邓小平"南方谈话"继续强调"基本路线要管一百年,动摇不得"④。因此,新时代,在时间上仍然在这个范围内,就生产力总体水平而言也仍然符合这个阶段的基本特征。

第二,国际地位没有变。报告指出:"我国是世界最大发展中国家的国际地位没有变。"⑤ 尽管中国已经是世界第二大经济体,但人口多、底子薄的基本国情没有变,人均 GDP 仍然排在全球第 80 位左右,城乡和区域

---

① 《中国共产党章程(中国共产党第十九次全国代表大会部分修改,2017年10月24日通过)》,《人民日报》2017年10月29日。
② 习近平:《决胜全面建成小康社会 夺取新时代中国特色社会主义伟大胜利——在中国共产党第十九次全国代表大会上的报告(2017年10月18日)》,《人民日报》2017年10月28日。
③ 《毛泽东选集》第2卷,人民出版社1991年版,第633页。
④ 《邓小平文选》第3卷,人民出版社1993年版,第370—371页。
⑤ 习近平:《决胜全面建成小康社会 夺取新时代中国特色社会主义伟大胜利——在中国共产党第十九次全国代表大会上的报告(2017年10月18日)》,《人民日报》2017年10月28日。

发展仍然很不平衡，脱贫攻坚和共同富裕的任务仍很艰巨，城市化率仍然为50%多，而发达国家一般都在80%以上，这都决定了我国仍然处于发展中国家的行列。

总而言之，就新时代中国特色社会主义的历史方位而言，是改革开放开启的中国特色社会主义新时期的新时代。新时代，有新目标、新征程、新战略，但也有没有变的基本国情、基本路线和国际地位。正因如此，报告指出：在新时代，全党仍要"牢牢把握社会主义初级阶段这个基本国情，牢牢立足社会主义初级阶段这个最大实际，牢牢坚持党的基本路线这个党和国家的生命线、人民的幸福线，领导和团结全国各族人民，以经济建设为中心，坚持四项基本原则，坚持改革开放，自力更生，艰苦创业，为把我国建设成为富强民主文明和谐美丽的社会主义现代化强国而奋斗"[①]。

三 中国特色社会主义进入新时代的深远影响

中国特色社会主义进入新时代，有着重大的历史意义。对此，报告指出："中国特色社会主义进入新时代，在中华人民共和国发展史上、中华民族发展史上具有重大意义，在世界社会主义发展史上、人类社会发展史上也具有重大意义。"[②] 具体分析，其重大意义和深远影响表现在以下八个方面。

第一，开辟了中国发展的新时代。报告指出：中国特色社会主义进入新时代，"意味着近代以来久经磨难的中华民族迎来了从站起来、富起来

[①] 习近平：《决胜全面建成小康社会 夺取新时代中国特色社会主义伟大胜利——在中国共产党第十九次全国代表大会上的报告（2017年10月18日）》，《人民日报》2017年10月28日。

[②] 同上。

到强起来的伟大飞跃，迎来了实现中华民族伟大复兴的光明前景"①。中国的发展，有着这样三个界标：中华人民共和国的建立，中国开始站起来；改革开放，中国开始富起来；全面深化改革，中国开始强起来。新时代，是中国发展的新界标、新征途、新篇章，使中华民族伟大复兴的时间表列上日程，光明可期，真实可感。新时代，也使长期以来的甚嚣尘上的"中国崩溃论"自行瓦解、走向破产。②

第二，开辟了中国特色社会主义的新时代。报告指出：这个新时代，"是承前启后、继往开来、在新的历史条件下继续夺取中国特色社会主义伟大胜利的时代"③。中国特色社会主义经历了30多年的发展，取得了重大成就，也发生了历史性的变革。而在十八大之后，这种变革更为明显，是深层次的、根本性的，是量变到质变的飞跃。同时，新时代又始终坚持了中国特色社会主义的基本理论、基本路线、基本原则，因而这个新时代是中国特色社会主义新时期的新时代。

第三，开辟了社会主义现代化的新时代。报告指出：这个新时代，"是决胜全面建成小康社会、进而全面建设社会主义现代化强国的时代"④。对于社会主义现代化的认识和探索，我们经历了一个长期的过程。中华人民共和国成立前后，曾经提出了将农业国变为工业国的现代化目标。1964年，提出了农业、工业、国防和科学技术"四个现代化"。1978年以来，提出了建设富强民主文明和谐的社会主义现代化国家。党的十八大以来，

---

① 习近平：《决胜全面建成小康社会 夺取新时代中国特色社会主义伟大胜利——在中国共产党第十九次全国代表大会上的报告（2017年10月18日）》，《人民日报》2017年10月28日。

② 日媒："中国崩溃论"破产 日本欺骗国民10余年，环球网，http://world.huanqiu.com/article/2017-11/11399547.html

③ 习近平：《决胜全面建成小康社会 夺取新时代中国特色社会主义伟大胜利——在中国共产党第十九次全国代表大会上的报告（2017年10月18日）》，《人民日报》2017年10月28日。

④ 同上。

则提出了建设富强民主文明和谐美丽的社会主义现代化强国。"美丽""强国",使社会主义现代化有了更为丰富的内涵、更高远的目标。

第四,开辟了中国人民美好生活的新时代。报告指出:这个新时代,"是全国各族人民团结奋斗、不断创造美好生活、逐步实现全体人民共同富裕的时代"①。在中华人民共和国建立后的很长时期内,我们一直致力于解决人民的温饱问题;在改革开放后的很长时期内,我们一直致力于效率优先、一部分地区一部分人的先富。但在新时代,我们强调的是让改革开放的成果惠及全体人民,强调的是全面小康一个不能少、共同富裕一个不能掉队,强调把人民对美好生活的向往作为奋斗目标。

第五,开辟了中华民族伟大复兴的新时代。报告指出:这个新时代,"是全体中华儿女勠力同心、奋力实现中华民族伟大复兴中国梦的时代"②。中华民族在历史上曾长期辉煌,即使在鸦片战争前经济总量仍占到世界的1/3,但在近代落后了。为了实现中华民族伟大复兴,无数仁人志士前仆后继,中国共产党也进行了革命、建设和改革开放的艰苦探索,取得了重大成就。在新时代,我们比历史上任何时期都更接近、更有信心和能力实现中华民族伟大复兴的目标。

第六,开辟了世界社会主义发展的新时代。报告指出:中国特色社会主义进入新时代,"意味着科学社会主义在二十一世纪的中国焕发出强大生机活力,在世界上高高举起了中国特色社会主义伟大旗帜"③。世界社会主义几度辉煌,出现了第一国际、第二国际、共产国际(第三国际),出现

---

① 习近平:《决胜全面建成小康社会 夺取新时代中国特色社会主义伟大胜利——在中国共产党第十九次全国代表大会上的报告(2017年10月18日)》,《人民日报》2017年10月28日。
② 同上。
③ 同上。

了巴黎公社的第一次伟大尝试、苏俄第一个社会主义国家、"二战"后的社会主义阵营,但苏东剧变后也遭遇到重大挫折,陷入低潮,"社会主义失败论"等一度甚嚣尘上。中国特色社会主义本质是科学社会主义,中国特色社会主义的成功显示了科学社会主义的真理性。在新时代,中国特色社会主义的巨大发展,自然也代表了科学社会主义的强大生机和活力,使世界社会主义在低潮中开始回暖、奋起,也使"历史终结论"走向终结。

第七,开辟了发展中国家发展的新时代。报告指出:中国特色社会主义进入新时代,"意味着中国特色社会主义道路、理论、制度、文化不断发展,拓展了发展中国家走向现代化的途径,给世界上那些既希望加快发展又希望保持自身独立性的国家和民族提供了全新选择,为解决人类问题贡献了中国智慧和中国方案"①。和平与发展是全球性的时代主题,而发展又主要表现为发展中国家的发展。基于这一问题,曾经出现了现代化理论、依附理论、世界体系理论等发展理论,但这些理论的核心都是"西方道路""一元论",许多发展中国家发展的事实也证明这些理论有着许多缺陷。中国是世界上最大的发展中国家,中国特色社会主义进入新时代,预示着自己的巨大成功,也给广大发展中国家提供了借鉴、参考和启示,提供了"全新选择""多元选择"。

第八,开辟了人类社会发展的新时代。报告指出:这个新时代,"是我国日益走近世界舞台中央、不断为人类作出更大贡献的时代"②。新时代,最主要的是中国人民和中华民族的新时代,同时是世界人民和全人类的新时代。因为中国是世界最大的发展中国家,其本身的发展就是在为世

---

① 习近平:《决胜全面建成小康社会 夺取新时代中国特色社会主义伟大胜利——在中国共产党第十九次全国代表大会上的报告(2017年10月18日)》,《人民日报》2017年10月28日。
② 同上。

界作贡献；同时中国已经是世界第二大经济体，还要继续发展，日益走近世界舞台中央，充分展示大国形象，发挥大国担当，作出更大的贡献。中国建设亚投行、倡议"一带一路"等，实行和平发展，打造人类命运共同体，普惠全世界人民，而这与许多大国的"脱欧""脱群"等推责行为形成鲜明对比。由此，法国前总理多米尼克·德维尔潘表示："中共十九大不仅仅是对于中国迎来了一个新时代，它也开启了一个全球的新时代。"[①]

（原载《学术界》2017年第12期）

[①] 《中外智库人士聚焦中共十九大畅谈中国发展与世界意义》，新华网，http://news.xinhuanet.com/2017-11/16/c_1121968105.htm。

意识形态建设：政党的一项极端重要的工作*

李合亮**

作为观念上层建筑的意识形态，无论其功能多么强大，首先它要受社会存在的决定，受经济基础的制约。相对于意识形态来说，阶级、政党、国家、社会就是社会存在，是其第一反映序列的存在。这样，就不可避免地形成阶级意识形态、政党意识形态、国家意识形态、社会意识形态。这些意识形态按其自身的规则在运行着，都在社会中发挥着重要作用，并且相互之间处于对立统一的状态。

对于一个阶级与政党来讲，它们的意识形态基本上具有同一性，偶有两个及以上的政党代表一个阶级的状况出现，其相互之间的意识形态在本质上也是相通的，只是语言表述的不同而已。反之，只能是话语宣称上的阶级一致，实则归于两个不同阶级。不仅如此，当一个阶级的组织代表——

---

* 基金项目：国家社科基金项目"改革开放以来中国共产党意识形态建设研究"（14BDJ019）；山东省齐鲁文化英才资助项目"改革开放以来党的领导核心的意识形态思想探析"（QL3020801）。

** 李合亮（1973— ），男，山东泰安人，聊城大学政治与公共管理学院教授，博士，研究方向为思想政治教育、意识形态教育。

得以建立并公开身份后，它基本上成为阶级的代表，成为阶级一切利益的维护与维持者，政党的意识形态完全取代了阶级的意识形态。在日常生活中，人们往往忘记了阶级的存在，只知有政党，不知有阶级，只有当深挖政党背后的实质主体时才重提阶级。而对于国家意识形态与社会意识形态而言，占据主导地位的肯定是统治阶级的意识形态，肯定是执政党的意识形态，这是无可争议的。但与此同时，也存在非统治阶级、非主流阶层的意识形态，这些意识形态与统治阶级意识形态之间的对立是不可避免的，他们之间的关系会伴随生产力与生产关系、经济基础与上层建筑的矛盾运动而发生变化，或暂时共处，或一极独霸，或势均力敌，或此消彼长。正是因为在现代社会中，无论对统治阶级还是其他阶级而言，其意识形态均通过其代表——政党意识形态显现与表达出来，于是，在现代各国家中，政党的主张、政党的主义往往成为社会舆论的代言，各阶级间的对立表现为政党的对立，各阶级间意识形态的对立与互动表现为政党意识形态的相互作用。

　　进一步讲，在一个阶级社会中，固然非执政的政党有自己的意识形态需求与建设需要，但执政党因统治地位与强权保证，其意识形态集统治阶级、国家、社会意识形态于一体，成为国家与社会的主导。这也成为人们日常谈资中所言之"意识形态"。所以，强化意识形态建设虽对所有政党而言都意义重大，但对执政党来说更是非同小可，是"一项极端重要的工作"[①]，因为这不仅仅涉及其政治信仰的表达问题，还涉及其统治合法性的问题，更涉及其生存与发展的根本。阶级社会发展史已经证明，重视并切

---

① 《习近平在全国宣传思想工作会议上强调：胸怀大局把握大势着眼大事，努力把宣传思想工作做得更好》，《人民日报》2013年8月21日。

实采取措施加强意识形态建设的政党,能够巩固自己的统治,并日渐获得民众的强有力的支持,反之则渐渐走向衰落。任何一个政党的衰亡,执政地位的丧失,背后都隐藏着对意识形态建设的漠视。下面分三部分予以论述。

一 维护创新发展意识形态：政党生存发展的依托与使命

"如果一个政党没有自己的一整套思想、理论、主张和政策,或者说它的这一套东西与别的政党毫无两样,它就会失去存在的基础和理由。"① 任何一个政党的存在都有意识形态的支撑,甚至可以说先有意识形态的产生才后有政党的建立,意识形态是政党建立的基础与条件。"意识形态是一定阶级、阶层和利益集团的思想体系,是它们对现存世界及其秩序的'整体性'反映与判断,是政党的政治信仰和政治观点的表达方式。只有以某种意识形态为基础的群体才有可能成功地发展成为一个政党,或者说政党实际上就是把具有相同意识形态的人团结起来的工具。"②

建立并维护意识形态对于任何政党而言都意义重大,但仅仅将意识形态建设局限于"建立与维护"是狭隘与机械的,因为建立意识形态是所有政党的必需,维护意识形态是其本性所然。一个政党的使命不是简单的建立,而是要扩大自身意识形态的影响,以图在思想上影响全社会,而这一切的前提却是意识形态的创新发展。没有根据时代要求调整、创新、发展意识形态,任何一个政党无论其产生之时多么具有先进性,都会逐渐失去优势,失去持续发展的动力,这对于执政

---

① 王邦佐等：《中国政党制度的社会生态分析》,上海人民出版社2000年版,第276页。
② 童世骏：《意识形态新论》,上海人民出版社2006年版,第3页。

党而言更为极端重要。

创新发展意识形态，是说一个政党根据时代变化、阶级关系的演变，迎合受众需要，适时在体现所在阶级利益的前提下，对自身意识形态所做的全方位的变革，这是一种扬弃，一种发展，既包括原有意识形态方式方法的创新与内容的调整，也包括原有意识形态观念体系的调整。具体而言，表现为以下两点。

第一，意识形态体系的全面完善与发展。一般来说，意识形态由三大基本要素构成其内在结构，即"认知－解释"层面、"价值－信仰"层面和"目标－策略"层面。"认知－解释"层面是意识形态中对其基本理念进行理论说明的内容，它首先要认识世界、解释世界，说清"是什么"，这是社会意识形态的知识论前提。"价值—信仰"层面是意识形态中的价值观及其信仰成分，它要向世人表明应遵循什么样的价值观，应信仰什么，怎样才能使我们信仰的价值获得恒久性，值得众人为此而不懈追求和献身。"目标－策略"层面是意识形态的基本理念实现的目标、途径和艺术，它使意识形态由观念的东西最终转变为现实运动，即解决"应该怎么做"的问题。[①] 一个政党在建立之初，其意识形态虽然也涉及这三个方面，但由于其地位与视野、阶级利益反映所限，在表述与建构上还存在诸多不足与不完善之处。在建立之初，一个政党不可能将自己的思想表达得十分完备，它只是提出主要主张，告诉自己的成员与其他社会民众，作为一个独立的阶级组织，本政党主要的主张是什么，与其他政党有什么大的区别。至于这些主张到底包括哪些内容，其成员应该怎么做，这需要假以时日来完成。其后，随着阶级特征的显现、阶级地位的变换，特别是时代的

---

① 何怀远：《意识形态的内在结构浅论》，《江苏行政学院学报》2001年第2期。

变换与社会发展主题的调整，一个政党都会对自己的意识形态进行补充、调整与完善，有时甚至会发生大的转换，历史上的任何政党均不例外。资产阶级政党在资本主义社会从萌芽到建立直至成熟的过程中，其意识形态不断调整与完善，有时甚至是革命性的变革。马克思主义作为无产阶级政党的意识形态亦是如此，从马列主义到毛泽东思想再到中国特色社会主义理论体系，中国共产党的意识形态体系不断发展完善。至于其中的一些具体内容，也是不断发展变化的，例如：无产阶级政党对于阶级斗争的认识。在马克思主义理论诞生的初期，马克思、恩格斯就认识到阶级斗争是社会发展的动力，在阶级社会中，阶级斗争首先在各个社会形态的两大基本阶级之间展开。在资本主义社会，无产阶级反对资产阶级的斗争是主要的阶级斗争形式，这既有经济斗争、政治斗争，也有思想斗争即意识形态的斗争。在马克思、恩格斯看来，无产阶级反对资产阶级的斗争必然会导致无产阶级专政。这一阶级斗争理论在随后无产阶级反对资产阶级以夺取政权的过程中，都得到了很好的证明。但是，这并不意味着阶级斗争理论无须补充与完善、扩展与创新了。事实上，阶级斗争理论本身需要不断发展，需要根据社会变化作出新的解释与调整。在无产阶级历次反对资产阶级的革命中，在社会主义制度在资本主义发展最薄弱的国家率先建立后，在中国那样一个半殖民地半封建的社会实现了新民主主义革命的胜利后，无产阶级政党对自己的阶级斗争理论均有了新的认识。特别是在社会主义制度确立后，剥削阶级已经消灭，不存在根本对立的两大阶级，但由于各种原因，阶级斗争仍然存在，只不过已不是传统的两大基本阶级间的对立，而是无产阶级与敌对社会主义制度的相关势力之间的斗争。在社会主义社会，阶级斗争虽有激化的可能，但已不是社会的主要矛盾。此时，如果无产阶级执政党的意识形态不进行适时调整,还是按马克思主义的原有阶级斗争理论来指导处理社会关系的话,那就会出现问题,甚至影响到执政党的执政地位。在社会主义建设过程中,正是片面地将阶级斗争扩大化至"以阶级斗争为纲",才使中国社会走过了一段曲折的历程,直接影响到了中国共产党的执政地位与执政能力。进一步讲,正是中国共产党在反思这段经历的基础上重构了阶级斗争理论,对经济基础与阶级斗争的关系作出了新的认识,我们的社会主义国家才步入改革开放的新时期,才实现了社会主义制度的健康发展。

第二,调整意识形态策略。在长期的意识形态斗争与建设过程中,任何一个阶级、政党都会形成比较成熟的意识形态策略,这些策略在一段时期内对于政党地位的巩固与利益的维护作出了巨大贡献。但是,过去有用的,并不意味着今天有用,今天有用的也不意味着明天仍然有效。因为社会在发展、人在发展、人的接受水平与能力也在不断提高,一种策略长期的使用会使受众产生"免疫力",产生精神麻木,而倘若方式方法落后于受众需求的话,则效果更差,甚至走向反面。不仅如此,人们对一个政党产生信任与支持,是因为政党的政策主张符合他们的利益需求,而如何让这些主张为受众所接受,是一个政党面临的重要任务。要想做到这一点,除传统的极力展示、宣扬意识形态的全民性与公共利益性,将统治阶级的专政描述为全民共有的权力,统治阶级只是代为执行而已,将统治阶级意识形态披上全民利益的外衣,以获得民众的亲近外,只要不违背政党背后的阶级利益,任何一种策略、任何一种方式方法都可以尝试与使用,试图运用一种模式解决所有问题根本是不可能的。由此,任何一个政党都需要根据时代的发展、对象的需求、社会的变革调整意识形态的内容与教育方式,适时采取合于时代要求的意识形态策略。一成不变、一味重复的老腔调只能增加反感不可能产生新的效果。换句话说,固然传统的要保留与传承,但固守曾经辉煌而已没有市场的话语及相关表达方式,只能是一种话语的自恋。这种自恋长期以往就会成为一种霸权与固化,成为阻碍政权巩固与深化,甚至诱使政权瓦解的直接因素。

二 强化意识形态主导权:执政党维护统治的核心途径

阿尔都塞在《保卫马克思》中指出,对人类社会发展起作用的领域或因素主要有三:经济、政治、意识形态。其中,意识形态如同空气一样在人类社会中存在着。在《意识形态和意识形态国家机器》中,他认为既要科学区分国家政权与国家机器,更要对国家机器进行分类认识,从而提出了"意识形态国家机器"的概念。在他看来,意识形态国家机器不能与强制性国家机器混为一谈。强制性国家机器"是靠暴力发挥其功能作用的",主要包括政府、行政机构、军队、警察、法庭、监狱等;而意识形态国家机器则"以意识形态方式"发挥其功能作用,主要包括宗教、教育、家庭、法律、政治、工会、传播媒介、文化等意识形态国家机器。[1]齐泽克在《图绘意识形态》中提出了自在意识形态、自为意识形态、超意识形态等三种形式,指出意识形态如幽灵般环绕在我们周围,不断强化作用于人。这样的论述与认识,还有很多很多。这些描述与论述无非试图说明一个问题,即意识形态如同经济、政治、文化一样在社会中发挥着重要作用,影响着阶级、政党与普通民众。对一个政党来说,如何借助并发挥好

---

[1] [法]路易·阿尔都塞:《意识形态和意识形态国家机器》,李讯译,《当代电影》1987年第3期。

意识形态的这一特性与作用，实现和保证自己的意识形态在社会中处于主导地位，意义重大，且是第一任务。

在阶级社会中，意识形态之争不仅仅是一种文化的较量，而是领导地位之争，在国与国之间则是国家权力之争。列宁曾指出："对社会主义思想体系的任何轻视和任何脱离，都意味着资产阶级思想体系的加强。"[①] 一般而言，在一个国家之内、在国与国之间，阶级斗争的背后是意识形态的影子，意识形态也往往成为权力之争的先导。一次政权的更迭，常常是从意识形态的较量开始的。纵观人类发展史，被统治阶级试图推翻统治阶级的统治，经常是先对统治阶级意识形态发起攻击，对自己的意识形态进行美化与理想化，借此获得民众的支持，至少是不反对。为此，许多阶级与政党甚至不惜神化自己的意识形态，借助神或宗教的精神威慑力量，达到不战而胜之目的。

正是基于对意识形态斗争的深刻认识，基于对意识形态领导权重要性的深刻理解，任何一个政党都想获取社会的意识形态主导权并强化之。不过，这里需要分层次来认识这个问题，因为对于处于不同地位的政党而言，其强化意识形态主导权的策略是不一样的。对非统治阶级政党来说，在生产力与生产关系、经济基础与上层建筑的矛盾运动没有达到急剧期时，其意识形态在社会中不可能处于主导地位，但它仍然有一个强化意识形态主导权的任务。即一方面巩固本政党意识形态在所属成员中的绝对支配地位，尽可能减少成员的流失；另一方面运用一切宣传教育工具，扩大意识形态的影响力，尽可能地争取更多社会民众的认可与支持，再一方面从统治阶级政党及其他政党的意识形态体系及建设中汲取

---

① 《列宁全集》第六卷，人民出版社1986年版，第38页。

经验教训，不断调整完善自己的意识形态，以备夺取政权时强化意识形态的社会主导权。而当获得统治权后，强化意识形态主导权则成为首要任务。因为对于统治阶级的政党而言，获得意识形态主导权并不意味着获得了意识形态领导权，获得了意识形态领导权并不意味着拥有了意识形态控制力，并不意味着永远保持意识形态的优先权。强化意识形态的主导权、领导权与控制力，是占统治地位的政党一刻也不能忽视的核心任务。

对于占统治地位的政党而言，强化意识形态主导权、领导权与控制力，既需要凭借已经获得的社会统治权力与占有的国家强权机器保证本意识形态对诸多社会意识形态已有的主导优势，获得意识形态领导权，又要利用一切教育宣传乃至强制手段，维持意识形态领导权的巩固与持久，确保对社会意识形态的绝对控制权。领导权与主导权，在意识形态领域是有很大差别的。对于统治阶级来说，因其是上一个社会的被统治阶级，拘于当时阶级地位的限制，其意识形态之地位是从一个限于阶级内部的观念体系，慢慢扩大至面向全体社会成员的思想引领体系。正是在这一思想的引领下，更多的人认识到了统治阶级的问题所在，参与了推翻统治阶级的斗争，并建立了新的社会制度。此时，这一意识形态在整个社会意识形态体系中处于主导地位，但并不意味着拥有了领导权，因为民众信任此阶级及其政党，愿受其意识形态的支配，并不意味着绝对的臣服，更多是利益使然。伴随新的社会制度的建立，原在革命时期具有引领作用的意识形态已经具备了领导地位，成为维护统治阶级统治的核心因素。"在人口众多并且已经达到一定文明水平的社会，统治阶级不是仅仅通过已经拥有权力这一事实来使其权力正当化，而是试图为之寻找一个道德与法律基础,把它表现为人们通常认可和接受的原则与信仰的逻辑的和必然的结果。"① 到这里,执政党强化的不再是意识形态的主导权,而是领导权。进一步讲,统治阶级统治地位的确立、执政党的上台执政,意味着意识形态领导权的获得,但并不意味着意识形态绝对控制力的确立。因为武力、暴力、国家机器虽然可以保证统治阶级意识形态形式上的领导地位,但这些对民众只是一时之控制,不能让其真正心悦诚服。只有让民众真心信仰统治阶级的意识形态,自觉将其作为行动的思想指导,统治阶级的统治地位才能真正得以巩固,执政党才能拥有绝对的统治权。这也就是阿尔都塞将意识形态作为"国家机器"的主要缘由所在。

综上可知,为维护统治,执政党必然会运用一切手段来强化意识形态主导权、领导权与控制力,为此甚至不惜运用必要的武力威慑。拥有并巩固意识形态领导权与控制力是执政党意识形态建设的最高任务,也是最低要求。凡是威胁到意识形态领导权的一切因素都应及时排除和消灭。对此,没有任何异议,也没有任何可商议的余地。但是,在一个稳定发展的社会中,意识形态领导权与控制力的取得与维护不应仅靠武力来保证,还需充分发挥意识形态的社会功能,使其在引领社会与教育民众中,提高全社会的意识形态认同度,获得潜移默化的效果。这也是公认的执政党最佳的执政策略与方式。

对于意识形态的社会功能,人们认识不一,但大多数观点认为作为社会哲学的基本因素,意识形态具有复杂的社会功能,这一社会功能具有明显的政治倾向性,主要表现在五个方面:政治"合法性"的依据、"社会

---

① [意]加塔诺·莫斯卡:《统治阶级》,贾鹤鹏译,译林出版社2002年版,第118页。

水泥"和"思想旗帜"、社会活动的价值导向、社会心理的升华和定向、对人们生活方式产生决定性影响①。对于执政党而言,发挥这些功能,保证执政党意识形态的统治地位是其面临的挑战与任务。具体而言,有四个功能:一是发挥意识形态的辩护功能,为现有政权的政治统治作辩护,让民众相信现有执政党及其阶级的统治是合法、合理的,且是最恰当的;二是发挥意识形态凝聚社会力量的功能,整合不同社会认识,调和社会矛盾,统一思想,稳定民心,提高社会认同度,促进社会稳定健康发展;三是发挥意识形态的价值导向功能,倡导核心价值观念,树立标杆与榜样,明确组织鼓励的行为,传递社会正能量,形成积极向上的社会治理氛围;四是发挥意识形态的教化功能,培养统治阶级接班人与合乎统治阶级需求的社会建设者。通过这样一些手段,经过一个意识形态灌输与内化的过程——"一套成功的意识形态,首先必须经过心理说服的过程,使群众认同其理念,这是意识形态确立的首要步骤——符号化的步骤;尔后,必须透过政治强制的过程,使个人或集团与意识形态不相容的欲望或需求,以及与意识形态相左的理论或信仰,完全从群众的公共沟通系统中排除掉,这是意识形态非符号化的步骤;最后,意识形态会被塑造成独立于个人之外,不以个人意志为转移的客观存在,它成为一种典范,并且为个人或集团的思想行为形构了一个背景世界,成为个人或集团从事价值判断或对周遭环境认知、评估时,不自觉地以它作为依据,亦即此时意识形态犹如自然般地对人产生命运的因果作用。这是意识形态典型化的步骤"②——意识形态从执政党进入民众大脑之中,成为其价值判断乃至

---

① 宋惠昌:《当代意识形态研究》,中共中央党校出版社1993年版,第22—37页。
② 李英明:《哈伯马斯》,台北东大图书股份有限公司1986年版,第79页。

生活的主要依据与参考。此时，民众对执政党执政地位的信服、对统治阶级意识形态的认可、对统治阶级利益的维护，都在不断增强，但这一效果并不直接反馈为对统治阶级及其统治的认可，而是会以其对社会价值、社会稳定、社会发展的赞同态度与行为实践表现出来。民众在日常生活中看似无规律，但经常表达出的他们对生活的态度、对事情的看法、对具体事件处理的方式选择，都在不同程度上反映出了他们的信仰。诸如对爱情、婚姻的态度与做法，对家庭与社会的理解与选择，对利与义的认识与取舍，对消费的节制与极度等，都暗藏着他们的价值观取向，在一定程度上隐含着其背后的阶级或集团的意识控制与影响。这样，表面看来，统治阶级与执政党的统治地位掩藏于社会治理与发展背后，实际上这才是最高明的统治手段，也是意识形态建设的最高境界。此时，全社会会形成统一的目标、统一的行动，而这些统一都是为统治阶级、执政党的意识形态所决定的社会一致。

三 增强包容性[①]：执政党意识形态建设与发展的重要策略

在阶级社会中，执政党拥有社会意识形态领导权，它努力采取一切措施强化意识形态的控制力，这是社会的常态与正常秩序。但是拥有领导权，并不意味着社会中的意识形态只有且唯有执政党的意识形态。"在一个开放的社会中，主流意识形态是可以存在的，但这并不意味着它是唯一

[①] 增强意识形态的包容性，是阶级社会中所有政党均需采取的策略。对于处于非统治地位的政党来说，其意识形态也需要增强包容性，即承认其他意识形态特别是执政党意识形态的存在，尤其是在力量不足以与其他意识形态对抗时，采取和平相处的方式最为稳妥。但是，这是所有非执政的政党意识形态建设的常用策略。相比较而言，增强意识形态的包容性，对于已经处于领导地位的执政党而言，意义更为重要且更有针对性。所以，此处主要论述执政党增强意识形态的包容性问题，对于其他政党的，不再多议。

合法的意识形态;一种意识形态能否成为主流意识形态,原因固然是异常复杂多变的,但最终取决于它能在多大程度上满足当时的社会需要,而不取决于它与枪杆子、炮筒子结合的紧密程度;昔日的'主流'完全可能成为今日的'末流',今日的'末流'完全可能成为明天的'主流'。"① 一个社会中由于阶级关系的变化会有多种意识形态的存在,只存有一种意识形态的情况根本不可能出现,因为只要是阶级社会就会有多个阶级(与政党)的存在,而拥有意识形态是一个阶级与政党产生的前提与基础。对执政党而言,试图消解、削弱其他意识形态,建立本意识形态一极独大的局面,是有可能的,但消灭所有意识形态是不可能的。若果有可能的话,那人类社会的无阶级化时代就会到来,那时消亡的不只是非统治阶级的意识形态,而是所有阶级的意识形态。所以,对执政党而言,应在立足各政党意识形态共存的社会现实基础上,来考虑自身意识形态建设的问题。这里不单单是执政党意识形态地位的强化,还包括如何平衡不同政党意识形态间的关系与地位,如何保障不同意识形态的发展等问题。也就是,对于执政党而言,加强意识形态建设必须考虑这样一个问题,如何增强意识形态的包容性,即建立包容性的执政党意识形态。

所谓包容性的执政党意识形态,就是提升执政党意识形态的包容性,承认社会上存在多种意识形态,各种意识形态之间虽存在根本利益的对立,但有对话与交流的可能。由此,执政党在强化自身意识形态领导权的同时,加强对其他意识形态的指导、引导,允许其他意识形态在许可的界限与范围内正常发展,从而形成共同促进社会良好发展的合力。这里要把握以下两方面的问题。

---

① 季广茂:《意识形态》,广西师范大学出版社2005年版,第24页。

第一，虽然不同阶级、政党具有实质不同的意识形态，但在一定时段内存在共处、共发展的可能。这是因为：一方面，不同意识形态有可能反映共同的社会现实，特别是在反映社会共同需求的公共道德、集体观念、价值规则等方面；另一方面，不同阶级、政党之间也有可能产生共同的愿望与冀求，如生态文明观、人类的幸福观等，毕竟各阶级、政党都具有社会性，在同一个社会中生存与发展，有共同面临的问题需要解决；再一方面，不同阶级、政党之间的意识形态也会随着时代与环境的变化而有所调整，会相互批判与借鉴，有可能产生短暂的相融性。正因为这些因素的个别或共同作用，不同阶级之间、不同政党之间、不同意识形态之间有对话与交流的可能，有相互学习、借鉴的事实存在。

第二，执政党提升意识形态的包容性，承认意识形态的社会多样化，保证其他意识形态的健康发展，并非任由它们随意生长，其前提与条件是不触犯执政党的根本利益，不危及执政党意识形态的领导地位。所以，社会的发展呈现多元化的状态，意识形态出现多样化，这是毋庸争议的现实，但对于一个执政的阶级和政党来说，它的意识形态必须具有独一性，不可能是多元的，其意识形态必须占据社会的主导，拥有领导权，这又是不可回避的现实。"一个社会的意识形态分为主流意识形态和支流意识形态。任何国家、任何社会，其主流意识形态都是一元的。不管其经济结构多么复杂多样，其占统治地位的主流意识形态必然都是一元的，因为主流意识形态是统治阶级意志在思想体系的集中反映。如果主流意识形态缺少正确的理论支撑，不仅主流意识形态的大厦会倾覆，而且必将导致整个社会的思想混乱和政局动荡，国家不知向何处去，人民不知何去何从。这既是苏联解体和东欧剧变的重要原因之一,也是苏东剧变后相当长一段时期内所表现出的后遗症。"① 但如何处理与其他意识形态的关系,调整自己的意识形态,使其成为一个社会中大多数人都能接受且愿意接受的意识形态,以整合多元社会利益,消解各类诉求与矛盾,则是新时期执政党意识形态建设的着力点与难题。当前,意识形态隐形化、意识形态政治淡化、意识形态实用主义、意识形态中间化、意识形态包容化、意识形态生活化、意识形态共融化等,都是各执政阶级、政党为解决此难题尝试给出的策略,目的均在于调和利益冲突,保持社会的稳定健康发展。不过,这始终有一个前提就是保持执政阶级、政党的本质与利益诉求,争取更多人群支持,以扩大阶级基础,确保执政地位的巩固。

(原载《理论与改革》2017 年第 2 期)

---

① 中共中央宣传部理论局:《思想越是多样化越是需要主心骨——为什么必须坚持马克思主义在意识形态领域的指导地位》,《当代贵州》2005 年第 17 期。

论共产党人坚守理想信念的历史经验与路径选择

——关于习近平理想信念重要论述的研究与思考

于学强[*]

习近平十分注重共产党人的理想信念问题。2014年1月20日,在党的群众路线教育实践活动第一批总结暨第二批部署会议上,他便指出理想信念是共产党人的精神之"钙",中国共产党人必须加强理想信念教育。2016年年初在考察重庆时,他强调领导干部要把理想信念体现为行动的力量,树立起让人看得见、感受得到的理想信念标杆。在建党95周年大会讲话中,他再次指出"我们要把理想信念教育作为思想建设的战略任务,保持全党在理想追求上的政治定力"[①]。在纪念长征胜利80周年大会上,他将长征总结为"四个伟大远征",尤其指出"党和红军几经挫折而不断奋起"就是得益于"长征是一次理想信念的伟大远征",走好今天的长征路

---

[*] 于学强(1973—),男,山东茌平人,聊城大学教授、硕导,研究方向为中国共产党执政党建设。
[①] 习近平:《在庆祝中国共产党成立95周年大会上的讲话》,《人民日报》2016年7月2日。

也必须"为崇高理想信念而矢志奋斗"①。在党的十八届六中全会上，他又特别指出"必须高度重视思想政治建设，把坚定理想信念作为开展党内政治生活的首要任务"②。习近平坚守理想信念的相关论述，主要体现在两个方面——历史经验与路径选择。

党的十八大以来，学者高度关注习近平的理想信念观。《求是》2013年第21期发表署名秋石的文章——《革命理想高于天——学习习近平同志关于坚定理想信念的重要论述》，指出理想信念问题是一个极其重要的问题，始终是共产党人安身立命的根本，共产党人坚守理想信念不仅要志存高远，还要忠于践行。周秀红从共产党人理想信念的深刻内涵、坚定理想信念的大势和重要策略方面，全面阐释习近平理想信念的重要论述（周秀红《习近平关于共产党人理想信念的重要论述》，载《中国特色社会主义》2015年第4期）；孔宪锋以应然与实然为视角，论述习近平的理想信念观，揭示共产党人理想信念的特质与实践路径（孔宪锋《习近平同志论共产党人的理想信念观》，载《毛泽东思想研究》2015年第2期）；刘建军以历史发展为视角，系统梳理了党的十七大至2015年2月间习近平理想信念的相关论述与精神实质（刘建军《习近平理想信念论述的历史梳理与理论阐释》，载《河海大学学报（哲学社会科学版）》2015年第3期）；黄明理围绕习近平把理想信念提升到"总开关"和"高于天"的高度，提炼了其理想信念思想的创新（黄明理《论习近平关于理想信念思想的创新》，载《江海学刊》2015年第2期）；牛安生关注到习近平强调共产党人坚定理想信念时，突出了领导

---

① 《纪念红军长征胜利80周年大会在京隆重举行》，《光明日报》2016年10月22日。
② 《关于新形势下党内政治生活的若干准则》，《人民日报》2016年11月3日。

干部的引领作用与从传统文化中汲取营养（牛安生《坚定理想信念，始终坚守共产党人的精神家园——论习近平关于坚定理想信念思想的特点》，载《学习论坛》2015 年第 3 期），等等。既往成果为进一步深入研究习近平的理想信念观提供了丰富的资料支撑和研究思路。但是，这些研究主要局限于 2015 年之前的相关论述，时间方面仍需要继续向下延展，并且总体来看，既往的研究没有高度关注习近平将理想信念与执政规律、执政经验方面的结合，鲜有围绕理论素养与实际践行双重维度落实理念信念的系统论述。为此，很有必要从历史经验与路径选择两方面进一步深化习近平理想信念观的研究。下面分两部分予以论述。

一 共产党人坚守理想信念的历史经验

理想信念是共产党人的政治灵魂。没有理想信念，共产党人就如同行尸走肉，徒有躯壳。列宁早就告诫我们："徒有其名的党员，就是白给，我们也不要。"① 坚守理想信念是战争年代克敌制胜的重要法宝，是和平建设时期取得成功的主要经验；相反，理想信念的缺失则是社会主义发展中出现失误甚至衰败的重要原因。下面分两部分分别予以论述。

（一）坚守理想信念是共产党人成功的法宝

理想信念是共产党人成功夺取政权，成就自己全国执政党地位的重要因素，是共产党人带领全国人民推进社会主义建设，取得辉煌成绩的主要原因，也是在新的时代背景下带领全国人民继续推进中国特色社会主义建设，实现中国梦的保障条件。下面从三个方面论述。

---

① 《列宁选集》第 4 卷，人民出版社 1995 年版，第 51 页。

1. 中国共产党人靠理想信念打天下

从诞生的视角看，中国共产党属于体制外政党，是以推翻旧的社会制度、建立新的社会制度为目的的。建党之初，党组织面临严峻的国内环境，加入这一组织的个体意味着生命面临更大的危险。所以，党的创立者和革命环境中入党的人士，其理想信念与党的奋斗目标是高度契合的，恶劣环境成就的自然淘汰率使留在党内的成员具有较高的政治素养和坚定的理想信念。正是这种坚定的理想信念，造就了一批批前赴后继的革命先烈，谱写了一曲曲荡气回肠的革命乐章。例如在大革命和土地革命斗争中，党的创始人李大钊面对敌人的绞刑架大义凛然，率先接受绞刑而壮烈牺牲，其原因就是他深信，"试看将来环球必是赤旗世界，唯有翘首迎接新世纪曙光"[①]。至于不畏牺牲的无名英雄们，如二万五千里长征平均每300米就牺牲一名战士，同样是由于拥有坚定的理想信念支撑。在抗日战争和解放战争中，为了抗击日本帝国主义和实现光明前景，中国共产党人坚守自己的理想与信仰，逐步发现和创造性地运用了中国革命的规律，实现了新民主主义革命和开启了社会主义革命，并将理想信念与阶段性任务结合起来，让广大人民看到了光明的前景。正是由于共产党人坚定理想信念、不怕流血牺牲，才取得革命胜利并夺得政权，"没有理想和信仰，不可能为党、为国家、为人民作出牺牲"[②]。

2. 社会主义靠理想信念创辉煌

社会主义500余年的发展进程，经历了从空想到科学、从理论到实践、从一国到多国的三次飞跃，形成了斯大林模式和各国各具特色的个体形态。

---

① 《李大钊全集》第3卷，河北教育出版社1999年版，第110页。
② 中共中央纪律检查委员会、中共中央文献研究室：《习近平关于党风廉政建设和反腐败斗争论述摘编》，中央文献出版社、中国方正出版社2015年版，第144页。

无论是社会主义科学化还是实践化，都源于人们对社会主义的向往和坚定的理想信念。从社会主义在中国的发展来看，建国后我国实行"一边倒"政策，坚定社会主义道路，顺利推进了"一化三改"，让广大人民群众真正成为国家和社会的主人。社会主义制度确立以后，我们仍面临复杂的国际国内形势，特别是在20世纪50—70年代面临美苏两个超级大国的挤压。面对强敌，我们深信"一切帝国主义和反动派都是纸老虎"，从没退缩。正是坚定的理想信念让我们在两大强敌的夹缝中生存发展起来，让我们克服了各种困难并赢得了内政外交的胜利和大国、强国的尊重。在改革开放过程中，敌对国家"分化""西化"中国的图谋从没有停止过，前美国总统国家安全事务助理布热津斯基，甚至提出了"到下个世纪共产主义将不可逆转地在历史上衰亡，它的实践与信条不再与人类的状况有什么关系"① 的论断。但我们坚定的理想信念一次次挫败他们的各种挑战，使中国特色社会主义在社会主义低潮中仍然高歌猛进。所以，"中国特色社会主义不是从天上掉下来的，是党和人民历尽千辛万苦，付出各种代价取得的根本成就"②。很明显，没有理想信念的坚守，就没有社会主义中国的辉煌成就。

3. 中国梦离不开理想信念支撑

面向未来，中国共产党人要实现伟大的中国梦，还必须克服各种前进道路上的艰难险阻。当下，面对中国的崛起，外围敌对势力还不断抛出中国威胁论，认为中国梦是强权梦、扩张梦和霸权梦，甚至想尽办法围堵中国，使中国特色社会主义发展面临各种各样的挑战与风险。针对于此，中国共产党还必须通过坚守自己的理想信念来安抚周边国家，让其认识到社

---

① [美] 兹·布热津斯基：《大失败——二十世纪共产主义的兴亡》，军事科学院外国军事研究部译，军事科学出版社1989年版，第1页。

② 《中共中央举行纪念毛泽东同志诞辰120周年座谈会》，《人民日报》2013年12月27日。

会主义中国的发展会给人类社会带来福祉,会给周边国家带来机遇,是多方共赢;同时告诫敌对者,中国的发展遵守国际秩序,不威胁他国,也不牺牲别国利益,但是绝不遵守由个别国家制定的所谓国际规则。因为国际秩序"不能由一家说了算,不能由少数人说了算""中国不觊觎他国权益,不嫉妒他国发展,但决不放弃我们的正当权益"[1]。当然,实现伟大的中国梦,更为重要的是中国人民能够正视自己的发展历史,有继续前行的勇气与智慧。习近平曾将中国社会发展的昨天、今天与明天比喻成"雄关漫道真如铁""人间正道是沧桑""长风破浪会有时",既充分说明中国特色社会主义来之不易,又形象说明中国特色社会主义必须坚持不易,中国梦的实现要靠理想信念,靠自力更生、艰苦奋斗,"必须走中国道路,必须弘扬中国精神,必须凝聚中国力量"[2]。

(二) 理想信念缺失是共产党的大敌

共产党人靠理想信念夺取政权,推进社会主义建设,这是历史证明了的。但是,如若不珍视这种成果,不注重总结取得这些成就的经验,不注重时刻警醒和加强理想信念教育,就可能会给社会主义事业带来失误,甚至会使共产党人丧失政权。具体体现在以下三个方面。

1. 理想信念偏差会带来失误

这里所指理想信念的偏差,是指有理想信念但在某种特定时期、在某种程度上偏离正确轨道。理想信念作为一种追求,受到特定时代社会发展总体状况的影响,在不同年代呈现不同景况。但是,无论是任何时期,如

---

[1] 习近平:《在庆祝中国共产党成立95周年大会上的讲话》,《人民日报》2016年7月2日。
[2] 人民日报评论员:《满怀信心走好中国道路——一论同心共筑中国梦》,《人民日报》2013年3月19日。

果出现理想信念的偏差,都可能会给社会带来重大损失。例如在革命年代,中国共产党夺取政权的斗争,是为了实现马克思所讲的工人阶级的第一步,这无疑是这一时期最高的革命理想。但是,面对这一革命理想如何实现?夺权道路有和平夺权与武装夺权之别,即使在武装夺权方面也有采取何种方式的斗争之别。在民主革命时期,我们共产党人在斗争方式选择方面就犯过"左"的错误,尤其是在 20 世纪 20—30 年代出现的三次"左"祸。不能说诸如瞿秋白、李立三、王明等人在当时没有革命理想,放弃了共产主义,但他们"左"的原因是犯了革命的"急性病",或对阶段性任务的估计出现了严重偏差,从而给大革命带来严重损失。在建设年代,尤其是 20 世纪 50 年代中后期,我们也曾犯过这种急性病,搞过"跑步进入共产主义",也意味着我们没有放弃共产主义,但在实现方式方面过犹不及,导致重大失误。在改革开放新时期,受市场经济和外来环境的冲击,一些党员干部的理想信念出现偏差,如过分强调个人利益,割裂"我为人人"与"人人为我"的关系,在某种程度上放弃了为人民服务的宗旨,这种情况往往会导致公权私用的腐败发生。

2. 理想信念缺失会丧失先进性

如果说理想信念偏差会给革命带来严重失误的话,理想信念的缺失则可能会导致党先进性与纯洁性的丧失。一个政党的先进性与纯洁性体现在理论纲领与实践行动上,即体现在思想认识与组织力量上。思想认识是组织力量的大脑,没有思想上的先进与纯洁就没有行动上的先进与纯洁。习近平指出"思想纯洁是马克思主义政党保持纯洁性的根本"[①],坚守理想信

---

① 中共中央纪律检查委员会、中共中央文献研究室:《习近平关于党风廉政建设和反腐败斗争论述摘编》,中央文献出版社、中国方正出版社 2015 年版,第 141 页。

念无疑是思想纯洁和先进的一个重要判断标杆。在改革开放新时期，针对变化的国际、国内与党内环境，我们党一直强调增强忧患意识，其最原初的因素就是认识到在执政、改革开放、市场经济、外部环境"四大考验"条件下，部分党员丧失了理想信念，出现了精神懈怠、能力不足、脱离群众、消极腐败的"四大危险"。当前，共产党人理想信念缺失最为突出的体现就是对社会主义丧失信心，并基于这种原因而违背党的原则和人民的期望，甚至为个人利益而置党、国家与人民利益于不顾。例如改革开放以来，第一个被判处死刑的省部级高官胡长清，在违法乱纪之前就已经丧失了理想信念，他曾对儿子说："总有一天中国会不行的""有两个国籍，将来就有余地了"[1]。当前，某些地方存在较为严重的"四风"问题，严重影响到了党的先进性，而"'四风'问题归根到底是理想信念出现动摇所致"[2]。

3. 理想信念错位会亡党亡国

理想信念的错位不是简单的偏差问题，也不是缺失问题，而是方向性错误问题。这正如行路，理想信念偏差指的是偏离方向，理想信念缺失指的是没有方向，理想信念错位则是背离方向。无疑，与前两者相比，这种错位带来的影响是南辕北辙的、颠覆性的。所以，中国共产党人不能没有坚定而科学的理想信念，也不能缺失理想信念，更不能让错位的理想信念占据自己的头脑。理想信念的错位，从根本上讲是抑制和反对共产主义理想，尤其体现在现实政治生活中颠倒党与群众的主仆关系，将党员干部造就成凌驾于人民群众之上的特殊利益集团，成为作威作福的官老爷。苏共

---

[1] 王均伟：《信仰永恒中国共产党人的故事》，江西人民出版社2012年版，第154页。
[2] 中共中央纪律检查委员会、中共中央文献研究室：《习近平关于党风廉政建设和反腐败斗争论述摘编》，中央文献出版社、中国方正出版社2015年版，第143页。

下台与苏联解体的一个重要原因就是理想信念错位和主仆关系颠倒。苏共领导干部尤其是高级领导干部"没有坚定的共产主义理想信念,更没有为之献身的精神,背离甚至最终背叛了马克思主义成为导致苏共亡党的最重要原因"①。苏联社科院在苏共下台前同样做过一个调查,问及老百姓认为苏共到底代表什么人的利益,只有8%左右的人认为它还代表广大人民的利益。实际上,很早以前苏共就出现了这种背离自己理想信念的情况,如尼克松在与赫鲁晓夫接触后曾指出过"他信仰共产主义事业及其胜利的必然性,但他只是逢礼拜天在理论的祭坛上做做礼拜而已"②。"亨廷顿也深刻指出,苏联败在了意识形态上,败在了对马列主义、对社会主义信仰、信念的动摇上。"③

理想信念的缺失不仅仅是共产党人的大敌,也是政党政治时代所有执政党的大敌。苏联共产党在治国理政过程中忽视了理想信念教育,导致了苏联共产党,特别是其主要领导人,在如何对待社会主义问题方面出现了严重失误。在赫鲁晓夫、勃列日涅夫时期,苏共领导人就已经出现了政治信念动摇,通过简单的否定斯大林的做法,造成党内的思想混乱和反共、反社会主义思潮初露端倪。戈尔巴乔夫时期则完全背弃了共产党人的理想信念,苏共二十八大又将"人道的民主的社会主义"确立为党的纲领和基本政治路线,为亡党亡国埋下伏笔。同样,按照政党政治规律,资产阶级性质的政党也必须遵循自己政党的理想信念,否则也会下台。中国国民党就是很好的例证。孙中山先生创建这个政党时,要求以三民主义为指导。

---

① 朱继东:《苏共亡党过程中的领导干部因素及反思》,《中共济南市委党校学报》2015年第1期。

② 李慎明:《世界社会主义跟踪研究报告(2011—2012)》,社会科学文献出版社2012年版,第307页。

③ 袁铎:《非意识形态化思潮研究》,中国社会科学出版社2008年版,第153页。

但是，以蒋介石为首的国民党人逐步抛弃了国民党人的理想信念，使国民党成为争权夺利的大舞台。特别是败走台湾后，国民党虽然认识到自己政党的严重内耗是其失败的主因，但没有因之重塑理想信念，也没有形成党的凝聚力量，最终导致党的分裂而丧失执政地位。由此，世界政党政治的发展规律证明，"理想信念动摇是最危险的动摇，理想信念滑坡是最危险的滑坡"①。

二 共产党人坚守理想信念的路径选择

坚守共产党人的理想信念必须要有理论根基和实践体现，也要体现时代性、把握规律性、富有创造性。"理想因其远大而为理想，信念因其执着而为信念。"② 共产党人在夯实自身理想信念的过程中，应将理想信念与阶段性任务结合起来，着眼于未来、着手于现在，"把理想信念的坚定性体现在做好本职工作的过程中"③。下面分两部分予以论述。

（一）在理论修养中坚定理想信念

"理论上清醒，政治上才能坚定"④，因为"思想理论上的坚定清醒是政治上坚定的前提"⑤，坚守理想信念首先要解决的是理论认识问题。所以，干部教育培训第一位的任务，就是要抓好理想信念教育，发挥"固根守魂"的功能，通过思想建设、理论学习、提升道德修养来强化干部的坚定意志。下面从三个方面来论述。

---

① 《关于新形势下党内政治生活的若干准则》，《人民日报》2016年11月3日。
② 习近平：《在庆祝中国共产党成立95周年大会上的讲话》，《人民日报》2016年7月2日。
③ 《关于新形势下党内政治生活的若干准则》，《人民日报》2016年11月3日。
④ 习近平：《在庆祝中国共产党成立95周年大会上的讲话》，《人民日报》2016年7月2日。
⑤ 《关于新形势下党内政治生活的若干准则》，《人民日报》2016年11月3日。

1. 加强思想建设

思想纯洁是党的纯洁之根本，加强思想建设也是党的建设之根本。对一个政党来说，能不能在思想上不断自我净化、自我完善、自我革新、自我提高，关系到事业兴衰成败；对一个党员、干部来说，思想纯洁是其立身之本、从政之基。尤其是对于我们这个一党执政的政党而言，如果内无坚定理想信念，外无有效监督调控，执政党的生命力与战斗力就会大大削减，党及党员的先进性就会慢慢消失。所以，在中国特色的政党制度下，加强中国共产党这一执政党的思想建设意义非凡。实际上，我们党在建党之初就特别强调思想建设，思想建党是毛泽东党的建设的一个根本特征。思想建设作为党的建设的重要内容，归根结底是要落实在党员身上。当下，党员面前的各种诱惑不仅没比革命年代减少，反而大大增加了。所以，今天思想建设的任务更重，更应"把理想信念教育作为思想建设的战略任务"[1]。对于执政党而言，加强思想建设需要着手于两个方面，既要加强正面教育引导，也要通过反面典型加大警示力度。为此，既要教育引导广大党员干部坚定理想信念、坚守共产党人精神家园；又要"加强警示教育，让广大党员干部受警醒、明底线、知敬畏"[2]。对于党员而言，加强思想建设主要是强化自身内心的戒律，"严以律己，就是要心存敬畏，手握戒尺，慎独慎微，勤于自省"[3]，最为根本的则是"坚守我们的价值体系，坚守我们的核心价值观"[4]。

---

[1] 习近平：《在庆祝中国共产党成立95周年大会上的讲话》，《人民日报》2016年7月2日。
[2] 中共中央纪律检查委员会、中共中央文献研究室：《习近平关于党风廉政建设和反腐败斗争论述摘编》，中央文献出版社、中国方正出版社2015年版，第148页。
[3] 同上书，第143页。
[4] 中共中央宣传部：《习近平总书记系列重要讲话读本》，学习出版社、人民出版社1995年版，第94页。

2. 加强理论武装

恩格斯指出"一个民族要想登上科学的高峰，究竟是不能离开理论思维的"①。共产党人要带领人民群众推进社会主义建设，必须保持自己的理论先进，并通过加强理论武装来进一步坚定自己的理想信念。"理论上不彻底，就难以服人。"② 共产党人坚定理想信念，必须不断加强自身理论素养。为此要做到三点：一要学习掌握马克思主义哲学。马克思主义哲学主要涵盖辩证唯物主义和历史唯物主义，通过学习不仅可以强化物质决定意识的基本原理，而且可以加强人民群众创造历史的基本观点，进而坚定在发展中解决社会主义存在的问题，通过动员人民群众来实现发展的信念，让发展成果更多更公平地惠及全体人民。二要学习掌握中国的历史知识。近现代以来中国的耻辱史与奋斗史是统一的，中国共产党人在马克思主义指导下洗刷了百年耻辱，让中国人民真正成为国家的主人，并且通过改革开放将中国建设成为一个东方大国、强国。通过历史知识的学习，认识到中国特色社会主义道路是历史的选择、人民的选择、正确的选择，进一步增强理论自信、道路自信、制度自信和文化自信。三要学习提升思维能力。一个人的思维水平需要理论修养来提升，只有不断加强理论学习才能开阔理论视野，才可能养成战略思维、历史思维、辩证思维、创新思维、底线思维，养成坚强的钉钉子精神。加强理论武装必须有制度保障，特别是应按党的十八届六中全会要求，"坚持和创新党内学习制度"③。

---

① 《马克思恩格斯选集》第 4 卷，人民出版社 1995 年版，第 285 页。
② 习近平：《在庆祝中国共产党成立 95 周年大会上的讲话》，《人民日报》2016 年 7 月 2 日。
③ 《关于新形势下党内政治生活的若干准则》，《人民日报》2016 年 11 月 3 日。

3. 加强道德修养

"以德修身、以德立威、以德服众，是干部成长成才的重要因素。"① 共产党人应当成为"一个高尚的人，一个纯粹的人，一个有道德的人，一个脱离了低级趣味的人，一个有益于人民的人"②。只有加强道德修养，从个人品德、家庭美德、职业道德和社会公德全面着手，才能达到这一目标。加强共产党人的道德修养，不是分解这四个方面逐一推进，而是联系四个方面系统推进。为此，应将共产党人的道德认识、道德宣传和道德教育结合起来，通过道德认识、宣传和教育让党员干部在工作学习与干事创业中设防线、知红线、有底线，明高压线。习近平强调党的群众路线教育实践活动主要是坚定理想信念，打牢思想防线，着力增强思想自觉和行动自觉，要"主动在思想上划出红线，在行动上明确界限"③，才能真正摆正党群关系，知道道德边界。对于党员干部而言，加强道德修养尤其要加强廉洁自律，保持自身的纯洁性，不能成为私利的奴隶。"廉洁自律……干事自然有底线，自然有高度。"④ 针对近年出现漠视党规党纪的做法，以习近平为核心的党中央特别强调党规党纪问题，认为共产党人保持自己的理想信念必须加强党规党纪意识，党纪应严于国法，要求"使纪律真正成为带电的高压线"⑤。

（二）在实践工作中强化理想信念

理想信念是一个思想问题，更是一个实践问题。理想信念贵在实践，

---

① 习近平：《在庆祝中国共产党成立95周年大会上的讲话》，《人民日报》2016年7月2日。
② 《毛泽东选集》第2卷，人民出版社1991年版，第660页。
③ 中共中央纪律检查委员会、中共中央文献研究室：《习近平关于党风廉政建设和反腐败斗争论述摘编》，中央文献出版社、中国方正出版社2015年版，第148页。
④ 同上书，第146页。
⑤ 同上书，第41页。

难在实践中的坚守。"走得再远、走到再光辉的未来,也不能忘记走过的过去,不能忘记为什么出发。"① 新时期,共产党人的理想信念就体现在岗位上和行动中,只有在实践中体现为民,在工作中践行务实,在行动中守住清廉,才能不断为自己的理想信念注入活力。建议从以下三个方面着手。

1. 坚定为党工作的价值取向

共产党员拥有坚定的理想信念,必须将党、人民和国家放在更高的位置上。具体而言有两点:其一,要在党言党、在党为党、在党忧党、在党护党,一切言行的是非标准应建立在是否真正为党干事创业方面来衡量。党员干部不是没有自由,而是不能太随便。自由向来都是受到一定规约的,党员的自由是以不影响和干扰党的存在、发展和壮大,不影响和干扰党在人民心中的地位和认同度为底线的。强调政治自由绝对不是放松政治纪律、组织纪律和宣传纪律,共产党人就是靠铁的纪律打江山的,这一传统优势什么时候都不能丢掉。当前,党的理想信念面临挑战,从某种意义上也是某些环节纪律松懈造成的,如有些党组织党员理想信念的学习机制跟进不力,或者根本没有"三会一课"的落实等。面对于此,党的各类纪律只能强化而不能松懈,在为党工作中必须加强纪律意识,不能人云亦云。其二,"人民立场是中国共产党的根本政治立场,是马克思主义政党区别于其他政党的显著标志"②。因为我们党的理想信念和根本宗旨就是全心全意为人民服务,只有解放全人类才能最终解放自己,所以共产党人应

---

① 习近平:《在庆祝中国共产党成立95周年大会上的讲话》,《人民日报》2016年7月2日。
② 同上。

"始终把人民放在心中最高位置"①，自觉地将为人民当家作主过渡到让人民当家作主上来，在为党和人民工作过程中，让广大人民群众共享改革开放的成果。另外，忠于党与忠于人民本身就是忠于国家，在全面依法治国的条件下做好党的工作应强调法治思维，规避传统上的人治做法，使工作有序化、常态化、高效化。

2. 强化自身工作的本分思维

坚定为党的工作的价值取向是通过强化自身工作的本分思维体现出来的。坚定理想信念需要从自我做起，从身边做起，从本职工作做起，再远大的理想也需要脚踏实地，从细处着手才能实现。做好本职工作具体而言有三点：其一，要爱岗敬业，把职业当事业做。职业是指个人服务社会并以其为主要生活来源的工作。事业是人们所从事的，具有一定目标、规模和系统的对社会发展有影响的经常活动。事业较职业突出的不同在于它的自觉自愿、无怨无悔，并不以谋利为诉求。爱岗敬业、将职业当成事业做，是社会主义核心价值观的要求，不仅可提升工作的积极性，也可给自身带来更大的幸福与快乐，从而更利于实现理想和坚定信念。其二，要尽职尽责，统筹权责关系。做好本职工作要看到个人权利，更要关注自身义务，劳动本身是权利与义务的统一体。尽职尽责偏重于义务，要求通过加强责任意识更好地服务于工作。其三，要乐于奉献，有吃亏是福的精神。做好本职工作讲的是奉献而不是索取，工作上不能过分强调个人的小利益，要注重集体与他人，从实现自身社会价值的角度来认识自我价值和本职工作。做好本职工作不能单纯依靠制度约

---

① 中共中央纪律检查委员会、中共中央文献研究室：《习近平关于党风廉政建设和反腐败斗争论述摘编》，中央文献出版社、中国方正出版社2015年版，第137页。

束，应强调个人的自觉性，因为"一个人战胜不了自己，制度设计再缜密，也会'法令滋彰，盗贼多有'"①。

3. 构建做好工作的长效机制

"干部的党性修养、思想觉悟、道德水平不会随着党龄的增加而自然提高，也不会随着职务的升迁而自然提高，而需要终生努力。"② 为此，坚守理想信念不是通过一两次活动就能解决好的，需要在实践中构建做好工作的长效机制。具体而言要构建三个机制：其一，要构建理想信念的培育机制。一个人的理想信念不是先天就有的，要通过后天的教育和培育，共产党人的理想信念更是如此。为此，一方面要将理想信念融入全日制教育体系之中，如习近平在全国高校思想政治工作会议上强调的，要教育引导全日制在校学生"不断树立为共产主义远大理想和中国特色社会主义共同理想而奋斗的信念和信心""用中国梦激扬青春梦，为学生点亮理想的灯"③；另一方面党组织也应将理想信念教育常态化，协同好各级党校、行政学院、干部学院、社会主义学院和高校等多方干部教育培训主体，形成干部教育的完整体制和有序运行机制。其二，要构建理想信念的校正机制。理想信念属于意识形态的范畴，"在意识形态领域，马克思主义、无产阶级的思想不去占领，各种非马克思主义、非无产阶级的思想甚至反马克思主义的思想就会去占领"④。但是，对于一个人好与坏的判断不能仅以某种思想科学与否、正确与否为标准，因为即使某一阶段有错误思想意

---

① 中共中央纪律检查委员会、中共中央文献研究室：《习近平关于党风廉政建设和反腐败斗争论述摘编》，中央文献出版社、中国方正出版社 2015 年版，第 145 页。

② 同上书，第 142 页。

③ 《把思想政治工作贯穿教育教学全过程开创我国高等教育事业发展新局面》，《人民日报》2016 年 12 月 9 日。

④ 《江泽民文选》第 2 卷，人民出版社 2006 年版，第 564 页。

识，也可以通过教育改造来校正。构建理想信念的校正机制，有利于帮助人、改造人，并培育和坚定其科学的理想信念。其三，要构建理想信念的提升机制。一个人的理想信念有层次之分，共产党人以共产主义为自己的最高理想和最终目标，但共产主义不在当下，立足当下社会主义初级阶段既要讲远大理想，仰望星空，也要讲实事求是，脚踏实地。为此，理想信念与社会发展阶段是密切相连的，人的思想一刻也不会偏离社会经济生活，理应伴随社会经济生活的变化而不断提升，社会经济生活的发展也为理想信念的提升提供必要的物质基础。

在实践中强化理想信念，关键在于时时关注自己的党性锻炼。无产阶级政党只有不断加强党性锻炼才能坚持正确政治方向，站稳政治立场，维护中央权威。加强党性锻炼最为重要的是积极主动地参加党内生活，自觉接受党组织的严格管理和监督。"党性是党员干部立身、立业、立言、立德的基石，必须在严格的党内生活锻炼中不断增强。"[①] 然而，目前不少地方党的组织生活变味，一定程度上出现了庸俗化、平淡化、随意化，影响了党性的纯洁。为了健全党内生活，应积极倡导和推进传统优势，加强批评与自我批评，真正通过党内生活达到"红红脸、出出汗、排排毒、治治病"的效果。

总之，理想信念是任何政党具有凝聚力和战斗力的精神之光，决定着一个政党能否执政、执好政。中国共产党是以马克思主义为指导的工人阶级政党，基于其坚定的理想信念赢得了民众的支持，先后带领全国人民取得新民主主义革命、社会主义革命的胜利和社会主义建设的伟大

[①] 中共中央文献研究室、中央党的群众路线教育实践活动领导小组办公室：《习近平关于党的群众路线教育实践活动论述摘编》，党建读物出版社、中央文献出版社2014年版，第6—7页。

成功。在新的历史时期,面对复杂的国际、国内和党内环境,中国共产党人必须居安思危,传承理想信念方面的历史经验,并且要结合新的时代要求坚定不移地高举理想信念的旗帜。只有这样,她才能在执政道路上更好地应对各种风险和挑战,在中国特色社会主义建设中取得新的更大的胜利。

(原载《探索》2017 年第 1 期)

论共产主义远大理想和中国特色社会主义共同理想的有机统一[*]

——兼议高校思想政治理论课话语体系的核心内涵

魏宪朝[**]

马克思主义揭示了共产主义是人类社会发展客观规律的必然趋势和最终指向。中国特色社会主义是共产主义的有机组成部分,二者具有相互联系的内在统一性。共产主义远大理想的实现需要"社会主义社会的充分发展和高度发达",而中国特色社会主义是社会主义在中国发展的初级阶段和特定时期,这是由中国进入社会主义建设的基础决定的。因此,把坚定理想信念作为开展党内政治生活的首要任务,统一思想,不忘初心,有利于实现社会主义现代化,进而为实现共产主义开辟道路。

共产主义远大理想和中国特色社会主义共同理想(以下简称"两个理

---

[*] 基金项目:国家社会科学基金项目(17BDJ018):改革开放以来中国共产党强农惠农富农政策研究;山东省社会科学规划项目(14CZZJ03):农村基层党组织功能实现的问题分析与对策研究。

[**] 魏宪朝(1961—),男,山东莘县人,聊城大学马克思主义学院教授,法学博士。

想"），是中国共产党人的精神支柱和政治灵魂，是保持党的团结统一的思想基础。习近平同志强调指出："坚持不忘初心、继续前进，就要牢记我们党从成立起就把为共产主义、社会主义而奋斗确定为自己的纲领，坚定共产主义远大理想和中国特色社会主义共同理想，不断把为崇高理想奋斗的伟大实践推向前进。"① 党的十八届六中全会公报也明确提出："共产主义远大理想和中国特色社会主义共同理想，是中国共产党人的精神支柱和政治灵魂，是保持党的团结统一的思想基础。必须把坚定理想信念作为开展党内政治生活的首要任务。全党同志必须把对马克思主义的信仰、对社会主义和共产主义的信念作为毕生追求，坚定对中国特色社会主义的道路自信、理论自信、制度自信、文化自信。"② 这是新形势下全面从严治党的时代号角，党的建设伟大工程的新的里程碑，必将有利于统一全党乃至全国各族人民的思想；有利于坚定"四个自信"，不忘初心，继续前进；有利于实现中华民族伟大复兴的中国梦；有利于最终实现共产党人的初心——共产主义——这一人类社会发展的历史必然。

高校思想政治理论课是帮助大学生树立正确的理想信念和价值观的主渠道和必修课程，因此把"两个理想"教育作为话语体系的核心内涵融入课堂教学并贯穿于全部课程的始终，非常必要，有利于社会主义核心价值观的养成和社会主义事业接班人的培养，势在必行。下面分三部分予以论述。

---

① 《习近平在庆祝中国共产党成立 95 周年大会上的讲话》，人民出版社 2016 年版，第 10 页。
② 《中国共产党第十八届中央委员会第六次全体会议公报》（2016 年 10 月 27 日中国共产党第十八届中央委员会第六次全体会议通过）。http://www.yjbys.com/news/467699.html。

一 共产主义是马克思主义政党的远大理想和最高目标，是中国共产党人的毕生追求

综观高校思政政治理论课的全部内容，不难发现：社会主义、科学社会主义、中国特色社会主义、共产主义等等核心概念贯穿于全部课程的始终，而其最终的目标指向皆是"两个理想"话语权的养成和实现。但是，如何做到对共产主义远大理想和中国特色社会主义共同理想的坚信坚守和坚定自信，作为帮助大学生树立正确的理想信念和价值观的必修课程——高校思想政治理论课——具有义不容辞的责任和担当，对此，课堂教学必须讲清楚以下四个问题。

（一）共产主义的来龙去脉

自从 1516 年空想社会主义的创始人托马斯·莫尔（英国人）的名著《乌托邦》（全名是《关于最完全的国家制度和乌托邦新岛的既有益又有趣的金书》）问世以来，社会主义从空想到科学，从理论到实践，从运动到制度，从西方到东方，从一国到多国，已经走过了 500 多年。起初，社会主义是针对资本主义剥削制度的一种学说，是对未来理想社会的美好描绘，但并没有揭示资本主义必然灭亡的规律，没有找到通向理想社会的现实道路，所以是一种空想。直到 19 世纪中叶，马克思、恩格斯在继承前人思想成果的基础上，创立的共产主义理论才深刻揭露了资本主义剥削制度的本质，指出了埋葬资本主义的社会力量，阐明了社会主义必然替代资本主义的客观规律，从而把社会主义由空想变为科学，并成为人类社会实现美好理想的行动指南、正确途径和科学的制度安排。1848 年《共产党宣

言》的发表，标志着马克思主义的诞生。它庄严宣告：共产主义运动已成为不可抗拒的历史潮流，并号召"全世界无产者，联合起来！"自此，共产主义就成为马克思主义政党追求的远大理想和最终目标。在共产主义者同盟、"第一国际"等国际性无产阶级革命组织的领导下，国际共产主义运动出现了第一次高潮。1871年3月，法国工人阶级创建了"巴黎公社"，开启了建立"新的真正民主的国家政权"的第一次伟大尝试。它虽然只存在了72天，但对后来国际共产主义运动的发展和社会主义国家的建立产生了深远的影响。

（二）人类社会的目标追求

自古以来，建设一个祥和、富裕、各尽所能、各取所需、人人自由、天人合一、和睦相处、充满生机活力的社会，始终就是人类社会的美好向往，也是中华民族的孜孜追求。近代以来，一批批先进的中国人在西方列强的打压下，加快了积极探索救国救民之良方的步伐。但轰轰烈烈的"中学为体，西学为用"的器物救国之美梦破灭了、"戊戌变法"夭折了，"太平天国"、义和团的"大同"理想也被中外反动势力联合绞杀了，终于"武昌之大革命以成"，中华民国建立。1912年4月，孙中山就在其《社会革命谈》的演说中坚信地说道："今之吾国之革命，乃为国富民利之革命，拥护国利民富者，实为社会主义。"① 实际上，历史也确实给予了中国一个宝贵机会。但是，随之而来的，袁世凯窃国、张勋复辟，许多革命党人惨遭杀戮，革命最终宣告失败。中国仍然处在黑暗、迷茫之中。正是"十月革命的一声炮响"，给中国送来了马克思列宁主义、送来了走向光明的希

---

① 《孙中山全集》（第1卷），中华书局1986年版，第288页。

望。随着"五四运动"的爆发和"问题"与"主义"之争的一场激烈交锋,一大批具有革命思想的知识分子开始转变成为马克思主义者,他们明确提出了要在中国实现社会主义、共产主义的主张,并形成了这样的三点共识:其一,西洋人走过的路即以资本主义的方法来开发实业,不是拯救中国的良方妙药,因为中国已经成为万国商场、各个资本主义国家经济竞争的焦点。其二,帝国主义侵略中国的目的绝不是为了帮助中国开发实业,而是为了攫取巨额利润,是要把中国变为它的殖民地、附属国。其三,中国必须实行社会主义和共产主义革命,以无产阶级专政的形式(通过暴力革命夺取政权)来发展实业,进而成为工业发达国家。李大钊是这一时期的重要代表人物,他认为:"一个社会问题的解决,必须靠着社会上多数人共同的运动""要想使一个社会问题,成了社会上多数人共同的问题",就必须"先有一个共同趋向的理想、主义"[①]。

(三) 近代中国的道路选择

早期的共产主义者运用马克思列宁主义的基本原理,在共产国际(第三国际)的帮助下,于1921年成立了中国共产党。中共一大纲领规定:党的名称是"中国共产党";党的性质是无产阶级政党;党的奋斗目标是推翻资产阶级,废除资本所有制,建立无产阶级专政,实现社会主义和共产主义等等。从此,"中国革命的面目就焕然一新了"。中共二大在科学地分析国际、国内形势和中国的社会性质与革命性质的基础上明确提出了党的最高纲领和最低纲领。党的最低纲领或称民主革命阶段的纲领,即消除

[①] 李大钊:《再论问题与主义》,《每周评论》(第35号),http://blog.sina.com.cn/s/blog_672c67540102v89o.html。

内乱，打倒军阀，建设国内和平；推翻国际帝国主义的压迫，达到中华民族完全独立；统一中国本部（包括东三省在内）为真正民主共和国。党的最高纲领或远大理想，即"组织无产阶级，用阶级斗争的手段，建立工农专政的政治，铲除私有财产制度，渐次达到一个共产主义的社会"。这就是中国共产党人的"初心"和毕生追求。

但是，共产主义的实现必须具备充分的条件，不可能"毕其功于一役"，必须针对不同的历史阶段制定具体的纲领和现实的目标。中国共产党和人民历史地选择了：中国革命必须分两步走，第一步实行民主主义革命，第二步进行社会主义革命；并认为新民主主义革命是社会主义革命的必要准备，社会主义是新民主主义的必然趋势。

习近平同志指出："坚持不忘初心、继续前进，就要牢记我们党从成立起就把为共产主义、社会主义而奋斗确定为自己的纲领，坚定共产主义远大理想和中国特色社会主义共同理想，不断把为崇高理想奋斗的伟大实践推向前进。"他说："革命理想高于天。中国共产党之所以叫共产党，就是因为从成立之日起我们党就把共产主义确立为远大理想。我们党之所以能够经受一次次挫折而又一次次奋起，归根到底是因为我们党有远大理想和崇高追求。"①

（四）中国共产党人的使命担当

在世界政党史上，任何一个政党都没有像中国共产党这样，为了践行和坚持自己的理想信念付出了如此巨大而惨烈的代价。"'砍头不要紧，只要主义真''敌人只能砍下我们的头颅，决不能动摇我们的信仰'，这些视

---

① 《习近平在庆祝中国共产党成立95周年大会上的讲话》，人民出版社2016年版，第10页。

死如归、大义凛然的誓言生动表达了共产党人对远大理想的坚贞。"① 近百年以来,中国共产党人,不忘初心,不怕牺牲,排除万难,为实现自己的远大理想——共产主义——不断前行,不懈奋斗。这是中国共产党人的使命担当。

从1921年中国共产党诞生到1949年中华人民共和国成立28年的浴血奋斗中,有名可查的革命烈士就有370多万人,比中华人民共和国成立之时全国党员人数300多万还要多。"红军不怕远征难,万水千山只等闲",这是何等的豪迈和自信。正如习近平同志所说:"在风雨如磐的长征路上,崇高的理想,坚定的信念,激励和指引着红军一路向前""长征是一次理想信念的伟大远征""党和红军几经挫折而不断奋起,历尽苦难而淬火成钢,归根到底在于心中的远大理想和革命信念始终坚定执着,始终闪耀着火热的光芒""艰难可以摧残人的肉体,死亡可以夺走人的生命,但没有任何力量能够动摇中国共产党人的理想信念。"② 然而,前进道路上不可能是一帆风顺的。毛泽东同志早就告诫我们:"夺取全国胜利,这只是万里长征走完了第一步。"中华人民共和国成立后,中国共产党经过艰苦探索和曲折实践,开启了改革开放的新时代,迈上了建设中国特色社会主义的新征程。习近平同志强调:"弘扬伟大长征精神,走好今天的长征路,必须坚定共产主义远大理想和中国特色社会主义共同理想,为崇高理想信念而矢志奋斗。"③

总之,我们要坚信只要占世界人口1/5的中国社会主义阵地不丢失,

---

① 《习近平在庆祝中国共产党成立95周年大会上的讲话》,人民出版社2016年版,第11页。
② 《习近平在纪念红军长征胜利80周年大会上的讲话》,http://news.xinhuanet.com/2016-10/21/c_1119765804.htm。
③ 同上。

国际共产主义运动就有希望，社会主义就依然是我们这个时代的主流；随着我国社会主义制度的不断发展和完善，我们还要自信社会主义具有无比的优越性和强大的生命力，世界上会有越来越多的人信仰共产主义；人类社会发展的前途必然是社会主义的高级阶段——共产主义。

二 中国特色社会主义是全国各族人民的共同理想和现实目标，是实现中华民族伟大复兴中国梦的必由之路

中国特色社会主义是社会主义、共产主义的一个有机组成部分，是中华民族共同理想在当下的集中体现，是中国共产党现阶段的最低纲领和奋斗目标，是我国社会主义发展史上的特定时期和必经阶段，是中国共产党人实现社会主义现代化和中华民族伟大复兴中国梦的必由之路。这是由我国进入社会主义建设的基础决定的。对此，思想政治理论课必须讲清楚以下三点。

（一）中国共产党是马克思主义政党，中国特色社会主义是社会主义而不是其他什么主义

作为马克思主义政党，社会主义和共产主义的信念以及对马克思主义的信仰，是中国共产党人的毕生追求。中国特色社会主义共同理想正是在马克思主义的指导下，把党在社会主义初级阶段的奋斗目标、国家发展、民族振兴和广大人民群众的幸福梦紧密联系起来的最佳表达。中国共产党历来就是最高纲领、远大理想、长期目标和最低纲领、共同理想、近期目标的统一者和践行者。《中国共产党章程》指出："马克思列宁主义揭示了人类社会历史发展的规律，它的基本原理是正确的，具有

强大的生命力。中国共产党人追求的共产主义最高理想,只有在社会主义社会充分发展和高度发达的基础上才能实现。"中国共产党人清醒地认识到:"我国正处于并将长期处于社会主义初级阶段。这是在经济文化落后的中国建设社会主义现代化不可逾越的历史阶段,需要上百年的时间。"① 习近平同志强调指出:"中国特色社会主义是社会主义而不是其他什么主义,科学社会主义基本原则不能丢,丢了就不是社会主义。"② 他说:"中国特色社会主义是当代中国发展进步的根本方向,是实现中国梦的必由之路,也是引领我国工人阶级走向更加光明未来的必由之路。"③

(二) 领导我们事业的核心力量是中国共产党,指导我们思想的理论基础是马克思列宁主义。④

在1954年召开的第一届全国人民代表大会第一次会议上,毛泽东把中国共产党作为领导我们事业的核心力量、把马克思列宁主义作为指导我们思想的理论基础庄严地向世人宣告。中华人民共和国成立之后,在中国共产党的领导下,我们不仅顶住了来自资本主义世界的围困、封锁和包围,而且成功地实现了由新民主主义革命向社会主义革命和建设的历史性转变,初步建立了社会主义的各项基本制度。同时,不可否认,在中共八大开启的全面建设社会主义时期,由于历史不断前进的惯性作用,加上中国

---

① 《中国共产党章程》,人民出版社2012年版,第1页。
② 《十八大以来重要文献选编》(上),中央文献出版社2014年版,第109页。
③ 《习近平谈治国理政》,外文出版社2014年版,第45页。
④ 这是毛泽东在1954年9月15日中华人民共和国第一届全国人民代表大会第一次会议开幕词"为建设一个伟大的社会主义国家而奋斗"中的重要论断,参见中共中央文献研究室编《毛泽东文集》(第六卷),人民出版社1999年版,第350页。

革命和建设的节节胜利以及中华人民共和国成立后的顺利过渡等,站起来了的中国人民以冲天的干劲、饱满的热情来建设社会主义,但其结果是执政的中国共产党在没有经验而又四面受敌的情况下出现了急于发展自己的社会问题,给新中国的革命与建设事业带来了一些麻烦。党的十一届三中全会后,中国共产党人开始重新审视我国所处的历史方位和基本国情,重新认识和回答了什么是社会主义和如何建设社会主义等等一系列重大理论问题。特别是党的十二大明确提出"中国特色社会主义"这一命题以来,在以经济建设为中心,坚持四项基本原则和坚持改革开放的基本路线指引下,为了继续发展改革开放以来的良好局面,进一步深化改革,并在此基础上寻找一条符合中国国情的有中国特色的社会主义道路。中共十三大明确提出了党在社会主义初级阶段"一个中心,两个基本点"的基本路线,第一次比较系统地阐述了社会主义初级阶段的理论。然而,党的十三大之后,我们党又经受了前所未有的政治考验。国内政治的"小气候"和国际政治风云急剧变化的"大气候"遥相呼应,东欧剧变、苏联解体,"马克思主义过时论""社会主义终结论"甚嚣尘上,中国又一次面临着向何处去的历史选择。正是在这种尖锐、复杂的矛盾面前,中国共产党人沉着应对,作出了一系列重大而正确的决策,并领导全国人民实现了社会稳定、政治稳定和经济发展。1992年10月12—19日,以邓小平"南方谈话"精神为基础,中共十四大在北京召开。大会确立了邓小平建设有中国特色社会主义理论在全党的指导地位,并全面概括了建设有中国特色社会主义理论的主要内容,明确提出了建立社会主义市场经济体制的改革目标,开启了从计划经济体制向社会主义市场经济体制的历史性转变。可以说,如果没有毛泽东思想的正确指导,就没有中国革命的胜利和社会主义制度的确立；如果没有邓小平理论的正确指引，就没有中国特色社会主义道路的开辟。习近平同志指出："中国特色社会主义不是从天上掉下来的，是党和人民历经千辛万苦、付出各种代价取得的根本成就。中国特色社会主义，既是我们必须不断推进的伟大事业，又是我们开辟未来的根本保障。"①

（三）"两个理想"话语权体现的是中国共产党人的精神支柱和政治灵魂

在"走好今天的长征路"这一新的形势下，"远大理想"仍然是中国共产党人的精神支柱和政治灵魂，"共同理想"是保持全党乃至全国各族人民团结统一的思想基础和政治保障。习近平同志指出："革命理想高于天。没有远大理想，不是合格的共产党员；离开现实工作而空谈远大理想，也不是合格的共产党员。"② 在社会主义初级阶段的今天，我们不仅要坚守共产主义远大理想，而且要把中国特色社会主义共同理想在实践中统一起来作为党的建设工作的首要任务，坚定自信，不忘初心，继续前进。

历史的经验和实践告诉我们：没有共产党就没有新中国，只有社会主义才能救中国，只有中国特色社会主义才能发展中国。中国特色社会主义是中国共产党和全国各族人民的共同理想，代表着当代中国发展乃至全人类发展进步的根本方向，是实现社会主义现代化和中华民族伟大复兴中国梦的特定阶段。"我们要坚信，中国特色社会主义道路是实现社会主义现代化的必由之路，是创造人民美好生活的必由之路。"③

简言之，"中国特色社会主义，承载着几代中国共产党人的理想和探

---

① 《习近平在庆祝中国共产党成立95周年大会上的讲话》，人民出版社2016年版，第12页。
② 《十八大以来重要文献选编》（上），中央文献出版社2014年版，第116页。
③ 《习近平在庆祝中国共产党成立95周年大会上的讲话》，人民出版社2016年版，第12页。

索，寄托着无数仁人志士的夙愿和期盼，凝聚着亿万人民的奋斗和牺牲，是近代以来中国社会发展的必然选择"①。我们中国共产党人一定要坚定当下对中国特色社会主义的道路自信、理论自信、制度自信、文化自信，不断凝聚理想信念的强大力量，永做社会主义事业的传承者、建设者、领路人，为最终实现共产主义远大理想、人类社会发展的美好未来和必然趋势——共产主义，打下坚实的基础。

三　中国特色社会主义是中国共产党人为实现共产主义而走出的一条正确道路，是对人类社会发展的伟大贡献

马克思主义在把社会主义由空想变为科学的同时，科学地提示了资本主义产生、发展和必然灭亡的规律，深刻地阐明了社会主义和共产主义必然胜利的人类历史发展的大趋势。然而，马克思、恩格斯说过："在资本主义社会和共产主义社会之间，有一个从前者变为后者的革命转变时期。"② 这个时期被他们称为共产主义的第一阶段或社会主义社会。对此，思想政治理论课还必须讲清楚以下三点。

（一）共产主义是人类社会发展的必然趋势，社会主义是实现共产主义的必经阶段

在社会主义建设事业中，中国共产党人在坚守共产主义远大理想的同时，从实际出发，依据社会主义初级阶段的基本国情，坚持以经济建设为

---

①《习近平在纪念红军长征胜利80周年大会上的讲话》，http://news.xinhuanet.com/2016-10/21/c_1119765804.htm。

②《马克思恩格斯选集》（第3卷），人民出版社1995年版，第314页。

中心，坚持"四项基本原则"之立国之本，坚持改革开放之强国之路，走出了一条中国特色社会主义的正确发展道路，不仅坚持和发展了社会主义，而且为实现共产主义这一人类社会发展的必然趋势作出了伟大贡献，奠定了"转变"的初步基础。

早在《黑格尔法哲学批判》一文中，马克思就从现实的人出发来研究历史哲学，并在深刻批判黑格尔国家学说的同时，提出了家庭和市民社会决定着国家政治、私有财产决定着国家制度和立法的观点。马克思以这一理论观点为基石，首次明确地将人类社会划分为古代时期、中世纪的专制时期、人获得政治"解放"的现时代和真正民主制度时期，并初步对各个历史时期的基本特征进行了阐述。在《德意志意识形态》一文中，以分工和分配为依据，马克思、恩格斯又进一步阐明了所有制形态演变的顺序，即"部落所有制""古代公社所有制和国家所有制"、中世纪"封建的或等级的所有制"、现代"纯粹私有制"以及人类社会发展的趋势"无产阶级的占有制"。在《雇佣劳动与资本》一文中，马克思还非常明确地提出了"古典古代社会、封建社会和资产阶级社会"依次更替的思想观点，并在《〈政治经济学〉序言》中，将经济社会形态具体划分为："亚细亚的、古代的、封建的和现代资产阶级的生产方式可以看作经济的社会形态演进的几个时代。"马克思晚年又通过对原始社会的深入研究，进一步丰富和发展了《政治经济学批判（1857—1858年手稿）》对亚细亚的、古典古代的、日耳曼的三种所有制原始形式的思想认识，阐明了私有制产生的原因、过程，并进而揭示了人类社会发展的客观规律——原始社会、古典古代社会、封建社会、资产阶级社会和共产主义社会。社会主义由空想变为科学。邓小平在其著名的"南方谈话"中指出:"我坚信,世界上赞成马克思主义的人会多起来的,因为马克思主义揭示了人类社会发展的规律。"① 毛泽东也曾说过:"社会主义制度终究要代替资本主义制度,这是一个不以人们的意志为转移的客观规律。"②

(二)中国特色社会主义是社会主义的初级阶段,至少需要上百年的时间来得到充分发展

任何一个新生事物的出现都不是一帆风顺的,也不可能一蹴而就。"从资本主义过渡到社会主义,再过渡到共产主义,这是建立新的经济、新的生产关系的一个复杂而长期的过程,这个过程包含着新的社会经济制度发展和形成的各个不同阶段。"然而,基于"苏联人民已经进入完成社会主义建设和逐步向共产主义过渡的时代"③的认识误区,社会主义共产主义事业的发展也曾走过弯路。邓小平曾经说过:"我们搞社会主义才几十年,还处在初级阶段。巩固和发展社会主义制度,还需要一个很长的历史阶段,需要我们几代人、十几代人甚至几十代人坚持不懈地努力奋斗,决不能掉以轻心。"④邓小平认为:"封建社会代替奴隶社会、资本主义代替封建主义,社会主义经历一个长过程发展必然代替资本主义。这是社会历史发展不可逆转的总趋势,但道路是曲折的。"⑤[20]

在血与火的磨砺中,在风和雨的洗礼中,在新的长征路上,一代代中国共产党人,不忘初心,不断探索,追寻着社会和谐的民族梦想,写下了

---

① 《邓小平文选》(第3卷),人民出版社1993年版,第382页。
② 同上书,第315页。
③ 《简明哲学辞典》,人民出版社1958年版,第269—270页。
④ 《邓小平文选》(第3卷),人民出版社1993年版,第380页。
⑤ 同上书,第382页。

中国革命和中国特色社会主义建设的辉煌诗篇。以毛泽东同志为核心的党的第一代中央领导集体，将马列主义普遍原理与中国实际相结合，对中国革命和社会主义现代化建设的重大问题进行了开创性的探索和实践，明确提出了四个现代化的宏伟目标；以邓小平同志为核心的党的第二代中央领导集体，深刻总结新中国成立以来正反两方面的经验，创造性地提出了"建设有中国特色社会主义"的历史命题，开辟了建设中国特色社会主义的新道路。

（三）资本主义必然灭亡，共产主义必然胜利

我们要坚信，人类社会发展的客观规律不会变，它是不以人的意志为转移的。从这一角度来看，我们的制度选择和前进方向已经走在了人类社会发展的前沿，且在资本主义和社会主义两制并存的当下，逐步呈现出自身的优越性和强大的生命力。但不可否认，资本主义的产生也曾极大地解放了被封建社会所束缚的社会生产力，并使之得到了前所未有的巨大发展，是历史的进步。特别是第二次世界大战以来，资本主义通过采取自我调节等手段似乎进入一个长期繁荣的发展阶段。但是，资本主义私有制与社会化大生产之间的根本矛盾，仍然无法解决。资本主义必然灭亡的大趋势不会改变。

因此，思想政治理论课教学必须把"两个理想"话语权纳入教育教学的首要任务并贯穿于全部课程教学的始终，讲清楚马克思主义揭示的共产主义是人类社会发展客观规律的最终指向和必然趋势；讲清楚中国特色社会主义共同理想是共产主义远大理想的有机组成部分，二者具有相互联系的内在统一性；讲清楚共产主义远大理想的实现需要"社会主义社会的充

分发展和高度发达",而中国特色社会主义是社会主义在中国发展的初级阶段和特定时期,我们的制度选择和前进方向已经走在了人类社会发展的前沿。

综上所述,"理想因其远大而为理想,信念因其执着而为信念"。中国共产党必须坚定不移地站在时代潮流的前列,"自觉做共产主义远大理想和中国特色社会主义共同理想的坚定信仰者、忠实实践者,在全面建设小康社会、实现中华民族伟大复兴中国梦的历史进程中充分发挥先锋模范作用"①,团结和带领全国各族人民,实现推进现代化建设、完成祖国统一、维护世界和平与促进共同发展这三大历史任务,这是历史和时代赋予中国共产党的庄严使命,必将对人类社会的发展和共产主义的实现作出伟大贡献。

[原载《聊城大学学报》(社会科学版)2017年第6期]

---

① 《习近平在庆祝中国共产党成立95周年大会上的讲话》,人民出版社2016年版,第12页。

习近平关于青年教育重要论述的主体结构与内在逻辑[*]

李士峰[**]

中国共产党自成立起始终高度重视青年和青年工作,形成了引领青年、服务青年、依靠青年的优良传统。党的十八大以来,习近平关于治国理政的一系列重要论述中蕴含着丰富的关于青年教育和青年成长的新思想、新观点和新论断,并基于新的时代条件和新的国际国内形势提出了诸多新要求,形成了以青年教育目标、教育内容、教育方式、教育路径等为主体的思路清晰而又逻辑严密的青年教育思想体系。全面总结习近平关于青年教育的重要论述,对于马克思主义青年理论的发展、做好当前青年工作、促进青年健康成长、推动中国特色社会主义建设事业都具有重要的指导意义。下面对思想体系主体的四部分分别予以论述。

---

* 基金项目:山东省社会科学规划研究项目"习近平青年思想研究"(批准号:15CKSJ01)阶段性成果。

** 李士峰(1981—),男,山东高唐县人,法学博士,聊城大学政治与公共管理学院副教授,研究方向为马克思主义基本理论、思想政治教育。

一 教育目标上，强调以"中国梦"引导青年，注重以"理想信念"激励青年

党的十八大以来，习近平多次参加青年活动，给青年或青年群体写信回信，就青年和青年工作发表讲话，肯定了青年在党和人民事业发展中的生力军地位，赞扬了青年群体在我国革命、建设和改革中发挥的作用，阐明了青年在实现中华民族伟大复兴的中国梦进程中肩负的历史使命，强调了中国共产党始终引领青年、服务青年、依靠青年的光荣传统。习近平在客观认识和准确判断青年的重要地位、历史作用和肩负使命的基础上，着眼于中国特色社会主义建设事业稳步推进和中华民族伟大复兴定位青年教育的目标，强调要引导青年自觉树立为实现中国梦而奋斗的远大理想，注重教育青年自觉坚定中国特色社会主义信念。下面分两部分予以论述。

（一）引导青年自觉为实现中华民族伟大复兴的中国梦而努力奋斗

中华民族伟大复兴的中国梦，既是国家的梦想、民族的梦想，是每一个中国人的梦想，自然也是每一个中国青年的梦想。中国梦的实现需要全体中国人民的努力奋斗，艰辛付出，尤其需要青年一代的积极参与。近代以来，中华民族一批又一批有志青年为实现中国梦贡献了青春力量，取得了一个又一个伟大的成就，推进了实现中国梦的历史进程。人类社会进入21世纪以来，世界多极化、经济全球化向纵深发展，文化多样化、社会信息化趋势更加明显，各国综合国力竞争日趋激烈，人才特别是青年人才在这种激烈竞争中发挥的关键作用不可替代。因此，一个国家、一个民族要在激烈的国际竞争中立于不败之地，要实现自己的发展目标，必然需要积

极培养青年人才、凝聚青年力量、发挥青年的作用。在当前的时代条件和国际环境下，中国的经济社会发展和综合国力提升既面临重大发展机遇、也面临严峻挑战。中国梦的实现迫切需要凝聚青年力量，需要引导当代青年勇敢地担负起时代赋予的历史责任。就此，习近平指出："行百里者半九十。距离实现中华民族伟大复兴的目标越近，我们越不能懈怠、越要加倍努力，越要动员广大青年为之奋斗。"① 在习近平看来，中国梦的实现不仅需要青年的积极参与和主动奉献，而且我们党能否"动员"广大青年为之努力奋斗对于中国梦的实现具有举足轻重的作用。从中国梦实现的高度强调青年教育引导的重要性，要求青年为实现中华民族伟大复兴的中国梦而努力奋斗，这是习近平关于青年教育论述的重要内容，反映了习近平关于青年教育的基本目标。

（二）教育青年坚定理想信念，自觉投身中国特色社会主义建设实践

理想信念对于青年的发展和成长成才具有方向性和决定性的意义。其中，远大理想是指引青年人生发展的灯塔，确保青年正确的人生方向；坚定的人生信念，是引领青年持之以恒努力奋斗的旗帜，确保青年实现高尚的人生发展目标。而且青年是祖国的希望，也是民族发展的依靠力量，这就决定了对青年进行理想信念教育，不仅关系着青年个体人生发展的基本方向，而且关系着中国特色社会主义建设事业的成败。也就是说，理想信念教育对青年健康成长、对中国特色社会主义建设事业的稳步推进都具有重要意义。广大青年只有自觉树立为实现中国梦而努力奋斗的远大理想，

---

① 习近平：《青年要自觉践行社会主义核心价值观——在北京大学师生座谈会上的讲话》，《人民日报》2014年5月5日。

自觉坚定中国特色社会主义信念,才能真正做到脚踏实地、坚持不懈、持之以恒地投身中国特色社会主义建设实践,这是推动实现中国梦的必然要求。关于当代青年的理想信念教育,习近平明确指出:"中国梦是全国各族人民的共同理想,也是青年一代应该牢固树立的远大理想。中国特色社会主义是我们党带领人民历经千辛万苦找到的实现中国梦的正确道路,也是广大青年应该牢固确立的人生信念。"[1] 这实际上是对青年成长和青年教育工作的明确要求:教育引导广大青年自觉坚定走中国特色社会主义道路的信念,自觉树立为推动实现中国梦而努力奋斗的远大理想,自觉用马克思主义中国化的最新理论成果武装自己,练就过硬本领,自觉抵制各种消极思想和错误思潮的影响和侵蚀,自觉坚定为中国特色社会主义建设事业贡献青春力量的决心和信心,努力成为中华民族伟大复兴的中国梦的实践者和推动者。

二 教育内容上,强调以"社会主义核心价值观"武装青年,注重以"中华优秀传统文化"塑造青年

习近平既强调了青年教育的方向和目标,也对教育的基本内容提出了要求:以社会主义核心价值观武装青年,这是培养中国特色社会主义建设事业的合格建设者和可靠接班人的必然要求;充分挖掘传统文化资源,让中华优秀传统文化在青年群体中得以传承和发展,用优秀传统文化塑造青年,这是提升青年综合素质、增强青年教育工作实效的重要保证。下面分两部分予论述。

---

[1] 习近平:《在同各界优秀青年代表座谈时的讲话》,《人民日报》2013年5月5日。

（一）对青年进行社会主义核心价值观教育

党的十八大报告对社会主义核心价值观的基本内容作了高度概括和凝练，即"倡导富强、民主、文明、和谐，倡导自由、平等、公正、法治，倡导爱国、敬业、诚信、友善"①。这个概括明确了国家、社会及公民个人三个层面的基本价值准则，为全社会的价值观教育指明了方向。由于青年思想特点、历史地位和肩负使命的特殊性，对青年一代进行社会主义核心价值观教育意义重大，这不仅关系着民族的未来发展和民族凝聚力的强弱，也关系着我们在世界范围内的思想文化交流交融交锋的复杂斗争中，能否形成思想文化优势、占据主动地位，进而关系着中国梦能否实现。党的十八大以来，习近平关于青年和青年工作的一系列重要论述，科学全面地回答了青年一代培育和践行社会主义核心价值观的重要意义、基本要求和主要途径等问题。具体说来有三点：其一，青年成长规律、思想特点及其历史地位决定了培育和树立社会主义核心价值观的特殊意义。青年时期是一个人世界观、价值观、人生观形成的时期，极易受到外部环境以及各种社会思潮、思想观点、价值观念的影响，对青年进行社会主义核心价值观的教育和引导正当其时，它直接关系着我们整个社会未来的价值取向。习近平以"扣好人生第一粒扣子"的例子极为形象地说明了青年树立社会主义核心价值观的特殊意义。他指出，青年的价值取向决定了未来整个社会的价值取向，对青年进行社会主义核心价值观的教育"就像穿衣服扣扣子一样，如果第一粒扣子扣错了，剩

---

① 胡锦涛：《坚定不移沿着中国特色社会主义道路前进 为全面建成小康社会而奋斗——在中国共产党第十八次全国代表大会上的报告》，人民出版社2012年版，第31—32页。

余的扣子都会扣错。人生的扣子从一开始就要扣好"①。可以看出，习近平关于青年价值观教育的基本思想既立足于青年的成长规律和思想特点，又着眼于国家的未来和民族的发展。其二，关于青年培育和践行社会主义核心价值观的基本要求，习近平强调广大青年既要严格要求自己，从自身做起，自觉以社会主义核心价值观指导自己的行动，又要发挥模范带头作用，积极弘扬社会主义核心价值观，做践行社会主义核心价值观的先行者、引领者和示范者。其三，关于青年树立和培育社会主义核心价值观的途径方法，习近平明确提出了"勤学""修德""明辨""笃实"的"八字真经"要求，这对于青年自觉树立和践行社会主义核心价值观、对于青年的成长成才具有全面而深刻的指导意义。其中，勤学是青年树立和践行社会主义核心价值观的基础，修德确保青年人生发展的正确方向，明辨是青年健康成长的关键所在，笃实是青年全面成才的重要保障。

（二）发挥中华优秀传统文化在青年教育培养中的作用

习近平高度重视中华传统文化的继承、转化和创新，主张全党全社会都要学习中华优秀传统文化，领会掌握传统文化的思想精华，不断增强文化自信，做中华优秀传统文化的继承者、传播者和创新者。习近平关于如何对待中华优秀传统文化、如何发挥传统文化作用的一系列重要论述，反映了其治国理政的基本思路和重要举措，体现了提升国家文化软实力的客观要求，这自然也蕴含着对青年教育和做好青年工作的基本要求。细说起来，有以下三点：其一，习近平明确阐释了中华优秀传统

---

① 习近平：《青年要自觉践行社会主义核心价值观——在北京大学师生座谈会上的讲话》，《人民日报》2014年5月5日。

文化的当代价值。习近平指出，优秀传统文化是中华民族的宝贵财富，在当今时代仍然是推进改革开放、推进中国特色社会主义建设事业、推动实现中国梦的强大精神武器，也是提升国家文化软实力、综合竞争力和国际影响力的内在力量源泉。青年是国家和民族未来的建设者、主导者。因而，发挥中华优秀传统文化在青年教育培养中的作用，用优秀传统文化塑造青年，引导青年继承、弘扬和创新传统文化就具有了特殊而深远的意义。其二，习近平充分肯定了中华传统文化对于社会主义道德建设的重要意义，主张继承中华传统美德，特别要坚持继承和创新的双重视角对待优秀传统文化。习近平要求包括广大青年在内的中华民族的每一份子都要继承和弘扬中华传统美德。其三，习近平充分肯定了中华优秀传统文化对于培育和树立社会主义核心价值观的重要作用，主张从中华优秀传统文化中汲取营养，立足中华优秀传统文化培育和弘扬社会主义核心价值观。这是因为，利用好、发挥好中华优秀传统文化对青年的"熏陶"和"塑造"作用，有助于青年群体形成正确的世界观、人生观和价值观，有助于青年的健康成长和全面成才。习近平曾就青年的传统文化教育作出明确指示。2014年9月9日，第30个教师节来临之际，习近平到北京师范大学看望一线教师，他在同师生交流时指出，应该把古代经典"嵌在学生的脑子里，成为中华民族的文化基因"[①]。习近平这一指示为青年学生的传统文化教育指明了方向。可以看出，引导广大青年学习中华传统文化、掌握传统文化的思想精华、增强文化自信是习近平对青年和青年教育工作的基本要求和殷切期望。

---

① 习近平：《不赞成课本去掉古代经典诗词》，《新京报》2014年9月10日。

三　教育方式上，强调以"有理想、有担当"鼓舞青年，注重以"模范人物"带动青年

习近平高度重视青年一代使命感和责任感的教育和培养。通过培养、提升青年的历史使命感和社会责任感，推动青年健康成长、全面成才，增强青年教育工作的实效性，是习近平关于青年教育的重要方式方法。习近平一方面特别强调要培养青年的历史使命感和社会责任感，鼓舞青年成为"有理想、有担当"的青年一代，另一方面又极为重视青年身边"榜样的力量"，注重发挥中国特色社会主义建设进程中涌现出的"模范人物"对青年的带动作用。下面分两部分论述。

（一）教育青年成为"有理想、有担当"的一代

党的十八大以来，习近平多次强调，青年"有理想、有担当"，切实担负起时代赋予的历史责任，是中国特色社会主义建设事业后继有人的重要保证，是实现中华民族伟大复兴中国梦的源源不断的强大力量，关系着国家的未来和民族的发展。近年来，一批批青年大学生和志愿者响应党和国家的号召，心怀远大理想，勇于承担历史责任，或深入基层，走进社区，利用所学的理论知识服务基层、回报社会；或主动选择到祖国的西部艰苦地区奉献青春力量，为西部建设作出了重要贡献。习近平对当代青年这种坚持高扬理想、牢记使命、勇于承担社会责任的精神给予高度赞扬，并多次通过参加青年活动发表讲话、同青年座谈以及信件等各种形式鼓励他们为实现中国梦作出更大的贡献，同时鼓励更多的有志青年要树立远大理想、勇于承担起青年人肩负的社会责任，努力成为"有理想、有担当"

的青年一代。2013年12月5日，第28个国际志愿者日到来之际，习近平给华中农业大学"本禹志愿服务队"回信，高度赞扬了"本禹志愿服务队"的同学们"走进西部，走进社区，走进农村，用知识和爱心热情服务需要帮助的困难群众"的先进事迹，对同学们"服务他人、奉献社会"的人生目标"感到十分欣慰"。习近平在回信中要求"本禹志愿服务队"和全体青年志愿者"坚持与祖国同行、为人民奉献，以青春梦想、用实际行动为实现中国梦作出新的更大贡献"①。这是习近平对青年志愿者的要求，也是对全体青年的殷切期望，反映了习近平关于青年教育成长的基本思想。2003年，共青团中央和教育部组织实施了大学生志愿服务西部计划。此后，全国近20万名应届大学毕业生陆续参加西部计划、选择到祖国西部基层开展志愿服务工作，一大批西部计划志愿者服务期满后选择留在西部，继续为西部经济社会发展做贡献。这些青年志愿者成为"有理想、有担当"青年的典型代表。2014年"五四"青年节前夕，习近平给河北保定学院奔赴西部支教的毕业生群体代表回信，高度赞扬了西部志愿者群体敢于吃苦、勇于担责、勤于奉献的优秀品质。习近平结合自身工作生活经历，满怀深情地指出："我在西部地区生活过，深知那里的孩子渴求知识，那里的发展需要人才。"他对奔赴西部的青年志愿者"有理想、有担当"的英勇事迹及其为西部发展所做的贡献给予充分肯定，习近平说："多年来，一批批有理想、有担当的青年……在西部地区辛勤耕耘、默默奉献，为当地经济社会发展、民族团结进步作出了贡献。"② 习近平勉励更多的青年人要牢记使命，勇于肩负起青年人的社会责

---

① 习近平：《给华中农业大学"本禹志愿服务队"回信》，《人民日报》2013年12月6日。
② 习近平：《给河北保定学院西部支教毕业生群体代表回信》，《人民日报》2014年5月4日。

任,主动到基层、到祖国和人民最需要的地方建功立业,做"有理想、有担当"的青年人。

(二)发挥"模范人物"对青年的带动作用

青年人富有朝气和活力,思维活跃,思想更为开放,能够较快地接受新鲜事物,富有开拓创新精神等。但是,青年人的这种思想、心理特点同时决定了他们的成长更容易受到外界的"干扰",更容易被不同人物言行和外部环境所"影响"。这就需要对青年群体加强思想引导,既要用先进思想理论武装青年,又要注重发挥身边先进模范人物对青年的"影响"作用。习近平特别敏锐地注意到青年人的这种特点,多次强调发挥青年身边"模范人物"对青年的带动作用,引领青年自觉践行社会主义核心价值观,逐步成长为对社会有用的人,争做中国特色社会主义事业的合格建设者和可靠接班人。为此,习近平对青年群体和青年身边"模范人物"都提出了明确要求。习近平要求青年身边"模范人物"要牢记肩负的社会责任,时刻严格要求自己,谨言慎行,用自己的实际行动、先进事迹"影响"广大青年、"带动"广大青年,做好引领广大青年健康成长、全面成才的"表率",不辜负国家、社会和广大群众的期望。同时,习近平要求广大青少年要主动向身边"模范人物"学习,自觉向先进典型看齐,做积极进取、向上向善的青年人。此外,习近平还提出了"道德模范是社会道德建设的重要旗帜"这一观点,要求全社会都要学习宣传"道德模范"先进事迹,激励引领人民群众"崇德向善",为经济社会发展、国家富强、民族复兴凝聚"精神力量"和"道德支撑"[①]。可见,在全社会形成学习道德模范

---

① 《习近平谈治国理政》编辑组:《习近平谈治国理政》,外文出版社2014年版,第158页。

的良好氛围，使包括广大青年在内的人民群众"见贤思齐"，凝聚传播正能量，提升全社会思想道德建设水平，推动社会全面进步，反映了习近平关于思想道德建设的基本思想，也蕴含着习近平坚持以"模范人物"带动青年健康成长、全面成才的基本观点。

四 教育路径上，强调以"知行合一"检验青年，注重以"埋头苦干"要求青年

实践是知识的源泉，也是检验真理的唯一标准。青年面临的首要任务是学习，而这种学习不仅仅是向书本学习和单纯的理论学习，还要主动向实践学习，自觉接受实践锻炼和实践检验。原因有二：其一，投身社会实践能够使青年的所学、所想、所思接受检验，进而使青年学习和掌握的理论知识转化为内在的素质和能力。其二，青年只有积极走进社会、深入基层、参加实践，才能认识社会、了解社会并利用所学服务社会、回报社会。习近平多次强调参加社会实践对青年成长成才的重要意义，注重提升实践育人效果。习近平主张，要引导青年接受实践磨炼，这是检验青年和青年工作的一个重要途径；同时要紧紧依靠青年，要求青年在工作实践中立足本职、埋头苦干、勇于创新、甘于奉献，这是推动中国梦得以实现的力量保证。下面分两点予以论述。

（一）引导青年投身社会实践，自觉做到"知行合一"

青年的成长和进步、青年教育工作的成效、青年作用的发挥，最终要体现在青年的实际行动上。在实践中学习，接受实践磨炼，是青年健康成长、提升自身素质和能力的必经阶段，是青年教育工作取得实效、确保青

年正确人生发展方向的重要载体,也是发挥青年作用、为中国特色社会主义建设事业凝聚青春力量的必然途径。具体说来有三点:其一,习近平要求青年"知行合一",学以致用,以用促学,主动到"社会"这个"大学校"锻炼提升,在投身中国特色社会主义建设实践、服务社会中练就过硬本领。在习近平看来,当代青年坚持学用结合,将所学理论知识运用于服务基层、服务群众的伟大实践,才能掌握真才实学,逐步成长为中国特色社会主义建设事业的合格建设者和可靠接班人。其二,习近平要求广大青年要注重道德实践,在服务人民的实践中提升自身道德素养:要树立远大理想,确立服务祖国、服务人民的人生目标,自觉将个人的梦想同祖国和人民的需要结合起来,在走进社会、深入基层、服务群众、报效祖国的具体实践中提升自身道德素养,实现自己的人生价值。其三,广大青年要在社会实践中使社会主义核心价值观成为自觉行动。青年价值观的形成以及核心价值观的养成,不可能在较短的时间内得以实现,需要在社会实践中点滴积累,需要对青年的日常行为进行引导,进而形成具有约束力的行为准则,使社会主义核心价值观化为青年的自觉行动。正如习近平指出的:"道不可坐论,德不能空谈。于实处用力,从知行合一上下功夫,核心价值观才能内化为人们的精神追求,外化为人们的自觉行动。"[1] 习近平的重要论述对青年和青年教育提出了明确要求:引导青年自觉接受实践检验,经历工作岗位磨砺,在扎扎实实的实践锻炼中使社会主义核心价值观内化于心、外化于行,真正成为青年的自觉行动。

---

[1] 习近平:《青年要自觉践行社会主义核心价值观——在北京大学师生座谈会上的讲话》,《人民日报》2014年5月5日。

（二）要求青年在平凡工作岗位上"埋头苦干"，在艰苦环境中甘于奉献

任何梦想的实现，都不是轻而易举的事情，更不可能一蹴而就；而是需要追逐梦想的人持之以恒的辛勤付出，需要坚持不懈的努力奋斗。中华民族伟大复兴的中国梦的实现也是如此。习近平要求广大青年既要树立为实现中国梦而努力奋斗的远大理想，更要脚踏实地、埋头苦干、甘于奉献，在追逐中国梦的历史进程中用自己的辛勤劳动和努力付出来成就青春梦想。党的十八大以来，习近平多次给扎根基层的先进青年群体或青年个人写信回信，赞扬他们立足本职、埋头苦干，在艰苦环境中勇于奉献的可贵品质，同时勉励更多的青年人要踏踏实实工作，努力做好每一件"小事"，要敢于面对困难，在平凡岗位、艰苦环境中作出不平凡的业绩，为祖国、为民族、为人民贡献青春力量。例如2014年1月，习近平给身患重病但仍不忘本职工作的大学生村干部张广秀回信，高度赞扬了以张广秀为代表的数十万大学生村官在农村基层的辛勤付出和重要贡献。2016年7月1日，习近平在庆祝中国共产党成立95周年大会上对全国广大青年提出了明确要求："坚定不移跟着中国共产党走，勇做走在时代前列的奋进者、开拓者、奉献者，让青春在为祖国、为人民、为民族的奉献中焕发出绚丽光彩。"[①] 可见，教育青年扎根基层、立足本职、埋头苦干，鼓励青年勇于走在时代前列、敢于创新、甘于奉献，体现了习近平关于青年教育成长路径的基本思想。

---

① 习近平：《在庆祝中国共产党成立95周年大会上的讲话》，《人民日报》2016年7月2日。

结 语

综上所述，在习近平关于青年教育和青年成长的基本目标、主要内容、重要方法和基本途径等方面的重要论述中，教育目标规定了青年教育和青年成长的基本方向，教育内容反映了时代、国家、民族对青年素质和能力的基本要求，教育方式体现了青年的成长规律和思想特点，教育路径展示了青年作为中国特色社会主义建设事业生力军的地位。具体而言，教育青年坚定理想信念，自觉投身中国特色社会主义建设实践，是习近平关于青年教育重要论述的逻辑起点；引导青年自觉为实现中华民族伟大复兴的中国梦而努力奋斗是习近平关于青年教育重要论述的理论归宿；对青年进行社会主义核心价值观教育反映了习近平青年教育思想的价值指向；发挥中华优秀传统文化在青年教育培养中的作用体现了习近平关于青年教育论述的民族风格；教育青年成为"有理想、有担当"的青年一代反映了习近平关于青年教育重要论述的基本立足点；发挥"模范人物"对青年的带头作用体现了习近平关于青年教育重要论述的时代特色；引导青年投身社会实践、自觉做到"知行合一"反映了习近平关于青年教育重要论述的实践特性；要求青年在平凡工作岗位上"埋头苦干"，在艰苦环境中甘于奉献体现了习近平关于青年教育重要论述的关键点。

习近平关于青年教育重要论述体现了马克思主义青年理论中国化的最

新理论成果，也是对中国特色社会主义理论体系的丰富和发展。全面梳理习近平关于青年教育重要论述，系统分析把握其主体结构和内在逻辑，有助于马克思主义青年理论的丰富和发展，有助于推动当前的青年工作、促进青年健康成长和全面发展，有助于为中国特色社会主义建设事业凝聚青春力量，推动中华民族伟大复兴的中国梦的实现。

（原载《理论导刊》2017年第2期）

执政党建设

论正确树立马克思主义民主观[*]

孙德海[**]

长期以来,西式自由民主时常被一些人冠以普世价值,并被当作民主的唯一模式,成为广大发展中国家在民主化进程中效仿的样板。但事与愿违,自美国日裔政治学家弗朗西斯·福山于 1989 年末提出"民主终结论"后的 20 多年来,一直占据道德制高点的西式自由民主模式给很多发展中国家人民带来的并非福祉,而是至今难以扶平的内乱,甚至是亡党亡国的恶果。显然,造成这一状况的因素固然很多,但"其中一个重要原因就是世人对民主理论,具体而言就是……民主模式的肤浅认识有关。世界政治的一个重大教训是,理论的大错误可以招致实践的大灾

---

[*] 基金项目:教育部人文社会科学研究专项任务项目(中国特色社会主义理论体系研究)"中国特色社会主义协商民主理论体系建构研究"(16JD710028)和山东省社会科学规划研究重点项目"中国特色协商民主发展理路与制度创新研究"(14BZZJ01)阶段性成果。

[**] 孙德海(1968—),男,山东菏泽人,法学博士,聊城大学政治与公共管理学院党总支书记、副教授,山东省中外社会主义比较研究基地研究员,主要从事马克思主义原理和协商民主理论研究。

难"①。与这些国家形成鲜明对照的是，一直以来，"从不迷信西式民主的中国可能是唯一的例外，'中国模式'在全球性的寒冬中依然傲立枝头，一花独放"②。特别是最近几十年来，中国的快速发展不仅引起全球的广泛聚焦，而且被人们称为"中国道路""中国模式"和"中国经验"。究其原因，最根本的是我们在发展民主的过程中，既没有随波逐流，也没有裹步不前，而是以马克思主义的民主观为指导，在全面把握民主发展一般规律和内在逻辑的基础上，自觉从中国独特的文化传统、独特的历史条件和独特的基本国情出发，始终坚持人民民主价值取向和人民主体实践路径。因此，在实现中华民族伟大复兴中国梦的历史进程中，时刻铭记马克思关于"全部问题就在于确定民主的真正意义"的告诫，深刻理解马克思主义民主观的科学内涵和精神实质，对于我们在全球日趋激烈的"民主冲突"中掌握主导权，不断增强发展中国特色民主模式——人民民主的道路自信、理论自信、制度自信和文化自信具有十分重要的意义。下面从三个方面予以论述。

一 民主的本质内涵：人民主权

民主是全人类共同追求的价值目标。自人类产生共同体以来，民主就作为人之为人的一种生活方式，在历史上被人们广为追求和探索。但由于人类政治生活本身的历史性、复杂性和多样性，千百年来，理论上对于什么是民主的追问，一直是政治思想家争论不休的焦点话题；实践中对于各自民主模式优劣的论争，则始终是主权国家相互责难的政治筹码，结果造

---

① 杨光斌：《从国际政治比较看"治理民主"的优势——基于一些国家的民主政治演变为政治冲突之思考》，《北京日报》2015 年 6 月 15 日。
② 陈曙光：《论马克思主义民主观》，《马克思主义研究》2015 年第 5 期。

成"民主的冲突"在当今世界愈演愈烈。历史和现实都表明,虽然人人都向往民主,但不同阶级和时空的人们对民主内涵与本质的理解和认识却众说纷纭、莫衷一是,尤其是各个民族和国家在实行民主政治的类型和形式上更是复杂多样、千差万别,并由此导致古今中外各种民主理论的鱼龙混杂和乱象丛生。显而易见,尽管"民主是个好东西",但究竟何谓民主、民主意欲何为,依然是一个悬而未决的时代命题。

因此,要发展民主,建设民主政治,绝不能人云亦云,盲目迷从,而必须首先搞清什么是民主、为什么要发展民主这样的基本问题。正如马克思所言:"全部问题就在于确定民主的真正意义。如果这一点我们做到了,我们就能对付民主,否则我们就会失败。"① 也就是说,正确理解和把握民主的本质与内涵,对于马克思主义者来讲,是一个不能回避并且必须明晰的首要问题。

追根溯源,如果从词源学的角度考察,"民主"概念形成于公元前5世纪,最早出现于古希腊文中,源自古希腊语 demos(人民)和 kratos(统治)两个字词的组合,基本含义为"人民的权力"或"人民的统治"。古希腊历史学家希罗多德在其著作《历史》一书中,曾把古希腊城邦国家——雅典实行的公民共同讨论和决定公共事务的集会活动称之为民主政体;雅典著名政治家伯里克利也说过,我们的制度之所以被称为民主政体,是因为权力掌握在大多数人手中,而不是掌握在少数人手中。目前,中外政治学者普遍认为古希腊时期雅典人实行的这种城邦民主形式是人类文明史上民主政体的起源和雏形。但不幸的是,这种民主政体沿续几个世纪后,就由于外敌入侵和战争的破坏,而被异族暴政统治和尔后的封建专

---

① 《马克思恩格斯全集》第10卷,人民出版社1998年版,第315页。

制政体所取代。后来，随着社会历史的演进，到欧洲中世纪后期，特别是自近代以来，以英国的洛克、密尔和法国的孟德斯鸠、卢梭等人为代表的西方思想家，在批判欧洲封建统治阶级的神权、王权和等级特权的资产阶级思想启蒙运动中，不仅承袭了古希腊时期的民主观念，而且从抽象的人性论出发，大力宣扬"天赋人权""个性自由"和"社会契约"等主张和学说，认为政府的权力应当来自人民的授权，并用以反对封建专制和君主政体。这一时期，影响较大的是卢梭在其《社会契约论》一书中提出的著名的人民主权原则，他认为民主即公意的运用，公意就是人民共同体的意志，所以国家的权力属于人民。正是在上述思想家的影响下，在此后的几百年间，又经过一代代西方思想理论家的精心建构、补充和不断发展，从而形成了后来在西方资产阶级革命中发挥了巨大历史作用的基于个人权利至上的自由主义民主理论，特别是经过约瑟夫·熊彼特、乔万尼·萨托利等人的加工和改造，民主的本质逐步被固化和演绎为政治精英争取人民的选票来获得作出政治决定权力的方法，从而进一步巩固了目前在西方国家占统治地位的以选举为核心要义的代议制民主制度。

与历史上唯心主义哲学家从绝对理性出发和资产阶级思想家从抽象人性论出发阐述民主的实质与内涵不同的是，马克思立足社会发展的实际，从其创立的新的唯物史观出发，在批判继承过去各种民主观的基础上，进一步深化了对人民主权内涵与本质的认识。马克思认为"平等观念本身是一种历史的产物，这个观念的形成，需要全部以往的历史，因此它不是自古以来就作为真理而存在的。现在，在大多数人看来，它在原则上是不言而喻的，这不是由于它具有公理的性质"[1]，而是始终取决

---

[1] 《马克思恩格斯文集》第9卷，人民出版社2009年版，第355页。

于它所处的历史条件。为此，他曾深刻批判了黑格尔从绝对精神出发而阐发的民主观，"黑格尔认为民主要素只有作为形式的要素才能纳入国家机体，因为国家机体无非是国家的形式主义而已。确切地说，民主要素应当成为在整个国家机体中创立自己的合乎理性的形式的现实要素"①。这样，马克思就从根本上剥去了唯心主义思想家凭空附加给民主的虚无缥缈成分，从而把民主建立在唯物主义的坚实基础之上，成为人们看得见、摸得着的现实中的权利。

在此基础上，马克思又通过全面论述国家与人民之间的关系，从而深刻揭示了人类民主政治的本质。他指出："民主制独有的特点是：国家制度在这里毕竟只是人民的一个定在环节，政治制度本身并不构成国家……不是国家制度创造人民，而是人民创造国家制度。"② 这就是说，国家权力来自人民，是人民意愿的体现而不是相反。那么，"人们是否有权来为自己建立新的国家制度呢"？马克思对此作了明确的论断："对这个问题的回答应该是绝对肯定的，因为国家制度一旦不再是人民意志的现实表现，它就变成了事实上的幻想。"③ 由此可见，马克思主义认为，民主政治的核心要义是人民是国家的主人，从根本上讲，是人民创造国家制度而不是相反。

列宁作为马克思主义的坚定信仰者，在领导俄国工人阶级革命和建立工农联盟政权的整个历史过程中，不仅继承了马克思恩格斯关于人民创造国家制度的思想，而且始终认为苏维埃民主"就是全体居民群众真正平等

---

① 《马克思恩格斯全集》第 3 卷，人民出版社 2002 年版，第 144 页。
② 同上书，第 40 页。
③ 同上书，第 73 页。

地、真正普遍地参与一切国家事务"①,从而进一步发展了马克思主义的民主政治观。

由此可见,马克思主义认为,民主的本质就是人民主权,即人民是国家的主人。马克思主义经典作家关于民主本质的科学界定,不仅为工人阶级和劳动人民争取解放、维护权力指明了目标和方向,而且为马克思主义政党领导人民建立真正体现人民意志、实现人民当家作主的国家政权和政治制度奠定了坚实的理论基础。中国共产党作为用马克思列宁主义武装起来的先进政治组织,从成立之日起就自觉把马克思主义的民主政治理论和中国人民的解放斗争结合起来,时刻牢记自己的工人阶级先锋队性质和历史使命,始终坚持人民主体地位,不断探索能够有效实现人民民主的路径和方法,从而赢得了最广大人民群众的支持和拥护。

二 民主的表现形式:国家形态

马克思、恩格斯在创立科学社会主义的过程中,特别是在亲身参加工人阶级反对资本家的斗争实践中,通过对资产阶级国家对待工人阶级与劳苦大众的实际态度的考察发现,资产阶级一贯宣扬的自由、平等、人权、民主等口号,只不过是他们欺骗工人阶级和劳苦大众的政治工具。这是因为,在私有制条件下的阶级社会里,一切政治民主只能是少数人的、虚伪的民主,其实质只不过是在经济上占统治地位的阶级对被统治阶级进行奴役的工具。

为此,马克思、恩格斯在全面考察私有制、阶级和国家起源的基础上,深刻指出:"国家内部的一切斗争——民主政体、贵族政体和君主

---

① 《列宁全集》第 28 卷,人民出版社 1990 年版,第 111 页。

政体相互之间的斗争，争取选举权的斗争等等，不过是一些虚幻的形式——普遍的东西一般说来是一种虚幻的共同体的形式——在这些形式下进行着各个不同阶级间的真正的斗争。"① 后来，恩格斯又在总结工人阶级斗争经验的基础上鲜明地指出："国家无非是一个阶级镇压另一个阶级的机器，而且在这一点上民主共和国并不亚于君主国。"② 对于资产阶级代议民主的实质，即使以提出人民主权著称于世的法国启蒙运动思想家卢梭在批判英国的议会制度时也曾一针见血地指出："英国人民自以为是自由的，他们是大错特错了。他们只有在选举国会议员的期间，才是自由的；议员一旦选出之后，他们就是奴隶，他们就等于零了。"③

为进一步揭露资本主义民主制度的虚假本质，马克思、恩格斯在《共产党宣言》明确指出：资产阶级在取得反对封建主义的革命胜利，并建立民主共和国后，"在现代的代议制国家里夺得了独占的政治统治。现代的国家政权不过是管理整个资产阶级的共同事务的委员会罢了"④。也就是说，资产阶级宣扬的所谓普选权其实只是愚弄人民的神话，早已沦为他们手中的玩物，至多是每隔几年让人民在形式上玩一次而已。因此，共产党领导工人斗争的第一步就是要首先争取民主，推翻反动阶级的统治，建立工人阶级自己的政权，使无产阶级上升为统治阶级，从而真正实现人民当家作主。也就是说，"无产阶级革命将建立民主的国家制度，从而直接或间接地建立无产阶级的政治统治"，与此同时，还要"立即利用民主作为手段实行进一步的、直接侵犯私有制和保障无产阶级生存的各种措施"，

---

① 《马克思恩格斯选集》第1卷，人民出版社1995年版，第84页。
② 《马克思恩格斯选集》第3卷，人民出版社1995年版，第13页。
③ ［法］卢梭：《社会契约论》，何兆武译，商务印书馆2003年版，第121页。
④ 《马克思恩格斯选集》第1卷，人民出版社1995年版，第274页。

从而消灭资本主义私有制，建立全体劳动人民占有生产资料的公有制，促进"国家的生产力大大增长"。① 只有这样，才能克服私有制条件下资本与劳动的二元对立，从根本上消灭雇佣劳动，从而把劳动真正建立在自由平等的基础之上，进而实现人的彻底解放。

所以，当法国工人阶级在反对资产阶级的斗争中，于1871年在世界上建立了第一个工人阶级自己的政权组织形式——巴黎公社后，马克思曾热情讴歌了这一新型的无产阶级国家政权形式。他认为："公社的真正秘密就在于：它实质上是工人阶级的政府，是生产者阶级同占有者阶级斗争的产物，是终于发现的可以使劳动在经济上获得解放的政治形式。"② 与此同时，马克思还从人民民主的高度深刻指出：巴黎公社的重大意义在于："它是由人民自己当自己的家"③。后来，由于种种原因，巴黎公社很快就消亡了，但其建立工人阶级自己当家作主政权形式的尝试和努力，为人类留下了弥足宝贵的经验教训。

列宁在领导俄国工人阶级革命的斗争实践中，结合俄国的社会实际，进一步发展了马克思、恩格斯关于民主是一种国家政体的思想。他指出："民主是国家形式，是国家形态的一种。因此，它同任何国家一样，也是有组织有系统地对人们使用暴力，这是一方面。但另一方面，民主意味着在形式上承认公民一律平等，承认大家都有决定国家制度和管理国家的平等权利。"④

特别是在俄国"十月革命"及后来建立无产阶级专政的过程中，列宁

---

① 《马克思恩格斯选集》第1卷，人民出版社1995年版，第239—241页。
② 《马克思恩格斯选集》第3卷，人民出版社1995年版，第58—59页。
③ 《马克思恩格斯全集》第17卷，人民出版社1963年版，第565页。
④ 《列宁选集》第3卷，人民出版社1995年版，第201页。

针对当时党内外一些人把资产阶级民主共和国视为超阶级的"一般民主""纯粹民主",并进而攻击新生的无产阶级政权的各种错误论调,曾针锋相对地指出,任何国家形式都无非是一个阶级镇压另一个阶级的机器,那种企图掩盖资本主义国家的资产阶级专政性质,甚至把其看作超阶级的"普遍民主"或"自由的人民国家"等错误观点,不仅是对群众的政治欺骗①,而且是小资产者的幼稚幻想②。

正是在上述思想的指导下,俄国在世界上建立了第一个真正意义上的以工农联盟为基础的无产阶级专政的社会主义性质的民主国家。列宁认为:俄国建立的无产阶级专政新型政权形式是"以新的民主制代替了资产阶级民主制""这种还有很多混乱和不合理现象的新型民主制,其活的灵魂就是政权转归劳动者,消灭剥削和镇压机关"③。与此同时,为了反击一些人对无产阶级政权的非议,列宁曾理直气壮地回应:"资产阶级及其拥护者责备我们破坏民主。我们说,苏维埃革命推动民主向深度和广度的发展,这在世界上是前所未有的,而且它所推动的正是受资本主义压迫的劳动群众享受的民主,因而是绝大多数人享受的民主,是不同于资产阶级民主(剥削者、资本家、富人的民主)的社会主义民主(劳动人民的民主)。"④ 为了深刻揭示无产阶级专政的性质,列宁还进一步指出:"人民这个大多数享有民主,对人民的剥削者、压迫者实行强力镇压,即把他们排斥于民主之外——这就是民主在从资本主义向共产主义过渡时改变了的形态。"⑤ 正是从这个意义上说,无产阶级专政这种社会主义性质的民主是比资本主义民主更高

---

① 《列宁选集》第3卷,人民出版社1995年版,第600—601页。
② 同上书,第581页。
③ 同上书,第463—464页。
④ 《列宁全集》第37卷,人民出版社1986年版,第280页。
⑤ 《列宁选集》第3卷,人民出版社1995年版,第191页。

类型的民主，是一种人类社会历史上更高级的新型民主。

以毛泽东为代表的中国共产党人在领导中国革命的过程中，始终坚持把马克思主义基本原理与中国革命具体实际相结合，并通过创造性的运用和发展马克思列宁主义关于无产阶级专政的新型民主思想，自觉从中国国情出发，从而独创了具有鲜明中国特色的人民民主专政的新型社会主义政权组织形式。人民民主专政的实质就是在人民内部实行最广泛的民主，在人民外部即对反动阶级和反动势力实行专政，并把二者有机结合起来，从而建立一种新型的民主国家制度，不断为实现社会主义社会和共产主义社会创造条件。毛泽东认为："这就是我们的公式，这就是我们的主要经验，这就是我们的主要纲领。"① 中华人民共和国成立后，特别是改革开放以来，我们党始终坚持人民民主专政的国体和政权性质，并结合实践的发展变化，不断赋予其新的时代内涵，从而保证了我国社会主义现代化事业的顺利进行。

三 民主的基本特征：历史性、具体性和发展性

马克思曾经指出："人是最名副其实的政治动物，不仅是一种合群的动物，而且是只有在社会中才能独立的动物。"② 可见，人区别于动物的最本质区别就在于人是一种自觉存在，即人具有自身的意识、目的和意志，而人类社会作为个人通过交往而形成的集合体，其产生与发展是人类为实现自身有目的活动的产物。也就是说，人只有在一定的社会关系中才能生存与发展，而民主政治作为人类社会关系和政治生活的表现形式，其本身

---

① 《毛泽东选集》第4卷，人民出版社1991年版，第1480页。
② 《马克思恩格斯选集》第2卷，人民出版社1995年版，第2页。

只是一定历史时期社会存在方式和人类生活方式的具体反映。

理论是灰色的,生活之树常青。事实上,古今中外的历史已经充分表明,自人类追求民主政治以来,人们已经花了2500多年的时间去发现、创造和建立某种理想的民主制度,却始终存在着理想与现实、价值与事实、规范与经验之间的张力和距离。究其原因,主要是人类政治生活本身的极其复杂性、系统性和多样性,由此决定了人类实现理想民主制度的艰巨性、多元性和长期性。下面分三部分予以论述。

(一) 民主是历史的而不是抽象的

早在创立新唯物主义之初,马克思就指出"全部社会生活在本质上是实践的"[1]。恩格斯也强调"一切社会变迁和政治变革的终极原因,不应当到人们的头脑中,到人们对永恒的真理和正义的日益增进的认识中去寻找,而应当到生产方式和交换方式的变更中去寻找"[2]。显而易见,民主虽然是人类社会追求的终极价值目标,但其实现不可能一蹴而就,而必须与人类社会的发展阶段相适应,经历一个历史过程。也就是说,科学的唯物史观认为,民主不是人们主观想象的抽象物,而是人类社会上层建筑的组成部分,其具体的实践形式不仅是由一定社会形态的生产方式决定的,而且是为该社会形态的生产方式服务的。关于这一点,列宁曾明确指出:"任何民主,和任何政治上层建筑一样(这种上层建筑在阶级消灭之前,在无阶级的社会建立之前,是必然存在的),归根到底是为生产服务的,并且归根到底是由该社会中的生产关系决定的。"[3] 毛泽东在领导中国革命

---

[1] 《马克思恩格斯选集》第1卷,人民出版社1995年版,第56页。
[2] 《马克思恩格斯选集》第3卷,人民出版社1995年版,第741页。
[3] 《列宁选集》第4卷,人民出版社1995年版,第405页。

和建设的过程中,也自觉坚持马克思主义的历史唯物主义民主观。他指出:"马克思主义告诉我们,民主属于上层建筑,属于政治这个范畴。这就是说,归根结蒂,它是为经济基础服务的。"① 由此可见,从马克思、恩格斯到列宁再到毛泽东,他们都始终如一地认为,民主是一种历史现象,离开一定的经济基础和社会形态空谈民主,是毫无意义和价值的。从人类社会的历史进程看,根本不存在什么普世民主或者抽象民主。正如列宁所言:在现实社会中,人类的民主制度不可能脱离经济基础"单独存在",而是一种"共同存在",它不仅影响经济发展,而且受经济发展程度的制约,"这就是活生生的历史辩证法"②。可见,民主具有历史性,这是马克思主义民主观的一个基本立场。

因此,在实现人民主权的过程中,我们必须遵循民主发展的历史辩证法,从本国的经济发展水平出发,选择和设计适合本国国情的民主实现形式。如果违背民主发展的历史辩证法,必将犯这样或那样的错误,甚至会发生影响全局的错误。君不见,自20世纪70年代以来,一些社会主义国家特别是发展中国家不顾本国的基本国情和发展水平,盲目效仿西方的自由民主制度,都程度不同地出现了"水土不服"的症状,结果造成了政权更迭、经济停滞、社会动荡甚至亡党亡国的恶果。这就从根本上说明了违背民主发展历史辩证法的严重后果,同时以活生生的事实证明了马克思主义关于民主具有历史性观点的正确性。

(二)民主是具体的而不是绝对的

民主的历史性特征决定着民主的具体形式。也就是说,由于民主属

---

① 《毛泽东文集》第7卷,人民出版社1999年版,第209页。
② 《列宁选集》第3卷,人民出版社1995年版,第181页。

于历史的范畴，那么任何民主形式首先就表现为人类社会一定发展阶段的具体政治实践活动，其发展变化和实现形式不能靠人们随心所欲地创造，而是由该发展阶段的生产力与生产关系的矛盾运动决定的。不言而喻，任何民主都是具体的而不是绝对的，其内容与形式都与特定社会发展阶段的历史条件相联系。关于民主的具体性和多样性问题，列宁在领导俄国苏维埃政权建设的过程中，曾作过系统的阐述。他认为："一切民族都将走向社会主义，这是不可避免的，但是一切民族的走法却不会完全一样，在民主的这种或那种形式上，在无产阶级专政的这种或那种形态上，在社会生活各方面的社会主义改造的速度上，每个民族都会有自己的特点。"① 这一重要论述深刻揭示了人类民主发展的具体性和多样性特征。显而易见，与把民主绝对化、纯粹化的观点不同，马克思主义认为，民主是内容与形式的统一，是普遍性与特殊性的统一。

在全面总结当今世界各国发展民主政治经验教训的基础上，习近平总书记也指出："世界上不存在完全相同的政治制度，也不存在适用于一切国家的政治制度模式。'物之不齐，物之情也。'各国国情不同，每个国家的政治制度都是独特的，都是由这个国家的人民决定的，都是在这个国家历史传承、文化传统、经济社会发展的基础上长期发展、渐进改进、内生性演化的结果。"② 也就是说，世界是丰富多彩的，民主的实现形式也应是多种多样的，不可能千篇一律、归于一尊。③

特别是在当今世界民主话语权"西强东弱"的形势下，为了批驳以美

---

① 《列宁选集》第2卷，人民出版社1995年版，第777页。
② 习近平：《在庆祝全国人民代表大会成立60周年大会上的讲话》，《人民日报》2014年9月6日。
③ 同上。

国为首的西方国家把其自由民主制度作为普世标准向全世界"兜售",并给很多发展中国家带来严重灾难的错误做法,习近平总书记进一步指出:"设计和发展国家政治制度,必须注重历史和现实、理论和实践、形式和内容有机统一。要坚持从国情出发、从实际出发,既要把握长期形成的历史传承,又要把握走过的发展道路、积累的政治经验、形成的政治原则,还要把握现实要求、着眼解决现实问题,不能割断历史,不能想象突然就搬来一座政治制度上的'飞来峰'""只有扎根本国土壤、汲取充沛养分的制度,才最可靠、也最管用。"① 这些重要论述为我们坚定走适合中国国情的政治发展道路提供了根本遵循。

（三）民主是发展的而不是永恒的

马克思主义认为,人类社会的发展是一个由低级向高级不断演进的历史过程,而生产力与生产关系、经济基础与上层建筑之间的矛盾运动是推动人类社会发展的根本动力,其中,生产力的发展是推动人类社会发展的最终决定力量。这是因为,在人类社会的发展过程中,生产力是最活跃、最革命的因素,当"社会的物质生产力发展到一定阶段,便同它们一直在其中运动的现存生产关系或财产关系（这只是生产关系的法律用语）发生矛盾。于是这些关系便由生产力的发展形式变成生产力的桎梏。那时社会革命的时代就到来了。随着经济基础的变更,全部庞大的上层建筑也或慢或快地发生变革"②。不言而喻,作为人类政治生活本质体现和上层建筑有机组成部分的民主（无论形式还是内容）不可能一成不变,也必然随着生

---

① 习近平:《在庆祝全国人民代表大会成立60周年大会上的讲话》,《人民日报》2014年9月6日。
② 《马克思恩格斯选集》第2卷,人民出版社1995年版,第32—33页。

产力的发展而变化，而这种变化和人类社会形态一样，也是一个由低级形式向高级形式不断演进的历史进程。列宁在全面考察和认识人类社会发展规律的基础上，对这个问题曾作过精辟阐述。他指出：民主"发展的辩证法（过程）是这样的：从专制制度到资产阶级民主；从资产阶级民主到无产阶级民主；从无产阶级民主到没有任何民主"①。

人类的发展史也表明，民主有一个产生、发展和不断完善的过程，现实中根本不存在什么所谓的"一般民主"或"永恒民主"。也就是说，"每一个既成的民主形式都不过是民主进程中的一个阶段，因而都只能从它的暂时性方面去理解。不存在与生俱来的民主，也不存在一劳永逸的民主模式"②。如果以西方所谓"民主国家"的标准来衡量，这些国家的妇女、少数民族、财产较少或没有财产的民众为了争取自己形式上的民主权利，即选举权，也都经历了几百年艰苦而漫长的斗争。由此可见，西方国家的民主历史进程也充分说明了民主是一个不断发展和完善的过程。实践已经充分证明，西方自由民主既非普世价值，亦非唯一模式，更不可能代表"历史的终结"。

资产阶级民主如此，社会主义民主作为人类历史上更高类型的民主形式，同样需要经历一个从低级到高级不断发展进步的历史进程。在这个问题上，邓小平早就告诫全党："我们是要发展社会主义民主，但匆匆忙忙地搞不行。"③ 这是我们在社会主义阶段发展民主必须坚持的立场和方法。因此，要实现民主，我们必须充分认识民主的阶段性、发展性和成长性特征，欲速则不达，出现拔苗助长式的错误，危及党和国家的前途与命运。

---

① 《列宁全集》第31卷，人民出版社1985年版，第156页。
② 陈曙光：《论马克思主义民主观》，《马克思主义研究》2015年第5期。
③ 《邓小平文选》第3卷，人民出版社1993年版，第285页。

最近几十年来，很多发展中国家盲目移植西式自由民主的惨痛教训值得人们深刻反思。

正是基于对马克思主义关于民主具有历史性、具体性和发展性特征的深刻洞察，我们党从成立之日起，尽管面对复杂的国际国内环境，但在如何发展民主以及发展什么样的民主问题上，一直保持着政治上的高度警醒，既没有照抄照搬、急于求成，也没有妄自菲薄、封闭僵化，而是始终高举人民民主的光辉旗帜，逐步探索并确立了选举民主与协商民主相辅相成、有机融合的社会主义政治制度体系，成功走出了一条既符合中国国情又具有鲜明特点的中国特色社会主义民主政治发展道路。实践表明，与西方自由民主目前面临的民众政治淡漠、政府效率低下、国家治理失灵等发展困境相比，我国的人民民主在切实保障人民当家作主权利的基础上，不仅有效调动了人民群众建设和管理国家的积极性、主动性和创造性，而且有力促进了经济社会的持续健康快速发展，从而充分彰显了社会主义新型民主政治的特点和优势。

综上所述，在统筹推进"五位一体"总体布局和协调推进"四个全面"战略布局的新形势下，我们必须深刻理解马克思主义民主观的科学内涵，自觉推进中国特色民主模式——人民民主的实践创新、理论创新和制度创新，不断发展更加广泛、更加充分、更加健全的人民民主，加快实现国家治理体系和治理能力现代化，从而为人类政治文明的发展和进步作出来自东方中国的独特贡献。

（原载《马克思主义理论学科研究》2017 年第 5 期）

民生取向：中国共产党意识形态建设的基本价值诉求[*]

李合亮[**]

改革开放以来，中国共产党在思想领域、意识形态领域始终面临着三大问题：一是如何解决历史遗留问题，维护马克思主义在中国政治、经济特别是意识形态领域的主体地位；二是如何根据新的历史条件，促进马克思主义与中国实际进一步结合，在维护社会主义制度特性的基础上，解放与发展生产力，探索一条适宜中国发展的路线、纲领、方针、政策；三是在实行改革开放，打破旧有体制实行新经济体制的过程中，面对国内外各种思潮的冲击与碰撞，如何既推进改革开放、实现经济快速发展，又保证发展的社会主义方向。

围绕这些问题，党的十一届三中全会后，中国共产党及时作出了发展战略的根本性转变，确立了经济建设的中心地位，实行改革开放。在此基

---

[*] 基金项目：国家社科基金项目"改革开放以来中国共产党意识形态建设研究"（14BDJ019）；齐鲁文化英才项目"改革开放以来党的领导核心的意识形态思想探析"（QL3020801）。

[**] 李合亮（1973— ），男，山东泰安人，聊城大学政治与公共管理学院教授，博士，研究方向为思想政治教育、意识形态教育。

础上，不断加深对社会主义建设、党的建设、社会发展问题的认识，回答了新形势下的社会主义本质与任务、经济社会发展的内涵与要求、党的建设与发展标准等重大问题，从而领导中国人民走上了一条着眼于全面建成小康社会、实现社会主义现代化和中华民族伟大复兴的中国特色社会主义道路。之所以取得这样的发展成就，之所以能实现经济发展与意识形态建设协调共进，其中的核心与关键在于中国共产党始终坚持人民利益至上的价值理念，坚持全心全意为人民服务的宗旨，在经济建设、政治建设、文化建设、社会建设、生态文明建设以及党的建设的全过程中均凸显着一个价值取向：民生。下面分三部分予以论述。

一　民生取向：中国共产党的核心价值理念

近代以来，实现民族独立和人民解放、实现国家繁荣富强和人民共同富裕是中华民族和中国人民面临的两大历史任务。无数社会派别与仁人志士为此而不懈探索与努力，也经过了多次流血牺牲。不过，虽然历经艰苦卓绝的斗争与求索，中国社会的不同阶级与派别提出了一系列民生主张，如太平天国运动中"均分田地"的"天朝田亩制度"以及发展资本主义的"资政新篇"、洋务运动的"求强""求富"、维新派仿效西方试图通过自上而下的资产阶级改良运动改善民生的设想、孙中山等资产阶级革命派"平均地权"和"节制资本"的"民生主义"等，但这些主张最终没有根本解决中国的民生问题，中国社会仍然处于民不聊生的境地中。而国民党在统治大陆时期利用执政优势也曾打着"民生"的旗号，强化对意识形态领域的掌控，实现了从旧三民主义到新三民主义，再到蒋介石力行哲学的流变，但最终没有获得民众支持，避免不了失败的命运。"党的宣传流于形式""党的主义遭到背叛""党的领导层整体腐败导致民众政治信仰全面瓦解"等是其丧失民意基础的主要原因。① 历史的发展、各个阶级发展的经验与教训一再显示,哪一个政党、哪一个阶级能够真正解决中国的民生问题,使中国人民真正当家作主,它就能获得民众的支持,就能夺得政权,建立自己的社会制度。

中国共产党成立后,一切有了根本性的改观。中国共产党从解决"耕者有其田"这个困扰了中国社会几千年的难题与中国农民千百年来最高的梦想入手,在革命与建设的过程中,实行土地革命,不断推出适合于中国社会实际的土地政策,赢得了广大民众的信任与支持,最终在中国消灭了剥削制度,使人民真正当家做了主人。可以这么说,人民利益是中国共产党领导革命与建设的根本出发点,也是支撑其最终走向胜利获得社会主义中国领导权的根本因素。"共产党是为民族、为人民谋利益的政党,它本身决无私利可图。它应该受人民的监督,而决不应该违背人民的意旨。它的党员应该站在民众之中,而决不应该站在民众之上。"② 正是依靠全心全意为人民服务,始终坚持人民立场,中国共产党才获得了民众拥护并经过新民主主义革命的胜利取得政权,从一个建党之初只有 50 多人的小党,从一个在当时的阶级构成中基本上没有发言权的小的政治派别成长为一个拥有 13 亿人口的大国的执政党。中华人民共和国建立后,中国共产党尤其坚持人民利益的中心导向,关注民生、重视民生、改善民生,各项政策的制定均具有民生倾向,即使出现政策失误或偏颇现象,也只不过是认识不到位、判断不正确所致,但其背后亦有民生的影子。改革开放以来,中国共

---

① 梁丽萍:《文化"围剿"缘何失败?——国民党意识形态建设失败的原因分析》,《党政干部学刊》2004 年第 11 期。
② 《毛泽东选集》第 3 卷,人民出版社 1991 年版,第 809 页。

产党面临着摆脱贫困、让人民过上温饱生活的基本任务,更加重视民生、以人为本、提高民众的幸福感成为党的主张、政策的核心价值取向,党的意识形态建设也是围绕提升民众意识、实现公平正义、维护民众利益、培养社会主义核心价值观等方面而展开的。

中国共产党之所以将民生作为自己的价值导向,主要是因为以人为本、人民利益、人民福祉已经融入中国共产党的思想理论之中,已经成为其深入骨髓的基本观念。"确认这个关于党的观念,就是确认党没有超乎人民群众之上的权力,就是确认党没有向人民群众实行恩赐、包办、强迫命令的权力,就是确认党没有在人民群众头上称王称霸的权力。"① 就党的责任和任务来说,就是带领人民群众为实现自己的根本利益而奋斗,除此之外无他。"在任何时候任何情况下,党的一切工作和方针政策,都要以是否符合最广大人民群众的利益为最高衡量标准。这是我们观察和处理问题的一个根本原则。"②

民生成为中国共产党的核心价值理念,不仅仅体现在党的思想、理论、路线、政策均围绕民众来建构,一切革命与建设的实践活动都围绕人的自由与发展而展开,更在于党始终将人民作为其意识形态建设的主体,在整个意识形态建设的进程中将培养什么样的人、为谁培养、怎样培养作为核心问题来对待。在执政初期,毛泽东对广大青年提出了身体好、学习好、工作好的要求,此后又提出"又红又专"的人才标准,从而确立了把培养和造就社会主义事业的合格建设者和接班人作为意识形态建设的基本目标。改革开放以来,邓小平立足于"中国的发展与长治久安关键在人"

---

① 《邓小平文选》第1卷,人民出版社1994年版,第218页。
② 《江泽民文选》第2卷,人民出版社2006年版,第262页。

的高度，提出了建设"四有新人"的目标，这不仅指明了新的历史发展阶段我国意识形态建设与思想教育的政治方向与目标，也明确了中国特色社会主义建设伟大工程的主体依靠。此后，培养什么样的人、怎样培养人，一直成为历届党中央的重要议题，这集中体现在各类教育改革政策的推出、马克思主义理论研究与建设工程的实施、2004年关于进一步加强和改进大学生思想政治教育意见的出台、全国高校党建工作会议特别是2016年高校思想政治工作会议的召开之中，等等。

二 民生取向：改革开放以来中国共产党领导经济社会建设的价值指导

改革开放之初，百废待兴，中国共产党面临着艰巨的国家与社会建设任务。首要的是解决人民群众的温饱问题和2亿多人的贫困问题，这个问题不得以解决，社会主义的优越性、马克思主义的巨大威力，不可能为老百姓心悦诚服地接受，也不可能发挥其效能。无论就本质而言，还是从面临的根本任务来说，发展生产力都是社会主义的基本特性，只有不断解放生产力、发展生产力，提高人民生活水平，才能真正展现社会主义的优越性，否则只是理论上的玄谈与实践中的形式主义。"社会主义经济政策对不对，归根到底要看生产力是否发展，人民收入是否增加。这是压倒一切的标准。空讲社会主义不行，人民不相信。"[1] 在这种情况下，通过分析中国社会的性质、发展阶段以及主要矛盾，党中央作出了我国处于社会主义初级阶段的科学判定：一方面承认我国已经进入社会主义社会，必须坚定不移地巩固和发展社会主义；另一方面创造性地指出，虽然我国处于社会

---

[1] 《邓小平文选》第2卷，人民出版社1994年版，第314页。

主义社会，但目前只是初级阶段，并且这一时期会比较长，必须正确认识且不能试图超越这个特定阶段。

基于对社会主义初级阶段这一发展阶段与基本国情的充分认识与深刻理解，中国共产党认为，坚持社会主义制度，走有自己特色的社会主义发展道路，大力解放与发展生产力，这是解决人民群众温饱问题、使更多人脱离贫困这一最大民生问题的前提条件。邓小平对此有着清醒的认识，他认为，为了实现生产力的发展和人民生活的改善，中国首先要解决好走资本主义道路还是坚持社会主义的问题。资本主义制度的确会使少部分中国人富裕起来，但是绝对不可能解决大多数人的生活富裕问题，而只有社会主义制度才能实现共同富裕。如果不坚持社会主义制度，妄图通过走所谓的资本主义道路，根本不可能解决问题，相反中国可能会退回到落后状态。"一旦中国抛弃社会主义，就要回到半殖民地半封建社会，不要说实现'小康'，就连温饱也没有保证。"[①] 由此，只有社会主义制度才能从根本上解决中国人民的贫困问题，这是中国共产党人的经验总结、历史结论、建设信心，这为党的民生政策的制定与国家民生建设的推进提供了坚强的制度保障。

随后，在不断推进改革开放和现代化建设的进程中，人民的温饱问题逐步得以解决，中国共产党的各项主张与政策的民生导向开始向人的全面发展、人民生活水平提高、人权保障与建设、防止贫富两极分化等方面发展。党中央一方面要求各级组织要高度重视民生问题，充分认识到这一问题关系党的执政地位。"在新的历史时期，共产党员要坚持把党和人民的

---

① 《邓小平文选》第 3 卷，人民出版社 1993 年版，第 206 页。

利益摆在高于一切的地位。"① 坚持为人民谋利益是我们的立党之本、执政之基。另一方面，又不断用解决群众的实际问题的方法来落实民生思想，将民生政策落到实处。于是，加强民生建设的各类政策措施得以实施，教育、就业、医疗、住房、社会保障等问题逐渐进入党和政府的视野，农村、农民问题受到更多关注，各类与民生有关的改革的时间表、路线图已经绘就，人民群众的"获得感"有了真真正正的感觉与体验。这一时期，经济社会发展"一条腿长、一条腿短"的问题得到有效解决，经济发展与社会发展、物质文明与精神文明的协调性明显增强，社会发展的和谐度不断提高。这集中表现为："取消农业税，结束了种田交税的历史；实行真正免费的义务教育；建立覆盖城乡的社会保障制度框架；实施标准更高的扶贫开发政策；制定和实施《国家中长期科学和技术发展规划纲要》等。"② 再一方面，在解决民生问题的实践中，我们党不断思考新时期如何加强党的建设、提高党的执政能力，以及社会如何实现科学、健康、和谐、可持续发展等问题，提出了"三个代表"重要思想和科学发展观。在"三个代表"重要思想中，代表最广大人民的根本利益是核心，而在科学发展观中，发展是第一要务，以人为本是核心，这有代表性地体现了党的思想理论的民生价值取向。

党的十八以来，在民生状况发生根本性变化，人民生活水平持续提高，人民群众的幸福感持续增强，开始由"温饱"向"小康"转变的重要历史时刻，党中央不断探索解决民生问题的新思路与新举措，不断拓展民生内容，强化党和政府解决民生问题的责任，坚持公平正义，逐步形成了

---

① 《江泽民文选》第1卷，人民出版社2006年版，第39页。
② 中共中央文献研究室编：《十七大以来重要文献选编》中卷，中央文献出版社2013年版，第470页。

新时期具有中国特色的民生理论与实践。党的十八大报告以"在改善民生和创新管理中加强社会建设"为题,对民生问题作了专门论述,指明了新时期加强民生建设的基本思路,强调加强社会建设,必须以保障和改善民生为重点,提高人民生活水平,开创社会和谐人人有责、和谐社会人人共享的生动局面。习近平总书记在庆祝中国共产党成立95周年大会上也明确指出:"人民立场是中国共产党的根本政治立场,是马克思主义政党区别于其他政党的显著标志。党与人民风雨同舟、生死与共,始终保持血肉联系,是党战胜一切困难和风险的根本保证,正所谓'得众则得国,失众则失国'。"[1]

实际上,党的十八大以来党中央就是在坚持民生导向的前提下领导全国人民全面深化改革,全面建设小康社会的,这一时期比以往任何时期都更具有民生特色,党都更加重视民生、强化民生建设。党中央要求"要像抓经济建设一样抓民生保障,像落实发展指标一样落实民生任务,民生工作面广、量大、头绪多,一定要注重稳定性、连续性、累积性,一件事情接着一件事情办,一年接着一年干,一任接着一任做"[2]。为此,党的一切理论与政策都要坚持民生导向,违背这一点,就走向了反面。诸如,对于全面深化改革来说,无论怎样对旧有机制进行革命,无论采取什么样的措施激发活力,有一点我们必须清醒地意识到,促进社会公平、保障社会正义、惠及民生、增进人民福祉是其应有之义,是其出发点和落脚点,否则改革的价值与意义就不存在了。习近平总书记对此有着明确的说明与要求,他指出:"全面深化改革必须着眼创造更加公平正义的社会环境,不

---

[1] 习近平:《在庆祝中国共产党成立95周年大会上的讲话》,《光明日报》2016年7月2日。
[2] 《习近平在江苏调研时强调:主动把握和积极适应经济发展新常态,推动改革开放和现代化建设迈上新台阶》,《人民日报》2014年12月15日。

断克服各种有违公平正义的现象,使改革发展成果更多更公平惠及全体人民。如果不能给老百姓带来实实在在的利益,如果不能创造更加公平的社会环境,甚至导致更多不公平,改革就失去意义,也不可能持续。"① 又如,"中国梦"的提出,就更鲜明地体现了民生取向与民生情怀。中国梦是国家情怀、民族情怀、人民情怀的统一体,中国梦实质上就是人民的梦,是全体中国人民的梦。在以习近平同志为核心的党中央看来,中国梦不是空洞的口号,不是虚无的设想,而是扎根于实践,扎根于人民心中,为人民所创造、实现和享有的伟大梦想。实现中华民族伟大复兴的中国梦不是单个人的梦,也不是一部分人的梦,而是全体中国人民共同的追求。因此,"中国梦的深厚源泉在于人民,中国梦的根本归宿也在于人民"②。

三 民生取向:党的意识形态建设的基本原则遵循

梳理改革开放以来的中国特色社会主义建设史,不难发现,党中央持续不断地创新发展思想理论体系,不断总结、探索、完善自己的治国理政理念。从检验真理的唯一标准"实践",到"搞社会主义,中心任务是发展社会生产力"③的生产力标准,到"是否有利于发展社会主义社会的生产力,是否有利于增强社会主义国家的综合国力,是否有利于提高人民的生活水平"④的"三个有利于"标准,到"始终代表中国先进生产力的发展要求,始终代表中国先进文化的前进方向,始终代表中国最广大人民的根本利益"的"三个代表"重要思想,到以人为本、全面协调可持续发展

---

① 《习近平谈治国理政》编辑组:《习近平谈治国理政》,外文出版社 2014 年版,第 96 页。
② 中共中央宣传部编:《习近平总书记系列重要讲话读本》,学习出版社、人民出版社 2016 年版,第 9 页。
③ 《邓小平文选》第 3 卷,人民出版社 1993 年版,第 130 页。
④ 同上书,第 372 页。

的科学发展观,再到经济建设的新常态标准,这充分说明党的执政理念发生了新的变化,党对于经济社会发展的认识力与掌控力越来越成熟。而贯穿其中的最核心因素是人民利益的获取与保证,是党的民生价值取向。

"一心为民者,则民向往之。"将民生作为国家富强之本、党执政之基、民族振兴之要,以民生为导向全面深化改革,完善和发展社会主义制度,推动中国特色社会主义建设事业不断前进,经济建设等各项建设事业都以此为导向来展开,这反映了党的治国理政的理念发生了较大变化,回归到"人"这一社会发展的重点与目的之上。我们知道,一个国家、社会的发展固然有着自己的利益需求,但最终是为促进人的自由而全面发展服务的。所以,任何阶级、任何政党如果忽视"人"这一根本要素,不立足于人的发展来设计自己的理论体系与执政之略,虽有短暂兴盛的可能,但终会为历史和人民所抛弃。中国共产党正是基于对历史唯物主义关于人的发展理论的正确认识与科学运用,才在领导改革开放与社会主义建设过程中,坚持把提高人民生活水平作为判断是非的标准,把"人民拥护不拥护""人民赞成不赞成""人民高兴不高兴""人民答应不答应"作为一切政策的出发点和归宿。这与党的意识形态的理论,与实践实现了有机耦合。任何一种意识形态,无论结构体系多么严谨,无论有多么强大的政权保障,其最终目的是为民众所接受,进而化为民众的一种精神,形成一种支持力量。只有这样才能真正巩固统治,才能实现社会和谐。否则,意识形态建设、执政党建设就成了一句空话。可一种思想、一种理论如果要真正为民众所接受,一方面需要理论的科学性与易懂性,另一方面需要民众自觉自愿地接受。而要做到这一点,固然需要国家强制力支持下的政策制定与执行,需要不断强化思想理论的宣传教育,不断加强理论创新与灌输，但深入生活，关心民众，解决民众关心的问题，让其在受益中自觉认同党，进而认同党的意识形态，方是最有效的方式。

也就是说，社会主义意识形态建设必须遵循民生为本的原则，坚持人民主体地位，把为崇高理想奋斗与为人民谋利益有机结合起来，把完成党的各项工作与维护、实现人民利益统一起来，因为人民是中国社会变革的推动者，是国家的主人，而党的意识形态工作的对象是人民群众，对工作成果的检验离不开人民群众。为此，要真正完成意识形态建设的任务，巩固马克思列宁主义、毛泽东思想、中国特色社会主义理论体系的主导地位，就必须高度关注广大人民群众的思想动向和利益需求，及时解决人民群众工作生活中出现的困难，使党的政策与措施真正体现且保护人民群众的利益需求，确保社会主义意识形态深入人民群众的日常生活，与人民群众的思想观念和价值需求产生共鸣，从而真正使党的政策纲领深入人心。事实证明，只有坚持以人为本，贴近生活、贴近实际、贴近群众，努力解决干部群众关心的重大理论和实际问题，才能坚定人们对中国特色社会主义制度的信仰，提高社会主义意识形态的公信力、吸引力和凝聚力，巩固全国各族人民团结奋斗的思想基础，凝聚全党全国各族人民的力量于社会主义现代化建设实践中。

改革开放以来，中国共产党之所以在实行改革开放的进程中，坦然面对各种挑战与压力，结合中国社会发展实际，有针对性地强化意识形态建设，获得了民众的广泛支持，其主要原因在于，改革开放、经济建设与社会主义意识形态建设在维护民众利益、全心全意为人民服务这一点上达成了共识，实现了有机结合，并努力实践之。改革开放与社会主义意识形态建设不仅有着相同的基础——解放生产力和发展生产力，具有相同的价值追求——提高发展效率和实现公平正义,更有相同的最终目的——人的自由而全面发展。"社会主义意识形态建设不仅注重思想理论形态的发展,而且为了使其得到最大多数民众深层次的认同和接受,要求思想理论形态必须在实践中得到贯彻和实现,从而才能在客观上真正最大限度地维护和实现人民群众的利益要求,做到利益共享,体现为人民服务的宗旨,而改革开放则是以开拓创新的精神来改变人民群众利益无法满足和实现的状况。"[①]

总之,"民生取向"是改革开放以来中国共产党领导中国经济社会建设与发展的核心理念与价值指导,是党的意识形态理论建构与实践操作必须遵循的基本价值。"民生取向"是党的性质与宗旨、经济建设任务与意识形态建设需求的集中展现,无论发展路径多样,无论矛盾多么尖锐突出,只要坚持民生取向,一切发展均可以走上正途,一切问题都可以得到解决,国家富强、民族振兴、人民幸福的中国梦必定会实现。

(原载《教学与研究》2017 年第 10 期)

---

① 关海宽:《改革开放以来我国社会主义意识形态建设研究:经验·问题与路径选择》,中国社会科学出版社 2012 年版,第 80 页。

基于权力"集中—民主"视角下的干部"带病提拔"析议

于学强[*]

2016年8月29日,中共中央办公厅印发了《关于防止干部"带病提拔"的意见》,分别从落实工作责任、深化日常了解、注重分析研判、加强动议审查、强化任前把关、严格责任追究六个方面提出要求。消解干部"带病提拔"现象,最根本的是有效规约提拔权力。在实践中,落实《关于防止干部"带病提拔"的意见》的精神,必须以有效化解干部提拔权力的集中化和积极推进民主化为突破口寻求根本举措。下面分三部分予以论述。

一 干部选用工作中权力"集中—民主"的辩证法

干部选用工作是组织工作的起点,干部选用质量决定组织工作成败。民主集中制作为我们党的根本组织原则和组织制度,一直是干部工作的根

---

[*] 于学强(1973—),男,山东茌平人,聊城大学教授、硕导,研究方向为中国共产党执政党建设。

本遵循。党的十八届六中全会再次指出,"坚持集体领导制度,实行集体领导和个人分工负责相结合,是民主集中制的重要组成部分,必须始终坚持,任何组织和个人在任何情况下都不允许以任何理由违反这项制度"①。干部工作中遵循民主集中制原则,既要维护上级与中央权威,又要发扬下级与党员民主。下面分三部分予以论述。

1. 干部选用工作中民主是基础性工作

"民主集中制的民主,就是党员、党组织的意愿主张的充分表达和积极性创造性的充分发挥"②。在干部选用工作中同样需要充分发扬民主,切实保障党员权利,使干部选用工作沿着正确的方向行进。干部选用工作中需要发扬民主的基础作用,主要原因有二:其一,中国共产党执政的社会主义国家,必然要求体现人民当家作主的主人翁地位,体现最广大人民群众的最广泛的民主。如果没有人民群众的广泛参与,就无法体现和反映社会主义民主是多数人的民主,以及中国共产党是代表最广大人民的根本利益的政党,现行的国家制度和政党制度就无法显现与西方资本主义国家和资产阶级性质政党的区别和自身的优势,无法从制度比较的角度说明现有政治体制的合法性问题。干部工作中的民主,体现在党组织内部就是每个党员的权利得到尊重,尤其是党员的表达权和选择权,党员对于干部选用过程的广泛参与和意见表达。因为干部是治国理政的主体,党员群众对于这部分人产生过程的参与并予以赋权,是自身政治权利的集中体现,所以,早在2010年习近平就曾指出,"马克思主义权力观,概括起来是两句话:权为民所赋,权为民所用"③。权为民所赋与权为民所用相比,更带有

---

① 《关于新形势下党内政治生活的若干准则》,《人民日报》2016年11月3日。
② 《十四大以来重要文献选编》(中),人民出版社1997年版,第6页。
③ 刘益飞:《重在探究"权为民所赋"的实践路径》,《学习时报》2010年10月18日。

基础性作用，而权为民所赋的过程，就是个民主过程。其二，干部工作中民主参与的广度和深度，不仅反映民众的政治权益，也确保干部选用的科学性。毛泽东曾将领导的主要工作分为出主意和用干部两大项，认为领导每一项重要决策过程中的角色是"加工厂"，而群众参与则可以为加工厂"提供原料"。反之，"工厂没有原料就不可能进行加工。没有数量上充分的和质量上适当的原料，就不可能制造出好的成品来"①。干部选用是个复杂的过程，选用对象本身也相当复杂，这便决定了干部选用必须审慎而不可独断。动员和组织最广大党员群众参与干部选用过程，能够确保不同个体从不同角度发表看法和意见，有利于全面透视选用对象的优点与不足，有利于全面审视选用对象与工作岗位的匹配情况，有利于汇集多数人意见、选用最贴近实际的正确的人。

2. 干部选用工作中集中是关键性工作

干部工作中坚持民主集中制，集中是关键。"没有集中也就不能有民主。因为如果没有少数服从多数，结果必然要使多数人的利益为少数人所破坏，即是说，必然要弄到反而使多数人服从了少数，这就是不民主了。"② 从组织的视角考察集中的意义，主要体现为三点：其一，集中确保了组织之所以为组织。从一般意义上讲，任何组织都必须有组织纪律，没有集中作保障也就无法形成和落实组织纪律，组织就会因没有纪律而难以形成迅速决策和行动，进而变得一片涣散，没有任何凝聚力和战斗力。所以，中共中央党校王贵秀教授曾指出过，任何组织都是集中制的，不同的是有民主的集中制和官僚的集中制的区分而已，作为中国共产党组织原则

---

① 《毛泽东文集》第 8 卷，人民出版社 1996 年版，第 293 页。
② 《刘少奇论党的建设》，中央文献出版社 1991 年版，第 330 页。

的自然是民主集中制。民主集中制的组织原则与民主的政治原则属于不同层次,"民主集中制是政治民主在组织原则和组织制度上的体现和保证。"① 其二,干部选用工作中集中能有效提高工作效率。任何一个组织要决策和执行,要达到组织目标,不仅需要决策与执行的科学性,确保决策与执行不背离组织目标,同时要保障决策与执行富有效率,迅速及时地解决面临的任何问题。在干部选用工作中如果没有集中,就不可能形成有效选用人员的意见,可能会导致议而不决或决而不行,就不可能及时选出和用好干部。其三,集中可以规避干部选用工作中的无政府主义。干部工作中要发扬民主,但不能搞泛民主、不受约束的民主、自由主义和极端民主化。"自由主义和极端民主不是我们所需要的,任何时候对党都是有害的。"② 正如组织有集中才能成为组织一样的道理,组织有了集中才能有权威,有向心力和核心,有围绕于核心的大局意识、统一意志和统一行动。党的十八大以来,我们党逐步形成了以习近平为核心的党中央,也一再强调核心意识、看齐意识、政治意识和大局意识,也是为了加强中央权威,有效规避各种地方主义、分散主义和无政府主义。

3. 干部选用工作中民主与集中需结合

"民主集中制是民主基础上的集中和集中指导下的民主相结合。"③ 民主集中制体现党管干部原则,也是群众路线在党内的体现。党的群众路线是一切为了群众,一切依靠群众,从群众中来,到群众中去。这一路线体现在民主集中制中就要求,从群众中来的民主集中后再到群众中去,实现党的领导与人民当家作主的统一,党代表和体现人民群众的利益的实现。

---

① 王贵秀:《中国政治体制改革之路》,河南人民出版社 2004 年版,第 254 页。
② 《刘少奇论党的建设》,中央文献出版社 1991 年版,第 391 页。
③ 《中国共产党第十八次全国代表大会文件汇编》,人民出版社 2012 年版,第 72 页。

在干部选用工作中，做到民主与集中的统一，主要应处理好集体领导与个人负责的关系、班长与成员的关系。具体做法有二：其一，要正确处理好集体领导与个人分工负责的关系。根据党的制度规定，凡属重大问题的决策、重要干部的任用、重要项目的审批、大额资金的使用，都要经集体讨论决定。所以，干部选用中要发挥集体智慧，调动领导班子每个成员的积极性，对于拟定人选要集体讨论决定，或者通过投票的方式按少数服从多数原则选出。同时，发挥集体领导并不意味着不要个人分工负责，为了规避以集体领导之名逃避干部选用工作中的责任，还必须强调个人分工负责，在干部选用过程中将每个领导班子成员的责任理清楚，主体责任、监督责任搞明白，以便更好地履行责任和实现责任的监管追究。其二，要正确处理好"班长"与其他成员的关系。根据既往干部选用工作中发生的各类腐败现象，最为根本的原因在于没有很好地规约"一把手"即班长的作用。在整个领导班子中，班长无疑处于核心的地位，他们往往会利用这种核心地位引导方向，将集体的意志集中到自己的意志上来。但实际上，按照民主集中制的运行规则，在干部选用过程中，每个班子成员票决干部的权力是一样的，没有大小票之分，每人都只有一票。所以，班长在这一民主集中过程中既要驾驭全局，调动成员的积极性和创造性，集中集体的智慧和力量，又不能左右全局，牺牲集体成员中每一个体的民主，甚至强奸民意，形成事实上的个人专制，进而造成以集体之名行一己之私的做法。

当然，民主与集中的辩证法不仅体现在党的根本组织原则与组织制度之中，也体现在党管干部原则、党的群众路线等各个方面。党管干部主要体现集中，但管理方式的间接化、法制化体现民主诉求；群众路线主要体现民主，但无论是意见的汇集还是最终复归实践都需要集中。所以，在干部选用中如果不充分考虑民主与集中的辩证法,就会出现分散主义与集中主义,影响干部选用的科学性。

二 提拔权力集中化是干部"带病提拔"的根本原因

由于历史上长期受制于革命传统、苏联体制等因素影响,我国干部提拔过程中"一把手"的权力过大。竹立家指出,"'一把手'权力过大使一些人在位时'只谋人、不谋事',打着改革的旗号或以组织的名义,全力'经营'自己的利益和小集团的利益,提拔和使用自己的人"。[1] 从现实性上讲,干部提拔权力集中化的原因在于,对党管干部原则的理论误读、民主集中制在实践中的扭曲,以及在干部制度方面存在的一些问题。

1. 党管干部原则的理论误解导致权力集中化

党管干部是我们党在长期革命和建设过程中确立的干部人事管理的基本原则。简单地讲,就是由各级党委贯彻党的路线方针政策要求,提拔、管理和控制干部,为确保实现党的领导提供组织保障。但是,在这一原则发展过程中,斯大林不恰当地将其外化成了一套自上而下的、等级制的干部任命制。在国际共运史上,斯大林的这一做法是形成干部提拔权力集中化的重要源头,它不仅在当时直接衍生了干部队伍中的"带病提拔"现象,而且愈演愈烈使这一现象常态化,致使当时干部队伍出现很大问题,也影响到今天对党管干部原则的理论解读,尤其是为一些拥有干部提拔权力的"一把手"错误解读这一原则拓展了空间。主要体现在两个方面:一是将党管干部原则视为"一把手"说了算。有些"一把手"认为,为了维

---

[1] 竹立家:《干部选用体制改革决定中国未来》,《同舟共济》2009年第8期。

护党的领导地位，确保党管干部原则的落实，党组织要直接提拔任用、直接管理和控制干部，而将主要领导特别是"一把手"视为直接管理的主体，从而将党管干部原则与群众参与干部选用制度对立起来，与人民群众及非党组织监督干部选用过程对立起来，甚至从根本上否认群众公认在干部选拔任用中的作用。二是将党管干部原则异化为"一把手"说了算。现在，个别地方和单位的"一把手"，在干部提拔过程中，举着党管干部原则的旗号，否认各种体现"群众公认"的有效形式，或者仅仅走一下民主推荐、民意测验、民主测评过场。这种情况使得民众参与干部选用过程流于形式，提拔权力过分集中于党组织，尤其是各级党委，而党委集中的权力往往会再进一步集中于党委书记，进而产生干部提拔中的绝对权力。正是由于党管干部的主体与方式发生变异，导致干部提拔权力高度集中于"一把手"，他们可以随意封官许愿，现实政治生活中的"跑官要官"、"买官卖官"大都发生在各级"一把手"身上，而封官许愿一旦与"跑官买官"结合就必然产生"带病提拔"。

2. 民主集中制原则的实践误区导致权力集中化

民主集中制是由列宁最早提出的党的根本组织原则和组织制度，是民主基础上的集中和集中指导下的民主相结合，也是群众路线在党的生活中的运用。但无论是民主与集中的结合，还是从群众路线的大视角认识和运用民主集中制，在实践中都容易出现问题，致使权力过分集中，进而导致干部的"带病提拔"。从理论上讲，民主与集中应有最佳结合点和平衡点，这种最佳结合点与平衡点既使民主得以充分体现，让决策群体中每位党员群众都能够参与整个干部选用进程，充分发扬民主；又能切实保证党组织和主要领导集体的权威，使党组织内部班长与成员意志统一，协调行动。但是，在实践中，"民主集中制没有真正实行，离开民主讲集中，民主太少"①。所以，现实干部提拔过程中的民主与集中结合常常出现问题，许多党员都是按书记的意图行事，进而导致民主在强大的集中面前"花容失色"，使集中制畸变为个人专断的家长制；集体领导畸变为集体领导外表掩盖下的个人专断。原因是在理论上"割裂了民主与集中的整体联系，用集中指导民主、代替民主，而民主只是对集中合法性的认可，这就为民主集中制异化为权力集中制提供了理论依据"②。基于理论认识方面"割裂了民主与集中的整体联系，扭曲了二者的辩证统一关系，片面强调集中，贬低民主的地位与作用，在实践中很容易使民主集中制发生扭曲和变异"③。同时，民主集中制理论不仅强调决策班子成员是干部选用主体，还要求从更广泛的意义——群众路线的视角上来认识干部选用主体。这就意味着在干部选用过程中，党委内部不仅要充分发扬党内民主，还必须保障群众"四权"——人民民主。只有让广大人民群众参与，才能实现党的领导与人民当家作主的统一，才能在实践中监督党和党的主要领导干部，杜绝权力过度集中所产生的"带病提拔"现象。

3. 现行的选用体制与监管体制导致权力集中化

干部选用体制与监管体制是密切联系的，监管体制的健全能确保选用体制的民主化，而监管体制缺失则往往导致选用体制变味。但是，目前我国干部选用体制与监管体制本身都存在使干部选用权力集中化的实际因素，而且两种体制的配合需要进一步科学化。就干部选用体制而言，理论政策与实践操作常常脱节：按照党章规定，我们党内权力配置结构应是

---

① 《邓小平文选》第 3 卷，人民出版社 1993 年版，第 144 页。
② 王新喜：《民主集中制异化为权力集中制的根源》，《中国党政干部论坛》2003 年第 2 期。
③ 闫德民：《党内民主集中制变异现象及其防治》，《中州学刊》2014 年第 9 期。

"代表大会—全委会—常委会"，在现实政治运作中，权力运行往往变成"书记—书记办公会—常委会—全委会——代表大会"。基于这一体制，干部提拔权力集中化体现在干部选用的各个环节。比如，干部提名权力集中。《党政领导干部选拔任用工作条例》规定，"先民主、后提名"，但实际工作中有不少情况是"先提名、后民主"，而提名的主体往往是书记。又如，干部提拔中话语权过于集中。《中国共产党党内监督条例》指出：党的各级领导班子决定重要事情，应当进行表决。表决采用口头、举手、无记名或记名投票等形式。但是，由于主要领导主持、引导会议，他们在讨论过程和表决过程中时常能左右风向，使民主讨论与民主表决成为一种貌似民主的形式，而丧失真正的民主意义。就监督体制而言，监督要富有成效应规避监督者与被监督者的相关性，实现二者权力的对等性，而我国权力监督主要属于监督者监督自己的体制内监督。目前，虽然我国干部的选用者不是自己监督自己，但实质上监督者也同属体制内，并且与选用者有着很大的利益相关性，甚至监督者的权力还受制于被监督者的权力，从而在实际上使提拔权力变成一种不受监督的权力。监督权力配置不合理、监控不到位进一步强化了提拔权力的集中化，加大了权力失控的危险性，提升了干部"带病提拔"的概率。

三 提拔权力民主化是消解干部"带病提拔"的基本途径

吏治腐败是最大的腐败，规避干部"带病提拔"是从吏治源头上造就清廉政治。为此，必须针对干部提拔权力集中化的弊端，积极推进干部提拔权力民主化。干部提拔权力民主化既要解放思想，纠正对党管干部与民主集中制的错误认识，不断培育与增强民主意识，还要健全制度，尤其是完善干部提拔中的民主制度与监督制度。具体来讲，要做到以下三点。

1. 培育干部提拔权力民主化理念

从字面上看，干部提拔是自上而下的，干部能不能得到提拔关键在上面主要领导，尤其是某一层级的党委主要领导。但是，中国是社会主义民主国家，是共产党执政的国家，我们党的自身领导体制是党委制度，干部工作中贯彻党管干部原则与民主集中制，必须体现民主，反映集体领导。所以，干部提拔权力来自上面，但不应是来自上面的某一位领导或主要领导，而是来自上面的党委集体。根据权力收受理论，"党代会是民主集中制的权力渊源。每一位党员通过党代会这一制度平台，通过民主选举方式将自己的代表选入党代会，这是第一次的授权；党代会选举党委会的全委会，这是第二次的授权；党委会的全委会向党委会的常委会授权，这是第三次的授权"[①]。党委集体领导是受制于全体党员的。并且，干部提拔作为"四重一大"问题之一，按照整个组织制度要求，必须遵循集体讨论、民主集中、个别酝酿、会议决定的程序，主要领导在整个进程拥有的只是作为一个委员的话语权和投票权，而不是最终决定权。所以，只要干部任命权力的集体有良好的民主意识，能够在干部选用实践中广泛发扬民主，真正按照干部选用程序办事，就会很好地规避干部的"带病提拔"。同时，干部的提拔往往也离不开其所在单位或部门的推荐，民主推荐形式包括组织推荐和群众推荐，甚至个人自荐，其中组织推荐的力度最大、最有效。规避干部"带病提拔"应抓好组织推荐环节的民主，真正将组织集体认可的人选推荐出来，而不仅仅是将组织中主要领导认同的人推荐出来。为此，应实行全委会民主推荐和提名重要干部制度，提高全委会委员在选任

[①] 石磊：《党内问责法治化初探》，《中共贵州省委党校学报》2015年第5期。

干部中的作用；实行领导干部署名推荐制度，明确推荐人的责任，提高提名推荐干部的质量；同时要适当扩大民主推荐人员的参与范围，更广泛地了解民意，尽可能让更多熟悉情况的群众参加民主推荐干部工作，自主推荐人选，从而真正把民主推荐干部的权利交给群众。

2. 健全干部提拔权力民主化制度

基于权力集中化导致腐败的现实，笔者认为干部提拔权力民主化须按分权与制权两个思路完善制度。一是分权。所谓分权是指提拔权力不能全部都集中在党委、党委书记，党管干部不是党委更不是党委书记直接管理一切干部，干部的性质、门类、层级不同，管理的主体要有所差异，这样逐步将党委和书记从繁杂的微观管理和低层级的管理中解放出来，将应由企业、事业和社会组织管理的干部归还企业、事业与社会组织。同时，某一主管部门干部管理的层级不能太多，应适当下放权力，给下级单位一定的人事权力，在干部提拔方面让他们有一定的话语权。另外，干部提拔集体应发挥集体的作用，充分且真实地发挥集体班子成员个体的作用，制定严密的制度来避免形式上的由集体决定、实质上是个人说了算。分权不是削弱党的领导，弱化党管理干部原则，而是更好地完善和加强党的领导，使党管干部原则得到切实的落实。二是制权。所谓制权主要针对分权、放权不彻底，或基于对分权、放权后权力正常运行而设置的另一环保障，实际上就是一种监督权。权力集中就容易产生腐败，加大权力制约力量，增强制权的环节，可以规避权力集中带来的问题。在设置监督权力环节时，应使监督者有足够的权力，使监督者无畏才能确保制权有效。为此，根据监督本身的规律，既要强调体制内监督，也要充分发挥广大群众作用，发挥体制外监督力量的功能，实现以权利制约权力、以责任制约权力、以道德制约权力、以制度制约权力和以权力制约权力的聚合功能，规避政治领域中的绝对权力。目前，健全干部提拔权力民主化制度，除了按照十八大以来责任制度建设要求，提高纪检监察部门的监督意识，加大巡视制度针对干部选用、换届选举等工作的专项巡视，积极推进巡察制度建设，完善干部的监督体系，增强对干部选拔使用全过程监督之外，还应着眼于群众"四权"，健全群众的知情权制度、参与权制度、监督权制度、表达权制度等。

3. 理顺干部提拔权力民主化机制

防止干部"带病提拔"，重在形成责任清晰、措施有力、相互衔接、完整闭合的防范机制，使干部提拔制度良性运转。总体来看，这一机制包括相互联接的教育管理、推荐实名、过程监控和责任追究四大部分：其一，要加强干部的教育管理机制。干部的教育管理中要强化民主意识，真正认识到权为民所赋，通过健全的教育制度武装干部头脑以提高其免疫力，做好干部的常规"体检"，在日常干部工作中将规避"带病提拔"意识强化起来。其二，要加强干部的实名推荐机制。干部"带病提拔"问题往往出在干部选用的最初环节——推荐环节，干部提拔权力集中化常常以集体之公行个人之私，只有个体实名推荐才能规避以集体组织名义逃避责任的情况。所以，要厘清个人推荐与集体推荐的关系，个人推荐的个体要完全承担责任，集体推荐中也要明确各个体的责任。其三，要加强干部的过程管控机制。让权力在阳光下运行是将权力关进制度笼子的第一步，只有实现干部提拔过程的公开化，才能有效监控权力，规避提拔权力集中化。所以，在干部提拔过程中要强化全程管控，积极推进岗位空缺、提拔条件与程序、举荐与考察、任用公示等各方面公开化。其四，要加强干部责任追究机制。健全责任制度尤其是责任追究机制，使追究责任常态化，逐步建立起重要干部提拔失误终身追究制，干部人事工作凡误必究制，能够让干部提拔者时时产生畏惧感，从而有效规避干部的"带病提拔"。为此，要形成有效的倒逼机制，对于造成干部"带病提拔"的各个环节都要追责，使在干部提拔举荐、考察和问题核实等环节上存在失误、失职或渎职的人员，都要承担起应有的责任，在惩治既有干部"带病提拔"治标功能的同时，使惩治起到有效的警示、遏制的治本功效。

总之，"带病提拔"的最终原因是干部提拔权力集中化，实际上是"以人选人"；规避这一现象的着眼点在于干部提拔权力民主化，落实"以事选人"。虽然说，"民主集中制是一个完整的体系，包含了一系列特定的价值、逻辑、规则、运行方式乃至操作技术"[①]。但从民主与集中关系处理的经验教训中可得出，如何通过制度建设规约权力十分重要。只有围绕干部提拔权力民主化健全各种制度并构建起以事选人的闭环机制，才能够最终消解"带病提拔"现象。

（原载《理论导刊》2017 年第 2 期）

[①] 王长江：《民主集中制：党的建设制度改革的重大课题》，《中州学刊》2016 年第 7 期。

干部为官不为问题的生成机理与治理机制[*]

刘子平[**]

"为官不为"不是个新问题,自从权力诞生那刻起,"为官不为"就和腐败一样成为人类社会需要共同面对的瘤疾,它给人类社会带来诸多消极影响与巨大危害。"党的十八大以来,我们党坚持'老虎''苍蝇'一起打,使不敢腐的震慑作用得到发挥,不能腐、不想腐的效应初步显现,反腐败斗争压倒性态势正在形成。"[①]目前,我们政治生态得到有效净化,党风政风发生了明显变化。面对政治生态的新变化,一些干部不是锐意进取、积极工作,而是产生了"为官不易"的错误认识,从而产生了为官不为的现实问题。

2014年10月,习近平在党的群众路线教育实践活动总结大会上指出:

---

* 基金项目:国家社科基金一般项目"中国共产党社会整合史论"(13BDJ015);山东省高校人文社科研究计划项目"基层党建科学化:现实问题与对策方略"(J13WA13)。

** 刘子平(1979—),男,博士,聊城大学政治与公共管理学院党政系主任、副教授、硕士生导师,山东省中国特色社会主义理论体系研究中心特约研究员。

① 习近平:《在庆祝中国共产党成立95周年大会上的讲话》,《人民日报》2016年7月2日。

"当前,所谓'为官不易''为官不为'问题引起社会关注,要深入分析,搞好正面引导,加强责任追究。"① 干部"为官不为"问题严重削弱党的公信力,严重破坏党的形象,严重损害党和人民群众之间的血肉联系,必须予以高度关注。本文剖析干部"为官不为"问题的生成机理,在此基础上探讨治理"为官不为"的长效机制。下面分三部分予以论述。

一 干部"为官不为"的内涵、类型及危害

(一) 干部"为官不为"的内涵

"为"一般是指人们在社会生活中的各种行为、活动。"为官不为"作为一种"官文化"现象,古今中外皆有,其形成与传统官僚体制有直接关系。在某种意义上,"为官不为"就是传统官僚体制的衍生品。所谓干部"为官不为",是指在权力运行过程中,作为权力行使主体的干部不能及时、准确、有效地履行岗位职责,甚至不履行岗位职责,导致干部权力行使无法适应社会治理的新变化,无法满足广大人民群众的利益需求。从本质上看,干部"为官不为"就是干部的"懒政""庸政""怠政""误政"行为,是干部对履行岗位职责的主体性缺位。

(二) 干部"为官不为"的类型

干部"为官不为"问题具有极强的隐秘性和欺骗性,普通群众很难发现,因此,有必要对干部"为官不为"的基本类型进行分门别类的梳理与

---

① 习近平:《在党的群众路线教育实践活动总结大会上的讲话》,人民出版社2014年版,第23页。

总结。总体来看，干部"为官不为"主要有以下四种类型。

第一种，安于现状不想为的懒散型。这种类型的干部又分为"天花板"型和"居功不为"型。前者是指一些干部本来很优秀，做过一些贡献，但由于年龄、资历等原因长期得不到提拔重用，加上待遇改善有限，导致心理落差，产生了"做一天和尚撞一天钟"的应付心理，不想作为。后者是指一些干部认为自己工作年限长、资历老，有过成绩与功劳，现在年龄大了应当少做事甚至不做事，让年轻人多做事。由于存在这种心理，这些干部在工作中往往缺乏动力，应付了事，作风涣散。

第二种，墨守成规不善为的低能型。一些干部学习意识淡薄，思想僵化，知识老化，面对深化改革的新形势，既不愿解放思想、转变观念，又不愿提高自身能力与素质，出现了"本领恐慌"。这类干部在处理新情况新问题时往往思想平庸与能力平庸并存，思路不新，方法不多，力度不大，要么以领导指示唯上，对百姓诉求置若罔闻，要么等待观望，消极应付。

第三种，缺乏担当不敢为的怕事型。一些干部面对全面从严治党新常态，认为干得越多、风险越大，不如少干甚至不干。还有一些干部受传统文化的中庸思想影响，害怕得罪人，遇事能绕就绕，做好好先生，缺乏责任心和担当意识。一些新入职的干部担心做事不稳妥使领导对自己产生不良印象，进而影响个人发展，同时担心工作太突出使周围同事对自己产生非议，因而在工作中瞻前顾后、畏首畏尾，不敢勇挑重担，不敢作为。

第四种，没有好处不作为的寻租型。随着全面从严治党的推进和反腐倡廉制度的不断完善，我国党风政风得到很大改善，随之而来的是干部的权力受到制约、隐性福利减少。一些干部对反腐倡廉的新变化还不适应，思想深处仍存在"无利不起早"的惯性思维,在这种不良思维支配下,工作中出现了"门好进、脸好看、话好听、事难办"的不良现象,人民群众对此意见很大。

(三) 干部"为官不为"的危害

如果说腐败是人类社会发展的"致命伤",那么干部"为官不为"就是人类社会发展的"慢性病"。无论是"致命伤"还是"慢性病",都对中国特色社会主义事业具有极大的危害性。干部"为官不为"的危害主要表现在以下三个方面。

第一,败坏干部作风,严重损害党和政府的公信力。干部作风是广大干部在长期工作实践中形成的比较稳定的精神风貌,是党的宗旨的重要体现。干部作风如何,"关系党的创造力、凝聚力和战斗力,反映着党的执政能力和执政水平"①。从某种意义上讲,干部"为官不为"就是"怠政"甚至"误政",它严重背离党的宗旨,极大地败坏我们党长期以来形成的优良干部作风。干部为官不为还严重损害社会公共利益,导致政府承诺无法兑现,民众利益诉求无法得到满足,从而严重损害党和政府的公信力。

第二,导致政策中梗阻,严重贻误"四个全面"战略布局的顺利推进。当前,我国处于"四个全面"战略布局推进的关键期。实现"四个全面"战略布局的目标和任务,关键在于落实相关政策,而干部"为官不为"导致相关政策落实不顺畅,出现选择性落实、象征性落实甚至不落实的现象,产生政策落实"上下热、中间冷"的中梗阻问题,导致政策变形

---

① 金银焕:《把领导干部作风建设摆在更加突出的位置》,《理论探索》2007年第2期。

走样、落地难。

第三,损害党群干群关系,严重削弱党的执政基础。"得天下有道,得其民;得其民有道,得其心。"① 当前,我们党面临的最大危险是脱离人民群众。干部"为官不为"严重背离党的群众路线,导致人民群众应予解决的问题得不到解决,使人民群众对干部失去信任,甚至产生抵触、反感情绪,进而使干群矛盾尖锐化。干部"为官不为"问题还具有极大的负面外溢效应和负面导向作用,会导致一些本来"有为"的干部变得"不为"。这不仅严重侵蚀党的健康肌体,导致政治生态恶化,还导致党群干群关系疏远,削弱党的执政基础。

二 干部"官不为问"题的成因

干部"为官不为"是多方面因素综合作用的结果,这一问题的成因大致可以归结为以下四个方面。

(一) 传统政治文化的负面影响

传统政治文化是"传统文化在政治、行政领域里的表现形态"②。传统政治文化以自给自足的自然经济为经济基础,以专制集权制度为现实载体,以儒家文化为精神内核。传统政治文化中既有符合现代社会治理要求的"民本""德治"等积极内容,也有阻碍社会发展的"官本位""权力本位""等级制""明哲保身"等负面内容,这些负面内容为干部"为官不为"问题的产生提供了文化土壤。在现实社会中,"官本位""权力本

---

① 徐洪兴:《〈孟子〉选评》,上海古籍出版社2015年版,第231页。
② 李鹏飞:《论传统行政文化对行政体制改革的影响》,《探索》2001年第2期。

位"已经成为一些干部内化于心的思想意识,"追求权力""保持官位""谋求利益"成为一些干部为官的价值追求,这导致一些干部在谋求更高权力与官位无望或无利可图时产生"官僚主义""形式主义"的不作为态度,工作中"人在心不在",碌碌无为。一些干部将传统政治文化中的"明哲保身""中庸之道"作为处世哲学,认为"木秀于林,风必摧之""行高于人,众必非之"。抱着这样的处世态度,他们不是力求上进,而是做太平官、老好人,为官不为问题明显。

(二)一些干部素质不高、能力不足

当前,发生"官不为问"题的最根本原因在于一些干部素质不高、能力不足。突出表现在三个方面:其一,一些干部思想政治素质不高,群众观缺失。思想是行动的先导,理想信念是干部践行全心全意为人民服务宗旨的内在动力,然而,一些干部在改革开放与市场经济的大潮中经不起权力与金钱的诱惑,理想信念动摇,宗旨意识淡薄,导致自身的价值观、人生观和权力观发生异变,"只想做官,不想做事""只想大权独揽,不想担责""只想出彩,不想出力"。其二,一些干部律己意识、服务意识不强。党的政治纪律、组织纪律与政府行政纪律等是干部必须遵守的基本行为规范,然而,一些干部对党员、公务员的基本工作制度置若罔闻,自由散漫,不坚守工作岗位,出工不出力,严重损害了党和政府的形象。其三,一些干部工作能力与素质不足。"四个全面"战略布局的推进对干部的能力与素质提出了更高要求,但一些干部不能准确、全面地理解党的路线、方针和政策,对推进"四个全面"战略布局的新任务不熟悉,又不愿主动学习,导致在工作中不能有效应对新情况、新问题,主体责任缺失。

（三）干部管理制度不完善

我国干部管理制度的不完善给"为官不为"问题提供了滋生空间，主要表现在以下三个方面。

第一，干部选用制度不完善，为干部"为官不为"提供了现实基础。当前，我国干部选用制度存在漏洞，如干部选用标准教条化倾向明显，强调年龄、学历、民族、性别等条件，而忽视对干部能力和素质的要求，导致干部选用出现偏差。另外，干部选用考察方式单一，主要是换届考察和组织部门考察，缺少日常考察和群众参与式考察。这些都助长了干部"为官不为"问题的产生。

第二，干部考核与激励机制不完善为干部"为官不为"提供了可乘之机。科学、合理的干部考核与激励机制是引导干部干事创业的"风向标"，是激励干部奋发有为的制度保障。我国干部考核与激励机制尚不完善，主要表现在三个方面：其一，考核主体单一化。从干部考核评价主体来看，主要是体制内的上下级考核，缺少社会公众参与的外部考核。其二，考核内容与方式简单化、静态化。目前的干部考核在考核指标设置上笼统、模糊，比较重视共性指标与静态指标而忽视个性指标与动态指标，导致干部"有为"或"无为"都缺乏认定标准与依据；考核形式基本上以组织部门的年度考核为主，往往采用大而化之的统一标准；考核手段是简单化的民主评议、个别谈话等。这就导致干部考核流于形式，助长了干部"为官不为"。其三，考核结果的运用不到位。当前，干部考核结果运用不到位，激励作用不明显，导致干部考核"奖优罚劣"的应然性功能无法得到有效发挥，干部晋升与其考核结果之间的关联度不大。时间一久，"为官有为"

者的积极性被严重挫伤，为官不为问题滋生。

第三，干部退出机制不完善为干部"为官不为"问题的产生与蔓延提供了温床。我国在干部淘汰、退出方面还没有形成比较成熟、完善的制度体系，一般情况下，干部只要没有违法乱纪、渎职犯罪，就可以保住自己的官位和待遇。为进一步规范干部管理，我们党制定了《推进领导干部能上能下若干规定（试行）》，但这只是一个总体性规定，执行上的弹性较大，对干部的威慑力不够强，相关配套机制亟待构建。

（四）一些干部消极适应全面从严治党新常态

一些干部长期以来形成了"官本位""权力本位"的思维定式，习惯了做官就是"当官老爷""捞好处"。他们对全面从严治党新常态及反腐倡廉的高压态势和纪律约束很不适应，感觉"官"越来越难当，失去了干事创业的动力。全面从严治党的大力推进使隐性福利、隐性收入被削减甚至取消，一些干部因此心态失衡，不愿为。随着全面从严治党的推进，公民的监督积极性得到极大提升，社会监督无论从广度上还是效果上都较过去有了明显提高，呈现出现实监督与网络监督并行、覆盖面广、方式多样、效果明显的特点。在此背景下，一些干部对社会监督特别是网络监督产生了恐惧，害怕自己的言行触碰全面从严治党的"红线"，更害怕这些言行被社会公众、媒体（尤其是网络媒体）关注而给自己带来不利影响，因而抱持"宁可不做，也不可做错"的心态，把"为官不为"作为趋利避害的手段。

三　构建干部"为官不为"问题治理机制的路径

问题不能"毕其功于一役"，需要建构科学、系统、全面的长效治理机制。

(一) 构建科学的思想政治教育机制，形成干部"乐于作为"的社会氛围

思想政治教育是我们党的优良传统，在革命与建设时期及改革发展的新时期都发挥了不可替代的作用。随着改革开放的深入，社会现实有了很多新变化，思想政治教育无论在内容上还是在方法上都需要与时俱进。构建科学的思想政治教育机制是继承和发扬党的思想政治教育传统的重要途径，是形成干部"乐于作为"社会氛围的重要保证。科学的思想政治教育机制应包括四个方面的内容：其一，思想政治教育制度化、经常化。邓小平明确指出："领导制度、组织制度问题更带有根本性、全局性、稳定性和长期性。"[1] 只有实现思想政治教育制度化，才能保证干部思想政治教育经常化，才能强化干部的党性观念和宗旨意识。其二，思想政治教育的内容充实。对干部进行思想政治教育的内容要贴近实际，不仅包括马克思主义基本理论教育、党的宗旨教育、理想信念教育，还要包括职业道德教育、社会公德教育和家风教育。通过强化干部的世界观、人生观、价值观和道德养成，推动干部树立正确的权力观、群众观和服务观。其三，思想政治教育的方式多元化。对干部的思想政治教育不能为了教育而教育、为了理论而理论，要采用灵活多样、潜移默化的方式，注重提高教育的实效性，避免生硬的说教式灌输。譬如，可以采用榜样示范与典型警示相结合的方式，使勤政廉政成为干部的共性价值准则。其四，思想政治教育的载体多样化。要结合干部实际，充分利用报纸、电视、网络、手机、远程教育平台等载体，使干部思想政治教育层次化、一体化，提高干部主动接受

---

[1] 《邓小平文选》第 2 卷，人民出版社 1994 年版，第 333 页。

思想政治教育的积极性。要培养干部高尚的道德情操，保证干部能严守职业底线。

(二) 构建人性化的容错机制，形成干部"敢于作为"的制度保障

当前，我国已进入全面改革的攻坚期、深水区。改革涉及的利益复杂，打破利益固化藩篱面临的阻力和困难较大，迫切需要各级干部敢于探索、创新、担当，不断寻求破解改革发展难题的新思路新方法，突破改革的"中梗阻"。为保证干部在全面改革的攻坚战中"敢于作为"，必须建构人性化的容错机制，保障干部"积极进取，敢于担当"，避免出现干部流血流汗又流泪的现象。构建人性化的容错机制要注意三个方面：其一，合理聚焦适用对象的范围。要坚持以"三个区分开来"为标准确定容错机制适用对象的范围。所谓"三个区分开来"，就是"把干部在推进改革中因缺乏经验、先行先试出现的失误和错误，同明知故犯的违纪违法行为区分开来；把上级尚无明确限制的探索性实验中的失误和错误，同上级明令禁止后依然我行我素的违纪违法行为区分开来；把为推动改革的无意过失与为牟取私利的故意行为区分开来"[①]。其二，在民主化、法治化轨道内进行制度保障建构。必须依法建立健全容错机制，并根据社会发展变化及时予以修正完善，实现容错的制度化、规范化、可操作化。其三，将容错机制与纠错机制有机融合。容错不是要遮掩干部的失误，而是要及时纠正干部的错误。因此，要将容错机制与纠错机制协调建构、有机融合，使二者协同发挥作用。

---

① 刘宁宁、郝桂荣：《新常态下如何科学构建容错机制》，《人民论坛》2016年第11期。

(三) 构建立体化的干部培训机制，奠定干部"能于作为"的现实基础

当前，一些干部"不为"的重要原因是缺乏"为"的能力和素质，因此，必须建构立体化的干部培训机制，提升干部的综合素质。建构立体化的干部培训机制要注意四个方面：一是建立长效化的教育培训制度，实现各级干部教育培训定期化、规范化、制度化，尤其要把基层党员干部作为教育培训的重点对象。二是在教育培训的内容上坚持政治思想道德建设与能力素质提升并重，加强对干部的经济发展能力、服务民生能力、依法行政能力、社会矛盾冲突化解能力、政策理论运用能力和信息技术运用能力的培训力度。三是坚持运用学历教育、岗前培训、挂职锻炼、专业培训等多种方式提升干部"善政"的能力与素质，根据不同干部的岗位需要及其特点采用集中教育培训与个体学习相结合的方式，提升干部教育培训的针对性和有效性。四是建立能力素质教育培训考核制度，加强干部能力素质教育培训的过程与结果管理，同时把干部教育培训考核结果与干部晋升结合起来，提高干部参与教育培训的积极性和主动性。

(四) 构建有效的干部选任考核监督机制，激发干部"勇于作为"的内生动力

有效的干部选任考核监督机制是解决干部"为官不为"问题的利器，该机制有利于把各级干部的思想和行为引导到干事创业上来，增强干部勇于作为的内生动力，形成"有为者有位，不为者让位"的政治新常态。构建有效的干部选任考核监督机制的基本路径有四条：其一，建立健全干部

选任机制。干部选任要坚持公开公正、德才兼备、以德为先的原则，真正形成"有为者有位"的用人导向。其二，构建科学的、常态化的干部考核机制。具体有三个步骤：首先，要优化考核指标设计，坚持共性考核指标与分类考核指标相结合，实现精准考核。其次，要改变考核的方式、方法，坚持平时考核、专项考核与年度考核相统一，实现上级、平级、下级评价与群众评价有机结合，增强考核结果的真实性。最后，要充分运用考核结果，把考核结果作为干部晋升的一个重要衡量因素。其三，构建干部良性退出机制。要根据《推进领导干部能上能下若干规定（试行）》，制定相关配套制度，科学认定干部的"德、能、勤、绩、廉"，建立干部"能下"的通道，形成干部"能下"的社会氛围。其四，建立健全干部监督机制。在强化党内监督的基础上，建立覆盖全社会的监督网，充分发挥人民群众对干部监督的主体作用，积极发挥网络等新媒体对干部监督的作用，实现对各级干部工作状态的立体化监督，使"为官不为"者随时可以被发现、被问责，从而推动干部积极有为。

（五）构建全面的干部保障机制，形成干部"甘于作为"的保障体系

马克思曾说："人们为之奋斗的一切，都同他们的利益有关。"[①] 当前，各地公务员收入不高、工作效益与物质待遇不相称等问题不同程度地存在。有鉴于此，要构建全面的干部保障机制，切实解决干部的后顾之忧和精神动力不足问题。保障机制具体有四：其一，建立并实施干部职务与职级并行制度，切实解决干部晋升难，特别是基层干部晋升空间小、待遇偏低等问题。其二，建立科学、灵活的干部薪酬制度，使干部薪酬增长与经

[①] 《马克思恩格斯全集》第1卷，人民出版社2002年版，第187页。

济发展速度相一致、与所在地生活消费水平匹配，提高激励性薪酬的比例，切实调动干部的工作积极性。其三，构建干部精神关爱与激励机制，加大对干部的精神关爱力度，加强对干部的心理疏导。其四，探索建立并实行干部荣誉勋章制度，对工作实绩突出的干部由主要领导颁发荣誉勋章和证书并进行谈话激励，增强干部精神激励的层次性。

（原载《中州学刊》2017 年第 1 期）

从不作为政治到责任政治：净化党内政治生态的一个分析维度[*]

邹庆国[**]

净化党内政治生态是全面从严治党的重大课题。"净化"的意蕴主旨在于及时清除党的自身建设和治国理政活动中存在的不健康因素和消极力量。在高压反腐的新态势下，存在于人类政治生活中的"为官不为"现象在一些地方呈现出加剧化、弥散化趋向，成为一个具有一定普遍性、顽固性的突出问题。在此背景下，确立"不作为政治"的概念工具，揭示和激发党内政治生态中"责任政治"的价值意蕴，探讨不作为政治向"责任政治"的转换逻辑和实践路径，是净化党内政治生态的一个重要分析维度。下面分五部分予以论述。

一 "不作为政治"的概念界说

党的十八大以来，随着高压反腐政策的持续发力：一方面，"为政不廉"

---

[*] 基金项目：2016年度全国党校系统重点课题"推动党风廉政建设和反腐败斗争向基层延伸研究"；2011年度国家社会科学基金项目"中国共产党地方委员会领导制度科学化问题研究"（11BDJ023）
[**] 邹庆国，聊城大学政治与公共管理学院副教授，硕士生导师。

现象得到有效遏制；另一方面，"为官不为，廉而不勤"现象则在一定范围内扩散蔓延，成为党内政治生态的一个污染源，引发了学界的热议。值得关注的是，很多人倾向于把现阶段的官员不作为看作执政党实施正风肃纪、高压反腐行动的一个副产品，是部分官员对其既得利益受损的消极回应和反弹，并以此为认知前提来讨论官员不作为的防治对策，这容易陷入"头痛医头，脚痛医脚"的逻辑误区。笔者以为，为拓宽对"为官不为"现象的探讨视界，增强对问题的解释力，应确立起"不作为政治"这样一个描述性的概念工具，通过与责任政治的对比讨论，深化对党内政治生态品格特质的认识。实质上，"为官不为"现象是绵延存续于人类历史上的一种政治行为模式。在中国古代，统治者高度重视对于官员不作为的法律规制，秦律中的"废令罪"是中国古代对官员行政不作为的最早规定。西方建立现代文官制度已有150余年的历史，但时至今日，懒政、怠政、庸政等问题仍是困扰各国政府的共同难题。这种现象具有某种程度的"政治化学反应性"，其残余因素会随着某一时期政治生态要素的局部变化而变得尤为活跃。就"为官不为"现象的历时性和空间性来看，其整体上展示出重复再生、稳定存续的轨迹，是人类政治生活中面临的共同课题，可以称为一种具有特定指称的异化的政治形态——不作为政治。

"不作为"是一个广泛运用于法学领域的概念术语（"行政不作为"也主要以行政法规为判定依据）。"不作为是相对于作为而言的，指行为人负有实施某种积极行为的特定的法律义务，并且能够实行而不实行的行为。"[①] 法学话语中的不作为，以法律义务、法律责任为判断基点，遵循着"义务—应为—能为—不为"的法理逻辑。政治生活场域中的不作

---

① 陈兴良：《犯罪不作为研究》，《法制与社会发展》1999年第5期。

为，则以政治权力为认知基点，对应着政治义务—责任、法律义务—责任、伦理义务—责任等多重关系范式，内含着"权力—义务—应为—不为"的政治逻辑。在此逻辑链条中，法律义务中基于自然人的"能为"构件并不体现在政治权力义务之中，盖因为权力行使需要行为主体具备道德、知识、技能等多种要素条件，客观上存在着能力不足的"不能为"问题。简言之，不作为政治是政治主体以消极态度认知和行使权力，包括拒不履行、选择性履行、不完全履行、不能履行权力责任与义务等多种状态的政治行为模式。

我们对于不作为政治的探讨，必须凸显"依据中国""基于中国"的学术立场，以坚持和完善中国特色社会主义政治制度、推进全面从严治党战略的深入实施为基础背景和根本依托。否则，就会沦为纯粹学理层面的抽象争论或概念话语层次的政治空谈。从当代我国政治生活的现状来说，"为官不为"具有多种表现形式。习近平指出："综合各方面反映，当前'为官不为'主要有三种情况：一是能力不足而'不能为'，二是动力不足而'不想为'，三是担当不足而'不敢为'。"[①] 能力、动力、担当和不能、不想、不敢等语词传递的政治行为信息，揭示出权力与责任的关联断裂状态及因果关系，可视作当前阶段我国政治实践中存在的不作为政治的基本呈现形式。概括来说，不作为政治的理念与逻辑体现出以下五个基本特征：一是主体心理的消极性，表现为颓废、懈怠、慵懒等心理品质，消解干事创业的动力，窒息改革创新的活力。二是动机的功利性，表现为以私利为出发点，对党和国家的政策采取选择性执行方式，对自己有利的就

---

① 习近平：《在省部级主要领导干部学习贯彻党的十八届五中全会精神专题研讨班上的讲话》，《人民日报》2016年5月10日。

干，无利的就推诿回避，实质上是一种政治投机主义行为，是政治伦理退化的表征。三是行为的保守性，表现为患得患失、畏难惧险情绪严重，奉行求自保不作为的行为准则，遵循"宁肯少干事甚至不干事，也要保证少惹事、不出事"的行为逻辑，攻坚克难的勇气和魄力不足，会贻误改革发展由量变到质变的良机。四是策略的权宜性，表现为被动应付心态严重，对经济社会发展中的问题缺乏治本性的长远谋划，采取变通性、权宜性手段，使很多问题恶性循环，积重难返。五是评价的模糊性，表现为很多不作为现象发生在"可为"与"可不为"的交叉地带，属于现行考核制度无法触及的"弹性行为"，即使发现了也难以依规惩治，极大增加了治理难度。

二 当前阶段不作为政治行为模式的诱因分析

不作为政治的行为模式是特定政治心理、政治动机、政治手段等要素交互作用的产物，在不同历史时期和社会制度条件下，它会随着体制变革、政策变动以及社会环境变迁，在形式、频率和程度上有所变化。观察当前阶段中国政治生活实际，这种行为模式总体上呈现出加剧化、弥散化、顽固化的危险趋向。对其诱发因素和生成逻辑，主要可从以下三个方面进行分析、推导。

1. 从主体素质来说，政治主体相对固化的思维和行为模式不适应发展战略转型提出的新要求

"四个全面"战略布局实质上是一种全方位的发展战略转型，意味着结束以 GDP 论英雄，"一肥遮百丑"的评价方式，要求官员摆脱那些依附于传统发展模式的思维观念和行为逻辑，确立包含生态改良、结构优化、

民生改善等综合指标的全面发展思路与能力体系。在转型阶段，一方面，政策供给的限制性条件不断增多，另一方面，对发展的质量要求明显提升。这些均对政治主体的能力素质提出了更高要求，体现为思维观念、行为模式的解构与重构。在新的经验积累不充分的情况下，一些官员未能适应新模式的要求，因决策难度、风险不断加大而在短期内产生了迷惘困惑、犹豫观望的心态，体现出"不知如何作为"的阶段性特点。

2. 从行为动力来说，失衡的激励结构是政治主体动力趋弱化的重要原因

激励结构主要由制度性激励与非制度性激励两部分构成。就正式制度而言，以"维稳"为核心，以"一票否决式"考核为制度工具的负面激励权重过大，是激励结构失衡的重要表现。20世纪80年代末，邓小平提出"稳定压倒一切"的论断（这里的"稳定"主要是指政治稳定），既有其特定的时代背景，也符合中国改革的内在逻辑。问题在于，很多地方和单位对"稳定"的理解出现偏差，以至于把社会的、法律的所有矛盾或冲突统统置于"稳定"的政治语境之中，导致各级官员尤其是基层干部承载着无限的维稳压力。客观而论，改革进入"深水区"，任何改革决策均会不同程度地触动某些个体或群体的利益，出现分歧与纠葛是正常现象。如果不加分析地纳入"一票否决"的惩戒性考核体系之内，就会转变官员的行为偏好，严重影响行为动力。这正是一些基层政权选择"不出事逻辑"的直接诱因。就非制度性激励而言，来自社会领域的负面评价因素过多，是激励结构失衡的另一表现。在"人人都有麦克风"的时代，一些官员在进行决策时，往往在各种非理性舆论压力下表现出迟疑或退缩倾向。学者郑永年提出，"民意的压力也来自今天

中国社会利益和声音的多元化，做什么样的改革，总会出现阻力和反对者。尤其是在社交媒体时代，反对者具有了强大的动员能力，聚集足够的反对声音，甚至挟持改革方案"①。此外，由于某些媒体对少数腐败现象的偏颇性关注或非理性演绎，催生出"官员污名化"等不良社会心态，致使一些官员产生心理上的挫败感，积极作为的动力也不同程度受损。

3. 从政治心理来说，高压反腐政策的持续发力，在相当程度上影响着官员的行为动机

习近平提出的"持续保持高压态势，做到零容忍的态度不变、猛药去疴的决心不减、刮骨疗毒的勇气不泄、严厉惩处的尺度不松"②，是当前我国反腐政策的根本要求，是净化党内政治生态的关键举措并已取得显著成效。不可忽视的是，面对高压反腐的政治环境，一些官员表现出的复杂心理动机有三：一是随着对主体责任的突出强调，一些党政组织的负责人担心领导班子成员出问题而使自己承负连带责任，产生宁肯少干事、不干事，也要尽量少出事的畏惧心理。一把手在各项决策中的话语分量，决定了他们的消极心态是衍生不作为现象的关键因素。二是少数"问题官员"产生担忧被检举揭发的惶恐心理，出于对自身腐败行为的掩饰与遮蔽，选择低调行事的消极不作为策略。三是一些官员从政动机不纯正，在权力行为受到严格限制，寻租空间大大压缩的条件下，产生了付出与回报不对等的失衡心理，这也是不作为现象的重要诱因。

---

① 郑永年：《中国如何避免"官员不作为"现象?》，《联合早报》2014年11月14日。
② 中共中央纪律检查委员会、中共中央文献研究室：《习近平关于党风廉政建设和反腐败斗争论述摘编》，中央文献出版社、中国方正出版社2015年版，第102页。

三 不作为政治：党内政治生态局部恶化的重要表征

党内政治生态是党内政治系统各构成要素之间关联互动状态的综合映射。党内政治系统主要包括党内政治关系、党内法规体系、党内政治行为方式、党内政治文化等要素。党内政治生态质量取决于这些基本要素之间的良性互动与协调发展的程度。党内政治生态局部恶化的基本含义在于：在某个阶段内某些要素发生不同程度的变异，要素功能退化，从而引发政治系统内的生态性紊乱。腐败是执政党面临的最大威胁，是党内政治生态的重要污染源；不作为政治本身也是一种腐败，是当前阶段党内政治生态局部恶化的重要表征。对此，以下从历时、空间和参与范围三个视角作出具体分析。

1. 从历时的维度来看，局部恶化的关键"病灶"已从党纪松弛、腐败严重转换为不作为问题

党的十八大之前，党内政治生态的突出问题集中体现在两个方面：一是党内法规执行失之于"宽、松、软"的问题。党规党法是党内政治生态"山清水秀"的根本保障。习近平明确提出："法规制度的生命力在于执行""对违规违纪、破坏法规制度踩'红线'、越'底线'、闯'雷区'的，要坚决严肃查处，不以权势大而破规，不以问题小而姑息，不以违者众而放任，不留'暗门'、不开'天窗'，坚决防止'破窗效应'。"[①] 党的十八大以来，党中央以严格执行八项规定为突破口，以完善党内法规体系为依托，采取各种举措严防制度沦为"稻草人"，制度的权威性和刚性约

---

① 习近平在十八届中共中央政治局第二十四次集体学习时的讲话，参见《人民日报》2015年6月28日。

束力显著增强。二是腐败易发频发高发的问题。习近平郑重指出,"我们党作为执政党,面临的最大威胁就是腐败"①。腐败现象对党内政治生态的破坏性是全方位的,因为"腐败分子往往集政治蜕变、经济贪婪、生活腐化、作风专横于一身"②。也就是说,腐败不仅体现为对有形的公共利益的肆意吞噬,更体现为对无形的执政公信力的侵蚀和党风、政风、社会风气的败坏。党的十八大以来,党中央以前所未有的高压态势,逐步形成了腐败治理的科学思路:"在空间布局上是'老虎''苍蝇''狐狸'一起打;在时序安排上是前期以治标为主,为后期的治本赢得时间并创造条件;在逻辑理路上是以追惩式反腐行动的震慑力创造'不敢腐'的政治氛围,以'权力入笼'构建'不能腐'的制度环境,以构建优质的政治生态上升至'不想腐'的伦理境界。"③反腐败的压倒性态势业已形成并取得阶段性的显著成效。我们观察到,随着党纪党规的严厉执行和反腐压力的持续递增与通畅传导,党内政治生态局部恶化的关键"病灶"已经发生位移,转变为不作为问题。"为官不易""官不聊生""当能官就不能当清官""反腐败影响经济发展"等论调即此背景下部分官员抗拒心态的折射。可以说,对不作为政治的矫治,已经成为当前阶段净化党内政治生态的关键问题。

2. 从空间维度来看,不作为的重心发生位移,从相对集中于利益稀疏区域转向利益密集区域

一份来自山西省的调研报告称:"过去,党员干部不作为,大多集中在无利益的领域,出现'九龙治水'而无人治水等问题,但反腐高压态势

---

① 习近平:《在庆祝中国共产党成立95周年大会上的讲话》,《人民日报》2016年7月2日。
② 同上。
③ 邹庆国、王世谊:《腐败治理中政策压力的传导效力问题论析》,《中共中央党校学报》2016年第2期。

下，过去争着抢着去作为的领域和环节现在变为不作为的领域和环节。"①本文所指的利益密集区域，主要包括两个方面：一是权力资源丰富的区域，主要包括干部选任、项目审批、能源开发管理、房地产管理等。在传统模式下，这些领域中的权力机构公认为是有"实权"的部门，是各类利益主体争相"围猎"的对象，权力行为带来的政绩、"灰色收入"、社会地位等不同形式的"回报"相当丰厚，因而成为权力行为活跃，权力寻租风险高的领域，集中着政治生态恶化的主要因素和突出问题，催生出塌方式腐败、各类资本"围猎"权力、圈子文化泛滥、政商关系畸形化等生态恶化现象。在全面从严治党的新态势下，这些事关政治经济社会长远发展的领域则成为不作为的高发区。比如，有的单位宁肯贻误工作也不配备干部；有些党政官员对企业老板敬而远之，不为企业排忧解难；项目审批怕担风险，采取"门易进，脸好看，事不办"的消极对策，等等。二是以"维稳"为制度目标的利益冲突相对激烈和社会抗争性强度较高的区域。这些区域汇集着城市拆迁改造、农村土地征用、群体性事件处理、公共危机应对等工作事项，不同社会主体之间的利益博弈与冲突、社会个体或群体的抗争性行动多发频发，同样属于利益密集区域。过去在"一票否决式"考核的制度压力之下，党政干部运用"刚性"维稳手段尚能积极作为，而当前依法治国的政治逻辑内在规定着，不仅要考核"维稳"的积极结果，还要监督权力行为过程、方式和手段的正当性与合法性。在此背景下，一些干部为规避责任风险，也采取消极不作为方式来对待这些领域的工作。比如，有的地方怕出现纠纷，中断或放弃很多关系国计民生的惠民

---

① 山西省党建研究会课题组：《反腐高压态势下党员领导干部"不作为"问题研究》，《中国延安干部学院学报》2015年第2期。

项目。从权力配置与运行的一般规律来看，上述这些利益密集领域汇集着国家治理体系架构的支撑点、改革攻坚的聚焦点、社会秩序的高危点、民生改善的着力点。不作为现象集中于这些领域之中，其产生的负面效应会更明显，对执政资源的挥霍、执政公信力的侵蚀更为严重。

3. 从参与范围的维度来看，不作为政治的行为模式被不断复制模仿，诱发党内政治生态的内卷化风险

"内卷化"意指一个社会、组织或个人，既无渐进式增长，亦无突变式发展，进入简单循环、自我重复、原地踏步的状态。在过去，不作为现象更多发生在缺乏权力资源的普通公务人员以及极少数主要领导之中，充其量可以视作一种"偷懒"行为，更多地与个人素质差异、职责不清、管理漏洞等因素有关，尚属于任何政治系统都能容忍的限度之内、无法完全规避的"必然之恶"。而在当前，参与群体具有不断扩大的危险趋向，"这种不作为的心态具有传染性，很容易呈现出'集体感染'的政治生态反应"[1]。其实，在政治生态中，不作为政治固有的价值观念与行为模式一直潜在在场，在新旧政治秩序切换的特定阶段，其固有习性被重新激活甚至扩张放大，演进成一种弥漫性、消极性的经验样式，被很多官员视作缓解政治风险和政策压力过程中成本最低的选择。不作为现象本身具有很强的隐蔽性，加之现行考核制度尚缺失对此问题的有效制约，治理难度相当大。不作为一旦成为一种普遍性现象，不但会成为净化党内政治生态的"顽疾"，而且会消解对政治系统内其他要素的改良力度，拉长治理时段，使政治生态建设如车入泥潭，陷入低层次的自我重复状态之中，产生内卷化的治理风险。

---

[1] 金太军、张健荣：《"为官不为"现象剖析及其规制》，《学习与探索》2016年第3期。

四 责任政治：党内政治生态的根本特征和固有属性

责任政治公认是现代民主政治的基本特征和重要组成部分。政治学视野中的"责任"有其特定含义。责任意味着对授权者的"回应或答理""愿意接受责备和承受适当的惩罚"，是"以明智、合理或在道德上正确的方式来行为，而不如此往往会面临压力"[①]。从发生学意义上来说，责任政治属于舶来品，是立基于"主权在民"和"社会契约"原则的西方代议制民主的逻辑演进结果。公权力的委托–代理关系直接催生出授权者与权力受授者之间的关系，权力与责任具有天然关联，责任是公权力授予和行使中的元问题。简言之，责任政治是指政治主体要对权力行为过程及后果负责的政治活动状态。

本文讨论的不作为政治是对责任政治原则的直接背离与异化。责任政治为治理不作为问题，净化党内政治生态提供了理论范式和实践路向。马克思主义政党的党内政治生态本质上是一种先进的政治文明形态，而"责任政治的精神蕴涵与政治文明的内在价值之间存在着契合关系，责任政治是政治文明的基本形态"[②]。在此意义上理解，责任政治应是党内政治生态的根本特征和固有属性。这一判断，既具有理论逻辑的自洽性，又具有历史逻辑和现实逻辑的自明性。下面分别从三个逻辑来予以论述。

1. 理论逻辑：责任政治是马克思主义政党政治的根本属性

马克思主义政党政治代表着一种新型的政治形态，它以唯物史观为理论基石，坚守着关注人类社会终极命运、解放全人类的责任情怀，秉持着

[①] ［英］安德鲁·海伍德：《政治学核心概念》，吴勇译，中国人民大学出版社 2014 年版，第 95 页。

[②] 张贤明：《政治文明的基本形态：责任政治》，《吉林大学社会科学学报》2004 年第 6 期。

代表绝大多数人利益、对绝大多数人负责的政治理念，定位于"社会公仆"的政治角色，确立起"人民主权—普遍选举—授权—监督—随时罢免"的权责关系。马克思在《法兰西内战》中揭露了资产阶级议会制的阶级实质，清除了把政治管理视作高不可攀的神秘事情的错觉，认为无产阶级政权"彻底清除了国家等级制，以随时可以罢免的勤务员来代替骑在人民头上作威作福的老爷们，以真正的责任制来代替虚伪的责任制，因为这些勤务员总是在公众监督之下进行工作的"①。可以说，责任政治是马克思主义政党政治的原本属性，并且在政治理念的崇高性、政治地位的平等性、权力主体的人民性、民主授权的真实性等方面实现了对议会制框架之中责任政治形态的批判与超越。

2. 历史逻辑：践行责任政治是中国共产党的一贯立场和内在品格

以不同方式获取政权，是政党政治的核心内容之一。中国共产党在以武装斗争方式夺取政权的新民主主义革命时期，自觉承担起民族革命和民主革命的双重历史责任，确立起服务人民的政治宗旨，坚守对人民负责的政治准则。毛泽东指出："我们的责任，是向人民负责。每句话，每个行动，每项政策，都要适合人民的利益，如果有了错误，定要改正，这就叫向人民负责。……人民要解放，就把权力委托给能够代表他们的、能够忠实为他们办事的人，这就是我们共产党人。我们当了人民的代表，必须代表得好。"② 革命即将胜利之际，我们党就对掌握权力可能带来的风险保持着高度警惕，提出"两个务必"的重要论断实质上就是忧患意识和责任意识的体现。执政之后，党始终把对人民负责，防止权力异化，防范权力行

---

① 《马克思恩格斯选集》第3卷，人民出版社1995年版，第96页。
② 《毛泽东选集》第4卷，人民出版社1991年版，第1128页。

使者由"人民公仆"变成"人民主人"作为自身建设的关键环节,探索建立党内监督和群众监督相结合的权力监督体系,并确立起主要依靠群众运动方式来追究权力责任的政治净化机制。尽管这一方式具有很大的局限性,政治动机与效果之间存在着较大落差,但是这一时期积淀形成的自我约束意识和权力监督原则,无不体现着当代语境中责任政治的价值理念。

改革开放启动至党的十八大召开这一历史时段,是现代责任政治理念厚植、责任制度逐步完善、问责机制初步形成的关键时期。改革开放之初,针对"文化大革命"后党政机关、企事业单位管理混乱问题,邓小平正式提出"责任制"的概念。此后,责任理念在行政改革、政府建设等公权力活动领域得以广泛传播。"非典"事件的处理,被视作对行政不作为进行制度问责的肇始,并在安全生产监管、公共危机应对等领域得以拓展运用,先后出台了一系列部门性、地方性的问责追责制度细则。与此同时,随着问责实践的深入,一些深层次的体制性冲突也开始显现。在党政二元化权力结构中,存在着党委、人大、政府、司法等问责主体的认定问题,也存在政治责任与行政责任、决策责任与执行责任的区分问题。2010年颁布实施的《关于实行党风廉政建设责任制的规定》,是问责制在党内治理中正式确立的重要标志。总体而论,这一时期的问责实践促进了法治、责任、有限、透明等政治理念的传播和接纳,责任政府建设取得重要突破,责任政治成为中国特色社会主义民主政治的重要组成部分。不容否认的是,在这一时期,问责触点主要集中于公共危机高发领域,"运动式""风暴式"问责居多,来自上级领导压力下的"弹性问责"大量存在,重事后惩处而轻事前、事中的履责督促。这些问题的存在,迫切需要作出新的探索突破。

3. 现实逻辑：责任政治是全面从严治党的核心价值诉求

坚持一党长期执政是中国政党政治的根本特点，内在规定着党内治理处于国家治理的核心和优先位置。党的十八大以来，党中央提出了全面从严治党的战略命题，净化党内政治生态被确立为破解这一命题的发力点。综观近几年的实践，责任政治已经成为管党治党活动的立基点和主基调，问责追责成为改良党内政治生态的有效路径。主要表现有四：一是牢固确立起"有权必有责，用权受监督，失职要问责，违法要追究"的政治理念；二是形成以主体责任和监督责任为主，涵盖政治责任、法律责任和伦理责任的责任内容体系；三是架构起以《中国共产党问责条例》《中国共产党纪律处分条例》《中国共产党廉洁自律准则》《中国共产党巡视工作条例》等为主体的问责制度体系；四是逐步形成以强化党内监督为基础手段，以巡视常态化为制度工具，以层层传导压力为驱动力量的问责追责路径。上述内容，呈现出"知责—定责—践责—评责—问责—追责—惩处"的链式责任结构，责任政治作为党内政治生态的固有属性被彻底激活并发挥出实际效能。在宏观层面上，从传统的责任政府建设为主转向责任政府、责任政党一体推进；在微观层面上，从以"过错"追究为主转向"过错""乱作为""不作为"等多状态下的全面问责，为矫治不作为政治"顽疾"提供了体制条件与路径指向。

五　从不作为政治转向责任政治的实践节点

改良不作为政治的存活土壤，完善责任政治的条件要素，实现从不作为政治到责任政治的形态切换，是当前阶段净化党内政治生态的重中之重，体现出"破"与"立"的辩证法。不作为政治的行为模式是历史的与现实的、长期性的与阶段性的、体制内的与体制外的等多种因素交织作用的产物，需要确立突出重点、系统清理、久久为功的转换与建构思路。具体来说，当前阶段应重点关注以下六个实践节点。

1. 厚植"权责对等"理念，创设践行责任政治的思想条件

在政治生活场域，没有脱离具体权力的抽象责任，也不存在缺失责任规约的绝对权力。权力与责任是一体两面、共生共存的关系。行使权力的过程，即履行责任的过程。有多大权力，必有多大责任，"权责对等"是责任政治的核心理念。权力体现为一种对他人或资源的支配能力，责任则表达着权力的价值向度。价值向度出现偏差，权力行为必然会扭曲异化。不作为政治实质上是对权力责任的推诿、减损或放弃，根源于政治主体行使权力的价值向度出现了问题，是权责失衡的表现。为此，清除党内政治生态的"顽疾"——不作为政治，应把厚植"权责对等"理念作为思想基础和前置条件，引导党员领导干部树立权为民所赋，权为民所用的马克思主义权力观，促进政治心理的良性调适，培育敢于担当，自觉履责、担责、负责的政治品格，激发政治行为的内驱力。

2. 严肃党内政治生活，净化践行责任政治的内部环境

执政党是责任政治的实践主体。责任政治是党内政治生态的固有属性，从根本上讲，要依靠党内政治生活的具体实践来维护和激发。严肃党内政治生活既是净化党内政治生态的基本路径，也是践行责任政治的题中之义。党内政治生活具有党性锻炼、发扬党内民主、维护党内秩序、防错纠错、党内监督等基础功能，核心目标在于建构起涵养党的先进性与纯洁性的内生机制，及时清除党内生活中的不健康、不洁净因素，保持马克思主义政党的固有品质。不作为政治的观念和行为模式，与先进性和纯洁性

的根本要求背道而驰,是党内政治环境中的突出问题。为此,须通过加强思想政治教育、坚持民主集中制、严格党的组织生活、严明政治纪律和政治规矩、开展批评与自我批评等途径,持续改良党内政治生活"土壤",切断不作为心态与行为的传播扩散路线,最大限度地压缩其存活空间,为践行责任政治创造健康洁净的党内环境。

3. 引导社会舆论从相当程度的"丛林状态"走向理性轨道,优化践行责任政治的外部环境

政治从来就不可能是孤立的存在,而是社会中的政治。如前分析,社会舆论的负面评价力量过于强势,导致非制度性激励结构失衡,是不作为政治现象的一个重要诱因。一些社会学家对中国的社会状态提出担忧,认为随着结构性分化的加速,利益多元化、观念多样化态势的固化,社会信任度在不断降低,社会的"原子化"征兆越来越明显。代表国家叙事的主流价值观念受到很大冲击,社会舆论在相当程度上陷入"丛林状态"。在当前干群关系修复、恢复,高压反腐成果巩固、扩大,政治公信力渐进式提升的特定阶段,借力于新媒体的技术优势,"仇官""仇富"等复杂社会心态被非理性放大,对政治行为及效果缺乏客观理性的评价,很多领导干部对政治声誉的预期与社会舆论评价之间的张力不断拉大,在担当负责的政治动机屡屡受挫的条件下,不作为心理就可能占据主导位置。为此,应高度重视对公共舆论的引导和疏导,加强主流舆论阵地和新闻媒体的职业伦理建设,发挥公共人物、意见领袖等群体对社会舆论的正向引领作用,营造正面激励为主,富含公平、正义、理性、包容、协作等价值元素,有助于创建激励责任政治行为的社会环境。

4. 健全责任认定标准体系，保障问责追责的公平性和精准性

问责追责是责任政治的内在规定，也是治理不作为的关键环节。责任认定的标准是否科学，直接决定着问责追责的实际效能。如果认定标准中具有太多的主观性、随意性和变动性成分，责任追究因人、因事而异，充满太多不确定性和不可预期性，就会挫伤责任政治的行为动力，助长不作为现象。因此，应把健全责任认定标准体系作为根本前提，对权力责任进行科学界分，在性质上要厘清政治责任、领导责任、法律责任、伦理责任之间的基本边界，在程度上要明确完全不作为、少作为、乱作为、慢作为、懒作为等行为的相应责任，在主体上要对集体责任和个人责任、主要责任和次要责任、直接责任和间接责任等作出清晰界定，保障问责追责行为的公平性和精准性。如此，才能使领导干部对权力行为及后果产生稳定预期，才会在权力后果与责任评价的良性互动中自觉保持责任政治行为的稳定性。

5. 完善政绩考核体系，走出"管理效应悖论"的误区

政绩考核是领导干部政治行为的"导向仪"和"矫正器"，对于遏制不作为，鼓励责任政治行为意义重大。政绩考核体系具有动态性和开放性特征，需要结合政治活动实践，及时纳入合理有效的激励元素。隐性政绩就是一个值得高度重视的激励要素。在管理学视野中，管理者一般面临着两类问题：一是需要当即解决且必要性已经充分显示的问题；二是处于萌芽或隐蔽状态，具有潜在风险的问题。前者可以有明显的"显性效应"，后者却只能获得"隐性效应"，在投入与获得（效应）之间出现了不对称现象，被称为"管理效应悖论"。它与官员不作为之间的内在联系在于，许多官员出于自身利益考虑，会放弃一些正常但效应不明显的管理，回避

其应尽的管理职责。① 客观检讨传统的政绩考核体系，隐性政绩的长期缺席或权重过小的确是官员不作为的一个重要诱因。为此，应进一步加强和深化对隐性政绩问题的研究探讨，纠正重"显绩"轻"隐绩"的制度偏差，将解决隐性问题明确纳入官员职责之中，使隐性政绩成为一个可观察、可量化、可评价的考核要素，激励官员在面对那些可为、可不为的"模糊问题"和"弹性职责"时，作出明智的、负责任的行为选择。

6. 构建容错机制，营造政治主体担当有为的制度氛围

从某种意义上讲，政治是一种可能的艺术。之所以这样说，原因即在于政治的理想图景与实践形态之间存在着永久的张力。这种张力在治理不作为，践行责任政治过程中的具体表现在于：一方面，责任是公共权力的固有元素和应然诉求，责任体系的建构需要很多预设条件，但它不可能穷尽所有的可能性，总是具有一定的理想化成分；另一方面，权力实践是具体而复杂的，权力环境中的不可抗力因素、官员知识能力的局限性和不平衡性、改革攻坚的固有风险性等，又客观上需要设置一定的允许试错、包容过失的制度空间。上述两方面之间张力的存在，是不作为问题难以有效治理的根源所在，也为构建容错机制提供了认知基础。容错即意味着免责，关键在于把握"错"的性质，区分"有心之过"与"无心之失"、敢作为与乱作为之间的界限。习近平指出，"要把干部在推进改革中因缺乏经验、先行先试出现的失误和错误，同明知故犯的违纪违法行为区分开来；把上级尚无明确限制的探索性试验中的失误和错误，同上级明令禁止后依然我行我素的违纪违法行为区分开来；把为推动发展的无意过失，同

---

① 参见杜福洲《"管理效应悖论"的消极影响及解决之道——官员不作为的另类解释》，《党政干部学刊》2010 年第 12 期。

为牟取私利的违纪违法行为区分开来,保护那些作风正派又敢作敢为、锐意进取的干部,最大限度调动广大干部的积极性、主动性、创造性"[1]。在坚持"三个区分开来"原则的前提下,应把容错机制纳入问责制度的框架之内进行考量,针对不同层级、领域、部门、岗位的具体工作内容,通过完善权力清单、细化职责、规范程序、加强监督,完善容错机制的构建基础;同时,要结合实际,制定包括改革风险评估、风险分级、决策备案等内容的实体性制度,以及包含结果评价、性质认定、上报批准、责任豁免、沟通反馈等环节的程序性制度,防范容错免责机制演变为责任推卸、包庇纵容的工具,切实发挥其激励改革创新、担当敢为、干事创业的导向功能,营造践行责任政治的良好制度氛围。

(原载《江汉论坛》2017年第2期)

---

[1] 习近平:《在省部级主要领导干部学习贯彻党的十八届五中全会精神专题研讨班上的讲话》,《人民日报》2016年5月10日。

习近平的本领观与学习型政党建设[*]

刘焕申 杨丽梅[**]

面对纷繁复杂的国际国内形势和中国特色社会主义深化发展的艰巨任务,以习近平同志为核心的党中央强调全党要树立和增强本领意识,要加强学习,把握学习的方向和方法,努力建设学习型政党,更好地领导推进全面深化改革和社会主义建设伟大事业。下面分三部分予以介绍。

一 结合历史发展和推进中国特色社会主义深化发展的战略高度,提出全党要树立本领恐慌意识

站在全面建成小康社会和全面深化改革的重要历史阶段,习近平强调全党要树立和增强本领恐慌意识。这对于克服自满情绪,正确认知前进道路的风险挑战,攻坚克难,具有重要意义。具体说来有以下两个方面。

---

[*] 基金项目:山东省社会科学规划研究项目"习近平社会主义建设风险思想研究"(14CXJJ07);山东省高校人文社会科学研究计划项目"马克思主义青年化研究"(J12WA58);山东省党建研究会2015年度重点课题"习近平总书记制度治党思想研究"(SD2015DJ0301)的阶段性成果。

[**] 刘焕申(1973—),男,山东东阿人,聊城大学马克思主义学院副教授,主要研究马克思主义基本原理与中国特色社会主义;杨丽梅(1976—),女,河北辛集人,中共四川省委党校、四川行政学院政治学教研部副教授。

(一) 中国革命建设改革是与本领恐慌相伴而行的，是一个不断克服本领恐慌、取得辉煌胜利的进程

所谓本领恐慌，是指由于人的才识能力不足而难以应对新情况、新问题、新挑战时产生的惶恐不安情绪。"本领恐慌"实质上就是知识恐慌、能力恐慌。1938年10月，武汉会战结束后，中国抗日战争进入了战略相持阶段，中国共产党领导的敌后战场成为这一时期的主战场，侵华日军将主要兵力用于打击在敌后战场的八路军和新四军，而对国民党政府则采取以政治诱降为主的方针。陕甘宁边区和敌后各抗日根据地因为受日军"扫荡"和国民党政府经济封锁的影响，在财政方面日益困难。在这种新形势、新情况下坚持抗战，发展抗日力量，反对分裂，坚持抗日民族统一战线的团结是一个严峻挑战。针对一部分党员干部不能适应新形势的现实，1939年5月20日，毛泽东在延安在职干部教育动员大会上的讲话中第一次提出了"本领恐慌"的概念。他尖锐指出："现在我们的队伍里面发生了这样一个矛盾，就是我们的干部不学习便不能够领导工作……我们队伍里边有一种恐慌，不是经济恐慌，也不是政治恐慌，而是本领恐慌。过去学的本领只有一点点，今天用一些，明天用一些，渐渐告罄了。"[①]

为此，党中央开展了学习运动，毛泽东要求广大党员干部要坚持上"无期大学"，工作忙就要挤，看不懂就要钻，学习到底。经过学习运动和之后的整风运动，清除了左倾教条主义的影响，全党的能力本领得到了很大提高，马克思主义中国化成为共识，为抗日战争的胜利奠定了坚实基础。

[①] 《毛泽东文集》第2卷，人民出版社1993年版，第178页。

1956年社会主义基本制度建立后，中国进入了社会主义建设时期。从革命到建设，这是一个重大的转折。1957年4月，邓小平提出了本领恐慌的问题。他认为，搞建设比我们搞革命要困难一些，"在这个问题上，我们全党还是小学生，我们的本领差得很。……搞建设我们还说不上有多大的本事"①。针对社会主义建设时期的本领恐慌问题，毛泽东多次要求全党必须加强学习，指出在社会主义建设上，我们还有很大的盲目性，还有许多未认识的必然王国。"社会主义建设，从我们全党来说，知识都非常不够。我们应当在今后一段时间内，积累经验努力学习，在实践中间逐步地加深对它的认识，弄清楚它的规律。一定要下一番苦功，要切切实实地去调查它，研究它。"②尽管在这一时期的探索中犯过"大跃进"和"文化大革命"的严重错误，遭受了重大损失，但我们在社会主义建设上取得的成就仍是巨大的，为改革开放和中国特色社会主义道路的开辟提供了前提和条件。以党的十一届三中全会为标志，中国社会主义建设进入了一个崭新时期。新情况、新问题、新矛盾接踵而至。邓小平再次提出了本领恐慌的问题："全国胜利前夕，毛泽东同志号召全党重新学习。那一次我们学得不坏，进城以后，很快恢复了经济，成功地完成了社会主义改造。这些年来，应当承认学得不好。主要的精力放到政治运动上去了，建设的本领没有学好，建设没有上去，政治也发生了严重的曲折。现在要搞现代化建设，就更加不懂了。"③他强调全党必须再重新进行一次学习，"学习好，才可能领导好高速度、高水平的社会主义现代化建设"④。全党通过加强学

---

① 《邓小平文选》第1卷，人民出版社1994年版，第261页。
② 《邓小平文选》第2卷，人民出版社1994年版，第152—153页。
③ 同上。
④ 同上书，第153页。

习，不断提高自身驾驭社会主义市场经济的能力、发展社会主义民主政治的能力、建设社会主义先进文化的能力、构建社会主义和谐社会的能力、应对国际局势和处理国际事务的能力，推动了中国经济社会的持续健康发展。

(二) 现今党和国家事业发展的新情况、新矛盾、新挑战和新要求使我们现在正面临着本领恐慌状态

当前，国际形势风云变幻，新机遇新挑战层出不穷、国际体系和国际秩序深度调整、国际力量对比深刻变化。一方面，中国特色社会主义建设进入了实现"两个一百年"目标的新时期，中国前所未有地靠近世界舞台中心、前所未有地接近实现中华民族伟大复兴的目标、前所未有地具有实现这个目标的能力和信心。另一方面，我们面临着各方面的困难、风险和挑战，亟须克服、战胜和驾驭它们的本领。由此，习近平得出了本领恐慌"在党内相当一个范围、相当一个时期都是存在的"[①] 判断。这是因为以下两大原因。

第一，我们适应党和国家事业发展要求的一面正在下降，不适应的一面正在提升。[②] 30多年的改革开放使中国特色社会主义得到了举世瞩目的辉煌成就，中国在几十年的时间里走完了发达国家上百年实现的工业化、城镇化、现代化之路。但与之相伴的是，西方国家逐渐出现的经济社会矛盾和问题在我国集中出现，而且是在没有得到很好发展的时期，即在未富的时期出现。习近平清醒地认识到全党当前面临的这个重要课题，就是

---

① 《习近平谈治国理政》编辑组：《习近平谈治国理政》，外文出版社2014年版，第403页。
② 同上书，第402页。

"如何正确认识和妥善处理我国发展起来后不断出现的新情况新问题"①。十八大把这些新情况新问题归纳为六个方面：发展中不平衡、不协调、不可持续问题依然突出，科技创新能力不强，产业结构不合理，农业基础依然薄弱，资源环境约束加剧，制约科学发展的体制机制障碍较多，深化改革开放和转变经济发展方式任务艰巨；城乡区域发展差距和居民收入分配差距依然较大；社会矛盾明显增多，教育、就业、社会保障、医疗、住房、生态环境、食品药品安全、安全生产、社会治安、执法司法等关系群众切身利益的问题较多，部分群众生活比较困难；一些领域存在道德失范、诚信缺失现象；一些干部领导科学发展能力不强，一些基层党组织软弱涣散，少数党员干部理想信念动摇、宗旨意识淡薄，形式主义、官僚主义问题突出，奢侈浪费现象严重；一些领域消极腐败现象易发多发，反腐败斗争形势依然严峻。习近平认为，这些既有没解决好的老问题，也有改变了形式的老问题，更多是由于世情、国情、党情发展变化引起的新问题。面对新情况新问题，不懂规律和门道，缺乏知识和本领，从而造成"新办法不会用，老办法不管用，硬办法不敢用，软办法不顶用"② 的本领恐慌状况。

第二，当今时代，知识更新周期大大缩短，各种新知识、新情况、新事物层出不穷。③ 伴随着全球化、信息化和高新技术的迅猛发展，知识更新的周期大大缩短，各种新知识、新事物层出不穷。根据联合国教科文组织的统计，18 世纪以前，知识更新速度为 80—90 年翻一番，一个人读总共几年书，就可以管用一辈子；19 世纪 60 年代，知识更新速度为 50 年左

---

① 《习近平谈治国理政》编辑组：《习近平谈治国理政》，外文出版社 2014 年版，第 401 页。
② 同上书，第 403 页。
③ 同上书，第 402 页。

右翻一番，一个人读十几年的书，才能够用一辈子；20世纪90年代以来，知识更新加速到3—5年翻一番。不抓紧学习，不努力学习，不终身学习就赶不上时代的发展，就不能适应形势的变化，就做不好事关改革发展稳定的工作，就难以担当深化改革促进发展重任，就会本领恐慌，就会贻误发展机遇，就会失败落伍。根据中国共产党新闻网《党政干部阅读情况调查（2009—2014）》统计，党政干部每周阅读时间在5小时以下的比例为28.49%，10小时以下的为28.82%，10小时以上的为24.41%；每年读10本以上书籍的领导干部占到35.55%。虽然调查显示领导干部的阅读时间和阅读水平比以往有显著提升，但并未大大高于普通国民阅读量。[①] 这远不能适应领导干部肩负的全面深化改革和加快发展与改善民生的任务，与担当的执政兴国、执政为民的责任担当和为官一任、造福一方的重要使命的要求也相去甚远。因此，习近平呼吁全党同志特别是各级领导干部一定要深刻认识现代领导活动与读书学习的密切关系，深刻认识领导干部的读书学习水平在很大程度上决定着工作水平和领导水平，"都要有本领不够的危机感，都要努力增强本领，都要一刻不停地增强本领"，[②] 才能保证"两个一百年"的奋斗目标的实现，才能保证中华民族伟大复兴的"中国梦"梦想成真。

二 立足于建设学习型、服务型、创新型马克思主义政党的要求阐明全党要加强多方面的学习才能克服本领恐慌

全面深化改革和建设中国特色社会主义的本领不是凭空产生的，是通

[①] 中国新闻出版研究院2015年4月20日公布的《第十二次全国国民阅读调查报告》显示，2014年我国成人人均纸质图书阅读量为4.56本。

[②] 《习近平谈治国理政》编辑组：《习近平谈治国理政》，外文出版社2014年版，第403页。

过刻苦学习和扎实实践获得的。为此,党的十七届四中全会提出了建立马克思主义学习型政党的任务。习近平认为,全党加强多方面的理论学习和实践学习,才能"增强工作的科学性、预见性、主动性,才能使领导和决策体现时代性、把握规律性、富于创造性……才能克服本领不足、本领恐慌、本领落后的问题。"①他强调,我们的学习应该是全面的、系统的、富有探索精神的,"既要抓住学习重点,也要注意拓展学习领域;既要向书本学习,也要向实践学习;既要向人民群众学习,向专家学者学习,也要向国外有益经验学习"②。具体而言要学习以下四种知识。

(一)学习马克思主义理论

马克思主义理论是党的指导思想,是我们认识世界和改造世界的强大思想武器,是中国共产党取得革命、建设和改革胜利的理论指南。在新的形势下建设学习型政党,仍然"首先要认真学习马克思主义理论,这是我们做好一切工作的看家本领"③。2009年,在人民论坛关于领导干部"您喜欢哪类书籍"的调查中,选择"理论著作"的仅为8.3%,列第六位。中央党校课题组2014年调查显示,在"个人最需要补充的知识门类"中,哲学排在第八位;在"个人最感兴趣的图书"中,哲学位列最后;在"领导干部最应该阅读的图书"类别中,马克思主义理论排在第七位;在"党校最应该开设的课程"中,中国特色社会主义理论体系占6%,排在第七位。④显然,理论学习在很多领导干部眼里重要性排得比较靠后。而"马

---

① 《习近平谈治国理政》编辑组:《习近平谈治国理政》,外文出版社2014年版,第404页。
② 同上。
③ 同上。
④ 翟羽佳:《党政干部阅读情况调查(2009—2014)》,人民论坛网,http://politics.rmlt.com.cn/2015/0327/379258_4.shtml。

克思主义理论素养是领导干部领导素质的核心和灵魂，掌握马克思主义理论是领导干部的基本功"①。认真学习马克思主义理论，才能把握人类社会发展的趋势和规律，掌握社会主义建设发展规律，才能始终保持正确航向，增强理论自信、道路自信和制度自信，坚定社会主义和共产主义信仰，坚定必胜信念。

学习马克思主义理论，首先要认真学习马克思主义中国化的最新成果，系统掌握中国特色社会主义理论体系。"中国特色社会主义理论体系是我们党最可宝贵的政治和精神财富，是全国各族人民团结奋斗的共同思想基础。"② 通过学习，要深刻认识中国特色社会主义是历史的结论、人民的选择，是科学社会主义理论逻辑和中国社会发展历史逻辑的辩证统一，是根植于中国大地、反映中国人民意愿、适应中国和时代发展进步要求的科学社会主义。中国特色社会主义是社会主义而不是其他什么主义，它是由中国特色社会主义道路、中国特色社会主义理论体系和中国特色社会主义制度三位一体构成的。我们要正确认识评价改革开放前后30年这两个相互联系又有重大区别的党领导人民进行社会主义建设的实践探索，认识到前30年的实践探索为后30年的实践探索积累了条件，改革开放后的实践探索是对前一个时期的坚持、改革和发展。追本溯源，深入了解中国特色社会主义历史进程和发展趋势，我们就能同心同德，砥砺前行，继续把中国特色社会主义这篇大文章写下去。

学习马克思主义理论，最根本的是学习坚持马克思主义立场观点方

---

① 习近平：《领导干部要爱读书读好书善读书》，《学习时报》2009年5月18日。
② 习近平：《大力推进中国特色社会主义理论体系的学习和研究》，《求是》2008年第7期。

法，大力推进马克思主义中国化、时代化和大众化。马克思主义的立场观点方法是马克思主义科学思想体系的精髓所在，贯穿于马克思列宁主义、毛泽东思想和中国特色社会主义理论体系之中。"掌握和运用马克思主义立场观点方法来研究和解决中国的实际问题，是以毛泽东同志为主要代表的中国共产党人留给我们的传家宝。"[1] 坚持马克思主义立场观点方法，就要始终站在人民大众的立场上，立党为公、执政为民，把服务群众、造福百姓作为最大责任；就要自觉运用辩证唯物主义和历史唯物主义的思想武器改造客观世界和主观世界；就要用唯物辩证、实事求是、群众路线的思想方法和工作方法武装头脑，指导实践，不断提高领导工作水平。只有领会了这些立场观点方法，"才能心明眼亮，才能深刻认识和准确把握共产党执政规律、社会主义建设规律、人类社会发展规律，才能始终坚定理想信念，才能在纷繁复杂的形势下坚持科学指导思想和正确前进方向，才能带领人民走对路，才能把中国特色社会主义不断推向前进"，[2] 才能把马克思主义基本原理与中国实际相结合，与工作实际相结合，提升自身辩证思维、系统思维、战略思维、法治思维、底线思维和精准思维，形成中国特色、中国风格、中国气派的马克思主义，丰富发展中国特色社会主义理论体系。

（二）学习党的路线方针政策和法律法规

党的路线方针政策是国家政党制定的为完成一定时期历史任务和奋斗目标所应遵循的根本途径、基本原则、工作规划和具体行动准则。路线是

---

[1] 习近平：《学习和掌握马克思主义立场观点方法是深入学习中国特色社会主义理论的根本要求》，《学习时报》2010年3月8日。
[2] 《习近平谈治国理政》编辑组：《习近平谈治国理政》，外文出版社2014年版，第404页。

方针政策的基础，方针政策是路线的细化和具体化。法律法规是指中华人民共和国现行有效的法律、行政法规、司法解释、地方法规、地方规章、部门规章及其他规范性文件。党的路线方针政策和法律法规是党的理论、意志、主张在治党治国、执政理政上的具体体现，是国家和社会发展的制度保证和法律保障。习近平指出："学习党的路线方针政策和国家法律法规，这是领导干部开展工作要做的基本准备，也是很重要的政治素养。不掌握这些，你根据什么制定决策、解决问题呀？"① 认真学习了解党的路线方针政策和法律法规，才能把思想和行动统一到中央对形势的分析判断和对工作的决策部署上来，才能以抓铁有痕、踏石留印的精神更好联系本地实际解决矛盾化解风险，打通"最先一公里"和"最后一公里"，充分释放政策的惠民效应，才能自觉依法办事，依法行政，依法治国，以人为本，造福于民。

学习党的路线方针政策，主要是学习党的"一个中心，两个基本点"的基本路线以及与之相适应的一系列方针政策。这是党和国家的生命线，人民群众的幸福线，是我们兴国、立国和强国的重大法宝。事实胜于雄辩，1979—2012年，中国国内生产总值年平均增长9.8%，远高于同期世界经济年均2.8%的增速，经济总量跃居世界第二，经济实力、综合国力大幅提升，国际地位空前提高，人民生活显著改善，成功实现从低收入国家向中等偏上收入国家的跨越。因此，习近平强调，在前进道路上，我们一定要"坚定不移坚持党的十一届三中全会以来的路线方针政策，坚持不懈把改革创新精神贯彻到治国理政各个环节，奋力把改革开放推向前

---

① 《习近平谈治国理政》编辑组：《习近平谈治国理政》，外文出版社2014年版，第405页。

进"①。学习党的法律法规，学习党章等党内规章，主要是要培养党章意识、法治意识和法治思维，"全面推进科学立法、严格执法、公正司法、全民守法，坚持依法治国、依法执政、依法行政共同推进，坚持法治国家、法治政府、法治社会一体建设，不断开创依法治国新局面"②。当前，学习党的路线方针政策和法律法规就是要认真学习贯彻党的十八大和十八届三中、四中全会精神，深入推进全面建成小康社会、全面深化改革、全面依法治国、全面从严治党的伟大进程。

（三）学习世界历史、中国历史，尤其是中国近现代历史、中华人民共和国历史和中共党史

历史是国家民族形成、发展和盛衰兴亡的真实记录，是前人的"百科全书"，是最好的教科书。以史为鉴，可以知兴衰更替，可以明是非得失。铭记历史，才能深刻了解过去、全面把握现在、正确创造未来。中国共产党一贯重视历史经验的借鉴运用，毛泽东在革命时期联系历史讲现实，联系过去鉴当下，创造性提出并实践了统一战线、武装斗争、党的建设三大法宝等思想理论武器，科学指明了革命胜利的路径。中国特色社会主义就是在全面总结我国社会主义建设正反两方面经验，借鉴其他社会主义国家兴衰成败历史经验的基础上形成和发展的。它是"在改革开放30多年的伟大实践中走出来的，是在中华人民共和国成立60多年的持续探索中走出来的，是在对近代以来170多年中华民族发展历程的深刻总结中走出来的，是在对中华民族5000多年悠久文明的传承中

---

① 习近平：《全面贯彻落实党的十八大精神要突出抓好六个方面工作》，《求是》2013年第1期。

② 《习近平总书记系列重要讲话读本》，学习出版社、人民出版社2014年版，第81页。

走出来的，具有深厚的历史渊源和广泛的现实基础"①。故此，习近平强调，领导干部都应该读点历史，通过学习历史"不断深化对人类社会发展规律、社会主义建设规律和共产党执政规律的认识……使自己的眼界和胸襟大为开阔，认识能力和精神境界大为提高，使自己的领导工作水平不断得以提升"②。

学习世界历史。"既从现实又从历史两个方面更好地了解外部世界"，③可以把握世界发展大势和时代发展趋势，准确定位中国在国际社会的地位和处境，清晰认知自身的优劣势，知晓近代中国落后于西方国家的原因，体味"封闭必然落后"的铁律，可以培养世界眼光和开放意识，抓住机遇，迎接挑战，开创未来。

学习中国历史。中国历史是中国人民和中华民族薪火相传、艰苦奋斗、自强不息的创业史和发展史。了解和懂得自古以来中国人民创造的灿烂历史文化，可以体会中华民族维护国家统一的"大一统"优良传统和自强不息、积极进取的精神追求，可以借鉴吸收中国历史上治国理政的丰富经验，从中汲取"有益于加强修养、做好工作的智慧和营养"。④

学习鸦片战争以来我国近现代历史。1840年鸦片战争以来的中国近现代历史，是一部中国人民为实现国家独立、人民解放和民族复兴而不屈不挠顽强奋斗的历史。学习中国近现代史，可以深刻体悟和汲取落后就要挨打的深刻教训，加深对近现代中国国情和中国社会发展规律的认识，增强

---

① 习近平：《在第十二届全国人民代表大会第一次会议上的讲话》，《人民日报》2013年3月18日。
② 习近平：《领导干部要读点历史》，《学习时报》2011年9月5日。
③ 同上。
④ 同上。

"励精图治、奋发图强的历史使命感和责任感"①。

学习中华人民共和国历史和中国共产党历史。党史国史是中国共产党领导中国人民进行革命、建设和改革的历史，是自身多次纠正错误、开创新局面的历史，是历经波折挫折不断取得辉煌胜利的历史。学习党史国史，可以"了解我们党和国家事业的来龙去脉，汲取我们党和国家的历史经验，正确了解党和国家历史上的重大事件和重要人物"，②可以充分理解没有共产党就没有新中国，只有社会主义才能救中国，只有中国特色社会主义才能发展中国的历史结论，"从党的光辉历程和伟大业绩中获得继往开来的强大动力，始终坚定中国特色社会主义信念和共产主义远大理想，永葆共产党人的政治本色"，③可以正确认识党情、国情，知史爱党，知史爱国，科学决策。所以，习近平强调，"学习党史、国史，是坚持和发展中国特色社会主义、把党和国家各项事业继续推向前进的必修课"④。新时期新阶段，我们要继续加强对党史国史的学习，"在对历史的深入思考中做好现实工作、更好走向未来，不断交出坚持和发展中国特色社会主义的合格答卷"⑤。

（四）结合工作需要学习各种知识

当今社会，社会分工日益细致。党员干部根据国家建设和发展的需要从事不同类型的工作，需要各方面的知识。同时，知识经济时代也迫切需

---

① 习近平：《领导干部要读点历史》，《学习时报》2011年9月5日。
② 《习近平谈治国理政》编辑组：《习近平谈治国理政》，外文出版社2014年版，第405页。
③ 习近平：《领导干部要读点历史》，《学习时报》2011年9月5日。
④ 习近平：《在对历史的深入思考中更好走向未来 交出发展中国特色社会主义合格答卷》，《人民日报》2013年6月27日。
⑤ 同上。

要党员干部加强现代知识的扩充和更新,满足领导工作和履行岗位职责所需。具体而言有三:其一,学习做好领导工作、履行岗位职责必备的各种知识。习近平要求党员干部应坚持干什么学什么、缺什么补什么的原则,结合工作需要来学习政治、经济、文化、外交、科技、法律、管理、宗教民族、国际和信息网络等各种知识,多读与本职工作相关的新理论、新知识、新技能、新规则的书籍,"不断提高自己的知识化、专业化水平",[①]努力使自己真正成为行家里手、内行领导。其二,党员干部应学习优秀传统文化知识。习近平强调中国传统文化博大精深,对树立正确的世界观、人生观、价值观,把好人生的"总开关"很有益处。我们应从中学习掌握其思想精华,吸取前人在修身处世、治国理政等方面的智慧和经验,养浩然之气,塑高尚人格,不断提高人文素养和精神境界。其三,学习世界其他国家的优秀文明成果。海纳百川,开放包容是中国特色社会主义的最大特色和成功经验。新形势下建设发展中国特色社会主义,全面深化改革,仍要继续大胆吸收借鉴世界各国的优秀文明成果。习近平指出,中国要始终做一个虚心学习的国家,永远做一个学习大国,无论发展到什么水平都虚心"向世界学习,向各国人民学习,学习人类创造的一切文明成果",[②]推动世界和中国发展得更好。

三 联系党员干部的实际情况提出了加强学习的原则方法

建设学习型政党,克服本领恐慌,加强学习,要有正确的方式方法。立足于新形势新情况,习近平联系党员干部实际,提出了加强建设学习型

[①] 《习近平谈治国理政》编辑组:《习近平谈治国理政》,外文出版社2014年版,第404页。
[②] 习近平:《共创中韩合作未来 同襄亚洲振兴繁荣》,《人民日报》2014年7月5日。

政党的原则方法,丰富发展了学习型政党建设。加强学习的原则方法有以下四点。

第一,坚持学思结合。学而不思则罔,思而不学则殆。习近平一方面强调学习的极端重要性,另一方面,他认为要把学习到的东西内化为自己的知识,变为活的本领,离不开思考。读书学习的过程,实际上是一个不断思考认知的过程。习近平要求党员干部要带着问题学习,养成边学习边思考的习惯,在学习的基础上,"联系实际,开动脑筋,对现实中的疑惑进行深入思考,力求把零散的东西变为系统的、孤立的东西变为相互联系的、粗浅的东西变为精深的、感性的东西变为理性的。要敢于拿起批判的武器,在思考中发现新的问题,在继承前人的基础上努力形成新的认识"[1]。通过学习获得新知识、了解新思想、树立新观念,提高思维的准确性、逻辑性、深刻性、敏捷性和创造性。

第二,坚持学用结合。学习的目的在于运用,把学习到的知识和理论联系实际,结合实践,知行合一,从而洞察客观事物发展的规律,以更好地推进社会主义建设和全面深化改革大业。党员干部加强学习,建设学习型政党就是为了克服本领恐慌,提高全党理论素质和专业水平,提升全党运用理论和知识分析问题解决问题的能力。习近平指出,党员干部加强学习和运用"要发扬理论联系实际的马克思主义学风,带着问题学,拜人民为师,做到干中学、学中干,学以致用、用以促学、学用相长"[2],要做三个方面的努力:一要勇于实践。党员干部要敢于面对实践中的热点、难点问题,敢于探索新的实践领域。同时要总结实践经验,深入调查研究新情

---

[1] 习近平:《领导干部要爱读书读好书善读书》,《学习时报》2009年5月18日。
[2] 《习近平谈治国理政》编辑组:《习近平谈治国理政》,外文出版社2014年版,第406页。

况新问题,从总结探索中提高思想水平和工作能力。二要运用理论和知识着力改造客观世界。党员干部要运用所知所学,把握工作规律,科学制定和严格落实经济社会发展的各项政策举措,解决好人民群众最关心、最直接、最现实的利益问题。三要运用理论和知识自觉改造主观世界。在改革开放和市场经济条件下进行社会主义建设,党员干部面临权力、金钱、美色等诸多考验。通过加强学习,在改造客观世界的同时增强改造主观世界的意识和能力,才能坚定理想信念,补足精神上的"钙",经受住各种风险和困难考验,永葆共产党人的政治本色。

第三,坚持学创结合。创新是一个民族进步的灵魂,是一个国家兴旺发达的不竭动力,也是一个政党永葆生机的源泉。解决新形势下经济社会发展中大量涌现的新情况、新矛盾、新问题,关键在于把握规律的理论创新和科学决策的实践创新。而学习是创新的前提,"学习好才有可能进行创新"①。

第四,锲而不舍、持之以恒。学习之道,贵在坚持。习近平严厉批评了一些党员干部不注意学习、忙于应酬、忙于事务,学风不浓、玩风太盛的不良现象,告诫说:不注意学习,思想就容易僵化、庸俗化,"这样'以其昏昏,使人昭昭'是不行的!是要贻误工作、贻误大事的"②!他要求强调党员干部"应该把学习作为一种追求、一种爱好、一种健康的生活方式,做到好学乐学"③。要转变作风,发扬挤劲,每天挤出一定时间学习,坚持不懈;要发扬钻劲,扑下身子,刻苦攻关,学懂弄通;要发扬韧劲,终身学习,孜孜不倦。"只要坚持下去,必定会积少成多、积沙成塔,

---

① 《习近平谈治国理政》编辑组:《习近平谈治国理政》,外文出版社2014年版,第403页。
② 同上书,第407页。
③ 同上。

积跬步以至千里。"① 总之，在全党和全国人民为实现"两个一百年"发展目标和贯彻落实"四个全面"战略部署而努力奋斗的新形势、新局面下，习近平及时提出了全党要树立和增强本领恐慌意识，强调要坚持科学的方式方法，通过加强各方面的学习来克服本领恐慌，提高全党促改革谋发展，干事创业的本领，对于进一步加强和推进学习型、服务型、创新型马克思主义政党建设，推动中国特色社会主义良性发展具有重要理论和实践意义。

（原载《毛泽东思想研究》2017 年第 1 期）

---

① 《习近平谈治国理政》编辑组：《习近平谈治国理政》，外文出版社 2014 年版，第 407 页。

中国政治

论习近平关于国家治理体系和治理能力现代化重要论述

——"五位一体"和"四个全面"推进中国特色社会主义事业视角的探讨

陈延庆　陈出新[*]

在党的十八大提出的"全面建成小康社会,必须以更大的政治勇气和智慧,不失时机深化重要领域改革,坚决破除一切妨碍科学发展的思想观念和体制机制弊端,构建系统完备、科学规范、运行有效的制度体系,使各方面制度更加成熟更加定型"[①]的基础上,党的十八届三中全会议通过的《中共中央关于全面深化改革若干重大问题的决定》进一步明确提出了"完善和发展中国特色社会主义制度,推进国家治理体系和治理能力现代

---

[*] 作者简介:陈延庆(1962—),男,山东省冠县人,博士,聊城大学政治与公共管理学院/廉政研究中心教授、硕士生导师,主要研究方向为管理哲学、政治哲学和文化哲学;陈出新(1992—),女,山东省冠县人,聊城复退军人医院党委办公室工作人员,主要研究方向为党建理论与社会工作。

[①] 胡锦涛:《坚定不移沿着中国特色社会主义道路前进　为全面建成小康社会而奋斗——在中国共产党第十八次全国代表大会上的报告》,http://news.xinhuanet.com/18cpcnc/2012-11/17/c_113711665.htm。

化"①的全面深化改革总目标。为全面贯彻落实党的十八大及其以后历届中央全会精神,习近平在多个不同场合先后多次对"国家治理体系和治理能力现代化"的历史渊源、丰富内涵、目标任务、重要意义及其路径措施等问题进行了深刻阐述,深入学习领会习近平关于国家治理体系与治理能力现代化重要论述,完整准确把握其精神实质,对推动中国特色社会主义事业进一步深入健康发展,完成"两个一百年"的奋斗目标,实现中华民族伟大复兴的中国梦具有十分重要的意义。下面从三个方面予以论述。

一 系统性、时代性和民族性:习近平关于国家治理体系和治理能力现代化重要论述的鲜明特征

"国家治理"是个由来已久的问题,政治家、思想家对之进行了长时间、多角度的深入思考与艰辛探索,提出过形形色色颇具见地的思想观点。习近平兼取古今国家治理思想之优长,博纳中外政治家、思想家之众智,提出的国家治理体系与治理能力现代化重要论述,既具鲜明的系统性,又有突出的时代特征,体现了系统性与时代性完美统一的浓郁民族特性。对三个性质,下面分别予以论述。

(一)系统性:习近平"国家治理体系"概念的鲜明特征

国家治理的实践,特别是正反两方面的经验教训,使中外不少政治家、思想家早已懂得"制度"在规范人的行为,治理国家和社会事务中的重要作用,指出"没有规矩不成方圆""人无礼不生,事无礼不成,国家

---

① 《中共中央关于全面深化改革若干重大问题的决定》,http://news.xinhuanet.com/politics/2013-11/15/c_118164235.htm。

无礼不宁"①，以及"治之经，礼与刑，君子以修，百姓宁。明德慎罚，国家既治四海平"②等观点，在国家治理方面发挥了重要作用，产生了深广影响。但总体说来，这些思想虽闪烁着真理性光芒，但多属"一鳞半爪"，具有孤立、片面、零星、不系统的特征。

而作为新一届党中央的坚强领导核心，习近平善于从哲学的高度，运用辩证唯物主义和历史唯物主义的方法审视国家治理问题，认为治理国家的各项政治经济制度之间不是彼此孤立、互不相干，而是处于或相互促进，或相互制约的相互影响、相互作用之中，从而构成一个有机整体——"国家治理体系"。

因而，在十八届三中全会第二次全体会议的讲话中，他不仅明确指出"国家治理体系就是在党领导下管理国家的制度体系，包括经济、政治、文化、社会、生态文明和党的建设等各领域体制机制、法律法规安排……是一整套紧密相连、相互协调的国家制度"③，而且特别强调，以推动中国特色社会主义制度更加成熟定型，为党和国家事业发展、人民幸福安康、社会和谐稳定、国家长治久安提供成套更完备稳定管用的制度体系为目标指向的全面深化改革，因其系统性质，工程极为宏大，必须全面系统地改革，形成各领域改革的联动和集成，才能在国家治理体系和治理能力现代化上形成总体效应，取得总体效果。除此之外，为了"统一部署全国性重大改革，统筹推进各领域改革，协调各方力量形成推进改革合力，加强督促检查，推动全面落实改革目标任务"④，他亲任组长的"中央全面

---

① 北京大学《荀子》注释组：《荀子新注·修身篇》，中华书局1979年版。
② 同上。
③ 《习近平谈治国理政》编辑组：《习近平谈治国理政》，外文出版社2014年版，第91页。
④ 同上书，第86页。

深化改革领导小组",基于"全面深化改革是一个复杂的系统工程"[1],"必须在把情况搞清楚的基础上,统筹兼顾、综合平衡"[2],以最大程度地防止改革过程中各自为政、各自为战的系统工作思路和系统工作方法。

足见,无论对国家治理制度本身,还是对改革与完善国家治理制度,以及对改革与完善国家治理制度的路径、措施,习近平都将其置于与其密切相关的环境及要素的相互影响、相互作用之中来理解与思考,带有鲜明的系统性特征。正因如此,在2014年省部级主要领导干部学习贯彻党的十八届三中全会精神全面深化改革专题研讨班讲话中,他除郑重告诫大家,在学习理解党的十八届三中全会做出的全面深化改革决定精神时,"要防止一知半解、断章取义、生搬硬套,要弄清楚整体政策安排与某一具体政策的关系、系统政策链条与某一政策环节的关系、政策顶层设计与政策分层对接的关系、政策统一性与政策差异性的关系、长期性政策与阶段性政策的关系,既不能以局部代替整体、又不能以整体代替局部,既不能以灵活性损害原则性、又不能以原则性束缚灵活性"[3]外,还特别强调"推进国家治理体系和治理能力现代化,必须完整理解和把握全面深化改革的总目标,这是两句话组成的一个整体,即完善和发展中国特色社会主义制度、推进国家治理体系和治理能力现代化"[4]。

(二)时代性:习近平"国家治理能力现代化"范畴的突出特色

由系统全面的观点出发,唯物辩证法认为,事物间的相互作用与影

---

[1] 《习近平谈治国理政》编辑组:《习近平谈治国理政》,外文出版社2014年版,第100页。
[2] 同上书,第102页。
[3] 同上书,第107页。
[4] 同上书,第105页。

响，必然引起事物或空间场域或自身形态及性质的改变，由此造成事物的运动变化与发展。因而，世间万物都不是一成不变，永远处于同一状态，保持同样发展水平，而是处于永恒的运动、变化和发展之中，逐渐由一种状态流变为另一种状态，不断从原有水平向更高水平提高。

运用唯物辩证法变化发展的观点审视国家治理能力问题，习近平认为，国家治理能力，即运用国家制度管理国家社会各方面事务的能力，包括改革发展稳定、内政外交国防、治党治国治军等各个方面的能力都不是一劳永逸、恒定不动的，会随着时代的发展、历史的进步，在不断总结前人成功经验，吸取他人失败教训的基础上，逐渐汇集积累，由一阶段发展到另一个阶段，由原有水平提高到更高水平，从而与时俱进，不断走向现代化。

为此，2013年在党的十八届三中全会上就《中共中央关于全面深化改革若干重大问题的决定》向全会作说明时习近平指出，制度总是需要不断完善，改革既不可能一蹴而就，也不可能一劳永逸。继2012年主持十八届中央政治局第一次集体学习时，指出中国特色社会主义制度虽特色鲜明、富有效率，但还不尽善尽美、完全定型，需要不断完善，"要坚持以实践基础上的理论创新推动制度创新，构建系统完备、科学规范、运行有效的制度体系，使各方面制度更加成熟更加定型，为夺取中国特色社会主义新胜利提供更加有效的制度保障"[①] 后，2013年在十八届三中全会第二次全体会议和2014年在省部级主要领导干部学习贯彻党的十八届三中全会精神全面深化改革专题研讨班两次重要讲话中，习近平又明确指出"治理能力现代化，就是要适应时代变化，既改革不适应实践发展要求的体制机制、

[①] 《习近平谈治国理政》编辑组：《习近平谈治国理政》，外文出版社2014年版，第10页。

法律法规，又不断构建新的体制机制、法律法规，使各方面制度更加科学、更加完善，实现党、国家、社会各项事务治理制度化、规范化、程序化。要更加注重治理能力建设，增强按制度办事、依法办事意识，善于运用制度和法律治理国家，把各方面制度优势转化为管理国家的效能，提高党科学执政、民主执政、依法执政的水平"①"提高国家机构履职能力，提高人民群众依法管理国家事务、经济社会文化事务、自身事务的能力，实现党、国家、社会各项事务治理制度化、规范化、程序化，不断提高运用中国特色社会主义制度有效治理国家的能力"②。

总之，习近平的"国家治理能力现代化"范畴，既不把国家治理制度看成一成不变的，也不把运用国家治理制度体系治理国家社会各方面事务的能力视为恒定不动的，而是将其看作适应"时代变化"和"国家现代化总进程"不断自我更新、自我完善的过程，把运用国家治理制度体系治理国家社会各方面事务的能力看成一个不断与时俱进的"现代化"过程。可见，时代性既是习近平"国家治理能力现代化"范畴的题中应有之义，也是其最突出的特征之一。

（三）民族特性：习近平关于"国家治理体系与国家治理能力现代化"重要论述的显著特性

现代系统理论认为，系统作为若干相互联系的要素组合而成的有特定功能的整体，不但其内部各要素间存在着相互作用、相互影响，而且系统整体与其所处的环境间也发生着相互影响与相互作用。正是在内部各要素及与外部环境的多重作用之下，系统内部各要素的力量及系统整体的结

---

① 《习近平谈治国理政》编辑组：《习近平谈治国理政》，外文出版社2014年版，第92页。
② 同上书，第104页。

构、功能才逐渐优化，性质、面貌才不断改变，从而适应与满足外部环境的变化与调整，使系统内部各要素力量达到暂时平衡的同时，使系统与外部环境之间处于相对适应状态，实现其自我完善与自我更新的与时俱进过程。

运用现代系统论的结构功能方法考察"国家治理体系与治理能力现代化"问题，习近平在看到一个国家的治理体系由该国的历史传承、文化传统、经济社会发展水平，并最终由该国人民决定的同时，也注意到人民在决定自己国家的治理体系时，又受到所处国际环境及国际潮流的深刻影响，从而打上了鲜明的时代印记。因而，在指出"我国今天的国家治理体系，是在我国历史传承、文化传统、经济社会发展的基础上长期发展、渐进改进、内生性演化的结果，我国国家治理体系需要改进和完善，但怎么改、怎么完善，我们要有主张、有定力"①的同时，也特别强调"中华民族是一个兼容并蓄、海纳百川的民族，在漫长历史进程中，不断学习他人的好东西，把他人的好东西化成我们自己的东西，这才形成我们的民族特色"②，在有坚定的制度自信的同时，更有适应时代变化和世界潮流推进全面深化改革的勇气。因为只有全面深化改革，才能使我国的国家治理体系结构更优、性能更佳，才能更充分发挥运用中国特色国家治理体系有效治理国家的能力，才能有更坚定恒久的制度自信基础。所以，他反复告诫"我们说坚定制度自信，不是要固步自封，而是要不断革除体制机制弊端，让我们的制度成熟而持久"③。

可见，习近平关于"国家治理体系与治理能力现代化"重要论述中，

---

① 《习近平谈治国理政》编辑组：《习近平谈治国理政》，外文出版社2014年版，第105页。
② 同上书，第106页。
③ 同上书，第106页。

既突出中国特色国家治理体系的系统整体性，又强调中国特色"国家治理能力"与时俱进的鲜明时代特征。而如他所说，善于兼容并蓄、海纳百川，通过不断学习他人的好东西，把他人的好东西化成我们自己的东西，正是我们民族的鲜明民族特性。因而，习近平关于"国家治理体系和治理能力现代化"重要论述，既与这种民族特性一脉相承，更是对这种民族特性在改革开放、和平发展时代的发扬光大，体现着我们民族海纳百川、与时俱进的伟大民族特性。

二 "五位一体"：习近平关于国家治理体系与治理能力现代化重要论述的主体架构

习近平关于"国家治理体系与治理能力现代化"重要论述体现出鲜明的系统特征、突出的时代特色和浓郁的民族特性，无疑包含有极其丰富的内容，但其主体架构凝结在"五位一体"的推进中国特色社会主义事业总体布局中。下面对"五位"分别予以论述。

（一）经济体制改革：国家治理体系和治理能力现代化的重点

习近平清醒地认识到以完善和发展中国特色社会主义制度，推进国家治理体系和治理能力现代化为总目标的全面深化改革，不仅是一场深刻的革命，而且是一项长期、艰巨和繁重的事业。为确保改革目标如期高效实现，改革过程中就不能胡子眉毛一把抓、平均使用力量，必须找准主攻方向，善于抓住重点工作、关键领域，以带动他领域、他系统和各方面改革事业全面协调推进。

为此，在2013年十八届三中全会第二次全体会议及以后多次重要讲话中,习近平反复指出全面深化改革要"突出强调以经济体制改革为重点,发挥经济体制改革的牵引作用"①"要坚持以经济体制改革为主轴,努力在重要领域和关键环节改革上取得新突破,以此牵引和带动其他领域改革,使各方面改革协同推进、形成合力,而不是各自为政、分散用力""坚持以经济建设为中心不动摇,就必须坚持以经济体制改革为重点不动摇"②。

之所以强调经济体制改革在通过全面深化改革以完善和发展中国特色社会主义制度,推进国家治理体系和治理能力现代化过程中的作用,是因习近平清楚地意识到,经过近40年的改革开放,我国社会主义市场经济体制虽已初步建立,但市场体系还不健全,市场发育还不充分,特别是政府和市场关系还没理顺,市场在资源配置中的作用发挥还受到诸多制约,制约科学发展的体制机制障碍不少就集中在经济领域,经济体制改革任务远未完成,尚有许多潜力可以释放。因而,习近平强调"经济体制改革对其他方面改革具有重要影响和传导作用,重大经济体制改革的进度决定着其他方面很多体制改革的进度,具有牵一发而动全身的作用"③。

所以,只有紧紧抓牢经济体制改革这个"牛鼻子",以经济体制改革作为全面深化改革和推进国家治理体系与治理能力现代化的侧重点和突破口,才能通过处理好政府和市场关系这个"经济体制改革的核心问题"④,发挥市场在资源配置过程中决定性作用的同时,更好发挥政府在"保持宏观经济稳定,加强和优化公共服务,保障公平竞争,加强市场监管,维护市场秩序,推动可持续发展,促进共同富裕,弥补市场失灵"⑤ 方面的功

---

① 《习近平谈治国理政》编辑组:《习近平谈治国理政》,外文出版社2014年版,第93页。
② 同上书,第94页。
③ 同上。
④ 同上书,第75页。
⑤ 同上书,第77页。

能与作用，有效发挥政府在国家治理体系与治理能力现代化方面的功能和作用。

（二）政治体制改革：国家治理体系和治理能力现代化的方向保障

唯物史观认为，经济基础决定上层建筑的同时，上层建筑对经济基础也不是完全消极被动的。其在受经济基础决定的同时，也对经济基础有能动的反作用。具体体现为适应经济基础发展要求的上层建筑会对经济基础的发展起积极的推动作用；反之，则会起制约和阻碍作用。

依据唯物史观的基本原理，习近平指出，我国的政治体制坚持把根本政治制度、基本政治制度同基本经济制度以及各方面体制机制有机结合起来，坚持把国家层面民主制度同基层民主制度有机结合起来，坚持把党的领导、人民当家作主、依法治国有机结合起来，是建立在深刻总结我国社会主义建设，特别是中国特色社会主义建设60多年的实践经验之上的，体现了共产党的执政规律、社会主义的建设规律以及人类社会的发展规律。这一政治制度体系，虽总体看来特色鲜明、富有效率，符合我国国情，集中体现了中国特色社会主义的特点和优势，是中国发展进步的根本制度保障，但也不尽善尽美、成熟定型，还需要不断完善，需要从实际出发及时制定新制度，才能更加成熟定型，从而构建起系统完备、科学规范、运行有效的政治制度体系，为夺取中国特色社会主义新胜利提供更有效的政治制度保障。

因而，他不但反复强调，要把制度建设摆在更加突出的位置，才能充分发挥我国社会主义政治制度的优越性，而且多次明确指出，只有坚持以实践基础上的理论创新推动制度创新，才能更好地坚持和完善我国现有政治制度，促进和提高国家治理体系和治理能力现代化。2013年1月，在新进中央委员会委员、候补委员学习贯彻党的十八大精神研讨班讲话中习近平号召，要坚持马克思主义的发展观点，清醒认识世情、国情、党情变化，有逢山开路、遇水架桥的决心，锐意进取，大胆探索，敢于和善于分析回答现实生活中和群众思想上迫切需要解决的问题，不断深化改革开放，不断有所发现、有所创造、有所前进，推进理论创新、实践创新、制度创新。同年12月，在纪念毛泽东诞辰120周年座谈会以及其他多次讲话中，他也反复告诫人们，既要增强政治定力，增强道路自信、理论自信、制度自信，也要有根据形势任务的发展变化，通过全面深化改革，不断拓展中国特色社会主义道路，不断丰富中国特色社会主义理论体系，不断完善中国特色社会主义制度，特别是拓展虚心学习借鉴人类社会创造的一切文明成果的胸怀与能力。

作为坚定的马克思主义者，习近平更坚定地表示，政治体制改革的根本目的是不断发展和完善中国特色社会主义。所以，无论怎样改，"科学社会主义基本原则不能丢，丢了就不是社会主义"[1]了。因而，他反复强调，一个国家实行什么样的主义，关键要看这个主义能否解决该国面临的历史性课题。习近平认为，历史和现实都已证明，只有社会主义能救中国，只有中国特色社会主义能发展中国，走中国特色的社会主义民主政治道路，"是历史的结论、人民的选择"[2]，"是科学社会主义理论逻辑和中国社会发展历史逻辑的辩证统一，是根植于中国大地、反映中国人民意愿、适应中国和时代发展进步要求的"[3]，"承载着几代中国共产党人的理想和探

---

[1]《习近平谈治国理政》编辑组：《习近平谈治国理政》，外文出版社2014年版，第22页。
[2] 同上。
[3] 同上书，第21页。

索,寄托着无数仁人志士的夙愿和期盼,凝聚着亿万人民的奋斗和牺牲",不但"是近代以来中国社会发展的必然选择,是发展中国、稳定中国的必由之路"①,而且"是全面建成小康社会、加快推进社会主义现代化、实现中华民族伟大复兴的必由之路"②。因此,他坚决主张,我国的政治体制改革"不能数典忘祖,不能照抄照搬别国的发展模式,绝不会接受任何外国颐指气使的说教……绝不允许任何人把他们的意志强加于中国人民"③。

习近平政治体制改革主张,凝练集结在"坚定不移走中国特色社会主义道路,既不走封闭僵化的老路,也不走改旗易帜的邪路"④ 的鲜明政治立场上。因为,在他看来,政治体制改革既是国家治理体系与治理能力现代化的重要组成部分,也是国家治理体系与治理能力现代化的坚定方向保障。

(三) 文化体制改革:国家治理体系与治理能力现代化的思想理论支撑

《中共中央关于全面深化改革若干重大问题的决定》发出"建设社会主义文化强国,增强国家文化软实力,必须坚持社会主义先进文化前进方向,坚持中国特色社会主义文化发展道路,培育和践行社会主义核心价值观,巩固马克思主义在意识形态领域的指导地位,巩固全党全国各族人民团结奋斗的共同思想基础。坚持以人民为中心的工作导向,坚持把社会效益放在首位、社会效益和经济效益相统一,以激发全民族文化创造活力为

---

① 《习近平谈治国理政》编辑组:《习近平谈治国理政》,外文出版社2014年版,第29页。
② 同上书,第21页。
③ 同上书,第30页。
④ 同上。

中心环节，进一步深化文化体制改革"①的号召，特别是中共中央办公厅、国务院办公厅印发《关于推动国有文化企业把社会效益放在首位、实现社会效益与经济效益相统一的指导意见》，对深化文化体制改革，推动社会主义文化大发展大繁荣，提高国家文化软实力，建设社会主义文化强国的方针政策、目标任务及路径措施进行具体部署前后，习近平不但指出"意识形态工作是党的一项极端重要的工作"②，"全面深化改革必须以理论创新为先导"③，而且对新形势下文化体制改革进行了全面系统论述，形成其文化体制改革思想，呈现出如下三个鲜明特点。

第一，强调深化文化体制改革的重要地位。在 2013 年主持十八届中央政治局第 12 次集体学习时，他即指出，深化文化体制改革，推动文化大发展大繁荣，增强文化创造活力，推动文化事业全面繁荣、文化产业快速发展，既要致力于不断丰富人民精神世界，增强人民精神力量，更应着眼于通过不断增强我国的文化整体实力和竞争力，提高我国的文化软实力，从而实现"两个一百年"的宏伟奋斗目标。而众所周知，"两个一百年"奋斗目标中的"第二个一百年"恰是到中华人民共和国成立一百年时，基本建成富强、民主、文明、和谐的社会主义现代化国家。可见，其强调文化体制改革的地位和意义，正是基于通过国家治理体系与治理能力现代化而建立包括"文明"在内的社会主义现代化国家的考量。

第二，倡导社会主义核心价值观的培育。习近平认为，核心价值观因是决定文化性质和方向的最深层次要素，也是文化软实力的灵魂和建设重

---

① 《中共中央关于全面深化改革若干重大问题的决定》，http://news.xinhuanet.com/politics/2013-11/15/c_118164235.htm。
② 《习近平谈治国理政》编辑组：《习近平谈治国理政》，外文出版社 2014 年版，第 153 页。
③ 同上书，第 76 页。

点。在2013年主持十八届中央政治局第十三次集体学习时,他指出"一个国家的文化软实力,从根本上说,取决于其核心价值观的生命力、凝聚力、感召力"①,强调要"把培育和弘扬社会主义核心价值观作为……不断夯实中国特色社会主义的思想道德基础"②。因为"倡导富强、民主、文明、和谐,倡导自由、平等、公正、法治,倡导爱国、敬业、诚信、友善,实际上回答了我们要建设什么样的国家、建设什么样的社会、培育什么样的公民的重大问题"③。可见,他仍然是从通过国家治理体系和治理能力现代化促进国家、社会和人的现代化的角度来思考和定位社会主义核心价值观的。

第三,强调文化自信在国家治理体系与治理能力现代化中的意义。2014年5月4日,在北京大学师生座谈会及前后多次讲话中,习近平多次自豪地表示,站立在960万平方公里的广袤大地上,吮吸着中华民族数千年奋斗积累的丰厚文化涵养,聚合了13亿中国人民的磅礴力量,走我们自己开创的中国特色社会主义道路,"具有无比广阔的舞台,具有无比深厚的历史底蕴,具有无比强大的前进定力。中国人民应该有这个信心,每一个中国人都应该有这个信心"④。因而,他强调"道路自信、理论自信、制度自信……这'三个自信'需要我们对核心价值观的认定作支撑"⑤,坚信博大精深的中华优秀传统文化是我们在世界文化激荡中站稳脚跟的根基。

因而,习近平不但认为,文化体制改革是国家治理体系与治理能

---

① 《习近平谈治国理政》编辑组:《习近平谈治国理政》,外文出版社2014年版,第163页。
② 同上书,第160页。
③ 同上书,第169页。
④ 同上书,第171页。
⑤ 同上书,第172页。

力现代化的必然要求，而且强调，通过文化体制改革而不断提高的文化治理制度体系和文化治理能力，既是国家治理体系与治理能力现代化的重要组成部分，也是国家治理体系与治理能力现代化的重要理论支撑。

（四）社会体制改革：国家治理体系与治理能力现代化的必然要求

为贯彻落实《中共中央关于全面深化改革若干重大问题的决定》中关于"实现发展成果更多更公平惠及全体人民，必须加快社会事业改革，解决好人民最关心最直接最现实的利益问题，努力为社会提供多样化服务，更好满足人民需求"[①]的精神，习近平还就社会体制改革问题进行深刻分析阐述，涉及消除贫困、发展教育、住房和社会保障、安全生产、网络安全、国家安全、公共服务均等化、边疆民族和大学生就业等一系列问题，内容极其丰富，具有如下两大鲜明特征。

第一，明确公平正义对社会治理的极端重要性。拙文《提高社会治理水平的根本之策——政府职能体系变迁的视角》中曾提出，虽然我国群体性事件的理论研究和现实政策改革均已取得重大进展，但群体性事件易发频发的态势未有根本改变，社会治理形势依然严峻不容乐观，其根本原因犹如学界已经指出的那样："当社会缺乏一个公正的平台让社会各群体进行正常的利益博弈，从而导致强势群体肆无忌惮地以强欺弱时，弱势群体在特定条件下必然抱着或者同归于尽，或者'把事情闹大'的态度来反

---

① 《中共中央关于全面深化改革若干重大问题的决定》，http://news.xinhuanet.com/politics/2013-11/15/c_118164235.htm。

抗"①，因而"只有通过'维护社会公平正义''让发展成果更多更公正惠及全体人民'，才是从源头上化解社会矛盾，从根本上杜绝群体性事件，切实提高社会治理水平的根本之路"②。在深入调查研究和广泛采纳学界已有成果的基础上，习近平充分认识到公正正义对社会治理的极端重要性，不但指出"公平正义是中国特色社会主义的内在要求，所以必须在全体人民共同奋斗、经济社会发展的基础上，加紧建设对保障社会公平正义具有重大作用的制度，逐步建立社会公平保障体系"③，而且强调，尽管改革开放以来，我国经济社会发展已取得巨大成就，为促进社会公平正义提供了坚实物质基础和有利条件，但在现有发展水平上，社会还存在大量社会不公现象，而随着经济社会发展水平和人民生活水平不断提高，人们的公平意识、民主意识、权利意识都会不断增强，对社会不公问题的反映也越来越强烈，如果该问题不抓紧解决，不仅会影响人民对改革开放的信心，而且会影响社会和谐稳定。正因为如此，2013年十八届三中全会第二次全体会议及其他多次讲话中，他反复强调"全面深化改革必须着眼创造更加公平正义的社会环境，不断克服各种有违公平正义的现象，使改革发展成果更多更公平惠及全体人民。如果不能给老百姓带来实实在在的利益，如果不能创造更加公平的社会环境，甚至导致更多不公平，改革就失去意义，也不可能持续"④。

第二，强调"制度"完善与创新在社会体制改革中的地位。习近平敏锐地注意到，影响和制约现阶段我国社会治理的诸多因素中，既有发

---

① 陈延庆：《提高社会治理水平的根本之策——政府职能体系变迁的视角》，《阅江学刊》2014年第5期。
② 同上。
③ 《习近平谈治国理政》编辑组：《习近平谈治国理政》，外文出版社2014年版，第13页。
④ 同上书，第96页。

展水平问题，也有制度自身的缺陷和漏洞。因而，在指出社会公平正义虽由多种因素决定，特别是由经济社会发展水平决定的同时，他还特别强调大量有违公平正义的现象，许多可以通过制度安排、法律规范、政策支持解决。所以，在要求紧紧抓住经济建设这个中心，推动经济持续健康发展，进一步把"蛋糕"做大，为保障社会公平正义奠定更坚实物质基础的同时，还强调要尽量把"蛋糕"分好。因为不论处在什么发展水平上，制度都是社会公平正义的重要保证，只有通过创新制度安排，努力克服人为因素造成的社会不公，保证人民平等参与、平等发展的权利，才能在不断发展的基础上尽量把促进社会公平正义的事情做好，使人民在学有所教、劳有所得、病有所医、老有所养、住有所居诸方面持续取得进展，为运用现代社会治理制度体系，提高社会治理现代化水平提供完善的制度保证。

总之，习近平认为，通过社会体制改革提高社会治理的效果与水平，既是国家治理体系与治理能力现代化的重要体现，也是国家治理体系与治理能力现代化的必然要求。

（五）生态文明体制改革：国家治理体系与治理能力现代化的依托

十八大把生态文明建设纳入中国特色社会主义事业"五位一体"的总体布局，提出大力推进生态文明建设，努力建设美丽中国，实现中华民族永续发展的目标任务以后，党的十八届三中全会通过的《中共中央关于全面深化改革若干重大问题的决定》和党的十八届四中全会通过的《中共中央关于全面推进依法治国若干重大问题的决定》又分别进一步明确指出："建设生态文明，必须建立系统完整的生态文明制度体系，实行最严格的源头保护制度、损害赔偿制度、责任追究制度，完善环境治理和生态修复制度，用制度保护生态环境"①"用严格的法律制度保护生态环境，加快建立有效约束开发行为和促进绿色发展、循环发展、低碳发展的生态文明法律制度，强化生产者环境保护的法律责任，大幅度提高违法成本。建立健全自然资源产权法律制度，完善国土空间开发保护方面的法律制度，制定完善生态补偿和土壤、水、大气污染防治及海洋生态环境保护等法律法规，促进生态文明建设"②。为贯彻落实党的十八大以来中央有关生态文明建设的一系列决策部署，习近平也发表了一系列重要讲话，形成其生态文明体制改革思想。也择其要者，归纳为如下三点。

第一，指出生态文明在中国特色社会主义事业总体布局中的重要地位。长期的治国理政实践和深入的调查研究，使习近平深知生态环境保护是功在当代、利在千秋的事业，是关系人民福祉、关乎民族未来的大事，既充分认识到加强生态文明建设、改善生态环境质量的重要性和必要性，也强烈意识到保护生态环境、治理环境污染的紧迫性和艰巨性。因而在2013年主持十八届中央政治局第六次集体学习时，除号召"要正确处理好经济发展同生态环境保护的关系，牢固树立保护生态环境就是保护生产力、改善生态环境就是发展生产力的理念，更加自觉地推动绿色发展、循环发展、低碳发展，决不以牺牲环境为代价去换取一时的经济增长"③外，他还特别强调"以对人民群众、对子孙后代高度负责的态度和责任，真正下决心把环境污染治理好、把生态环境建设好，努力走向社会主义生态文

---

① 《中共中央关于全面深化改革若干重大问题的决定》，http://news.xinhuanet.com/politics/2013-11/15/c_118164235.htm。

② 《中共中央关于全面推进依法治国若干重大问题的决定》，http://cpc.people.com.cn/n/2014/1029/c64387-25927606.html。

③ 《习近平谈治国理政》编辑组：《习近平谈治国理政》，外文出版社2014年版，第209页。

明新时代，为人民创造良好生产生活环境"①，要求把生态文明建设纳入中国特色社会主义事业总体布局，融入经济建设、政治建设、文化建设、社会建设各方面和全过程，指出这既是对社会主义建设规律认识不断深化的表现，也是中国特色社会主义实践探索的重要成果。

第二，指明"制度"在生态文明建设中的重大作用。前已述及，习近平深知"制度"在国家和社会治理中具有全局性、根本性和长期性的意义。因而在生态文明建设方面，除明确指出"只有实行最严格的制度、最严密的法治，才能为生态文明建设提供可靠保障"②外，他还特别强调"要完善经济社会发展考核评价体系，把资源消耗、环境损害、生态效益等体现生态文明建设状况的指标纳入经济社会发展评价体系，使之成为推进生态文明建设的重要导向和约束。要建立责任追究制度，对那些不顾生态环境盲目决策、造成严重后果的人，必须追究其责任，而且应该终身追究"③。

第三，强调标本兼治基础上的源头治理。习近平深知生态文明建设和环境污染治理是一项长期艰巨的工作，特别是对处于社会主义初级阶段的中国而言，仍然面临着十分繁重的发展任务，但他仍坚定地表示，虽环境治理因其历史原因而有漫长过程，却不能继续污染和破坏任由下去。因而，在明确以解决损害群众健康突出环境问题为重点，坚持预防为主、综合治理，强化水、大气、土壤等污染防治，着力推进重点流域和区域水污染防治，着力推进重点行业和重点区域大气污染治理，以解决人民群众感受最深切、反映最强烈的环境污染、生态退化等迫在眉睫问题的同时，还

---

① 《习近平谈治国理政》编辑组：《习近平谈治国理政》，外文出版社2014年版，第208页。
② 同上书，第210页。
③ 同上。

强调"只有实行最严格的制度、最严密的法治,才能为生态文明建设提供可靠保障"①,主张通过完善经济社会发展考核评价体系,把资源消耗、环境损害、生态效益等体现生态文明建设状况的指标纳入经济社会发展评价体系,使之成为推进生态文明建设的重要导向和约束的同时,建立责任追究制度,对不顾生态环境盲目决策、造成严重后果者,坚决追究其责任,而且终身追究责任;认为通过加强生态文明宣传教育,增强全民节约意识、环保意识、生态意识,营造爱护生态环境的良好风气,并"按照尊重自然、顺应自然、保护自然的理念,贯彻节约资源和保护环境的基本国策,更加自觉地推动绿色发展、循环发展、低碳发展,把生态文明建设融入经济建设、政治建设、文化建设、社会建设各方面和全过程,形成节约资源、保护环境的空间格局、产业结构、生产方式、生活方式,为子孙后代留下天蓝、地绿、水清的生产生活环境"②,才能从源头和根本上治理生态污染和提高我国生态文明建设水平。

众所周知,环境是人类生存发展的重要依托,保护和改善环境也是人从事一切活动的重要出发点和重要目的。因而,在习近平关于国家治理体系与治理能力现代化重要论述中,如果说生态文明体制改革是国家治理体系与治理能力现代化的重要组成部分的话,那么,通过生态文化体制改革而不断提高生态文明程度与水平,则既是国家治理体系与治理能力现代化的重要标志,又是国家治理体系与治理现代化的重要依托。

当然,国家治理体系与治理能力现代化是一项内容极其丰富的庞大系统工程,除上述经济体制、政治体制、文化体制、社会体制和生态文明体

---

① 《习近平谈治国理政》编辑组:《习近平谈治国理政》,外文出版社2014年版,第210页。
② 同上书,第212页。

制五大基本领域之外,当然还包括党的建设等各领域制度体系及其治理能力的现代化。由于篇幅所限,恕不赘述了。

三 "四个全面":习近平关于国家治理体系和治理能力现代化重要论述的实践路径

作为新一届党中央的坚强领导核心,习近平不但善于从哲学的高度,运用辩证法普遍联系的观点,把国家治理的各项制度看作一个系统整体,运用永恒发展的观点把国家治理体系与治理能力视为与时俱进的现代化过程,并以此为基础,系统全面地分析国家治理体系与治理能力现代化的主要内容和基本框架,而且以战略家的高远,强调实现国家治理体系和治理能力现代化,"光有立场和态度还不行,必须有实实在在的举措"[1]。为此,提出了"四个全面"的推动中国特色社会主义事业,实现国家治国体系和治理能力现代化的实践路径。下面对"四个全面"分别予以论述。

(一)"全面建成小康社会":"国家治理体系与治理能力现代化"的重要阶段性目标

"小康"一词初源于《诗经·大雅·民劳》之"民亦劳止,汔可小康",意谓生活无忧、丰衣足食的状态,长期表达着中国人民对殷实安逸生活的向往。从邓小平1979年和1984年分别会见时任日本首相大平正芳和中曾根康弘时先后提出的"我们的四个现代化的概念……是'小康之家'"[2]"小康社会,叫做中国式的现代化"[3],到1997年江泽民在党的十

---

[1] 《习近平谈治国理政》编辑组:《习近平谈治国理政》,外文出版社2014年版,第87页。
[2] 《邓小平文选》(第2卷),人民出版社1983年版,第237页。
[3] 《邓小平文选》(第3卷),人民出版社1993年,第62页。

五大报告中提出"建设小康社会"的历史新任务,以及党的十六大提出全面建设小康社会的奋斗目标、党的十七大提出实现全面建设小康社会奋斗目标新要求,直至党的十八大根据国内外形势变化,顺应我国经济社会发展和广大人民群众新期待,对全面建设小康社会目标进行充实完善,提出更具明确政策导向、更加针对发展难题、更好顺应人民意愿的新要求——"全面建成小康社会",可以清楚地看到,"全面建成小康社会"既与改革开放以来我党历届领导集体关于"小康社会"的论述表达相衔接,也与中国特色社会主义事业总体布署相一致,是我国社会主义现代化建设"三步走"战略的承上启下的关键阶段。

"全面建成小康社会"的思想,除包含"建成",即到2020年在中国共产党建党100年时,国内生产总值和城乡居民人均收入较2010年翻一番的核心含义外,其最突出的特征是"全面",而不只是总量和速度的扩张和提升。为此,习近平在十八届五中全会第二次全体会议上指出"全面建成小康社会,强调的不仅是'小康',而且更重要的也是更难做到的是'全面'"[1]。因而,其"全面建成小康社会"的思想强调全面建成的小康有三个全面:一是领域要全面,既是"五位一体"社会各领域的小康,也是"国家富强、民族振兴、人民幸福"各层面的小康,即"全面推进经济建设、政治建设、文化建设、社会建设、生态文明建设以及其他各方面建设……全面发展"[2] 的小康。因而,他强调"人民身体健康是全面建成小康社会的重要内涵"[3]

---

[1] 习近平:《在党的十八届五中全会第二次全体会议上的讲话(节选)》,http://cpc.people.com.cn/n1/2016/0104/c64094-28009486.html。

[2] 《习近平谈治国理政》编辑组:《习近平谈治国理政》,外文出版社2014年版,第9页。

[3] 《习近平会见全国体育先进单位和先进个人代表等时强调发展体育运动增强人民体质 促进群众体育和竞技体育全面发展》,http://politics.people.com.cn/n/2013/0831/c1024-22760251.html。

"没有全民健康,就没有全面小康"①。二是覆盖的人口要全面,是惠及全体中国人民的小康,不但56个民族"一个也不能少",而且13亿人"一个也不能少"。因而,他强调"没有全民小康,就没有全面小康""全面实现小康,一个民族都不能少"②。三是覆盖的区域要全面,是城乡区域共同发展、东南西北共同进步的小康。为此,他认为全面建成小康社会,最艰巨最繁重的任务在农村、特别是包括革命老区在内的贫困地区。因而,他强调"没有农村的小康,特别是没有贫困地区的小康,就没有全面建成小康社会"③"全面建成小康社会,没有老区的全面小康,特别是没有老区贫困人口脱贫致富,那是不完整的"④。

而为贯彻党的十八大报告"全面建成小康社会,必须以更大的政治勇气和智慧,不失时机深化重要领域改革,坚决破除一切妨碍科学发展的思想观念和体制机制弊端,构建系统完备、科学规范、运行有效的制度体系,使各方面制度更加成熟更加定型"⑤的精神,习近平在十八届三中全会第二次集体会议的讲话中又作出"我们要通过深化改革,让一切劳动、知识、技术、管理、资本等要素的活力竞相迸发,让一切创造社会财富的源泉充分涌流"⑥的指示。因而,在他看来,如果说通过全面深化改革而实现国家治理体系与治理能力现代化是全面建成小康社会的重要方式和动

---

① 《习近平在江苏调研讲话》,http://politics.people.com.cn/n/2014/1215/c70731-26205139.html。
② 《习近平总书记会见贡山独龙族怒族自治县干部群众代表侧记》,http://news.xinhuanet.com/politics/2015-01/22/c_1114097410.htm。
③ 《习近平到河北阜平看望慰问困难群众强调》,http://news.ifeng.com/gundong/detail_2012_12/31/20695848_0.shtml。
④ 《把革命老区发展时刻放在心上——习近平总书记主持召开陕甘宁革命老区脱贫致富座谈会侧记》,http://news.xinhuanet.com/politics/2015-02/16/c_1114394435.htm。
⑤ 《习近平谈治国理政》编辑组:《习近平谈治国理政》,外文出版社2014年版,第19页。
⑥ 同上书,第93页。

力来源的话；那么，全面建成小康社会则既是国家治理体系与治理能力现代化的重要体现，也是国家治理体系与治理能力现代化的重要阶段性成果。

（二）"全面深化改革"："国家治理体系与治理能力现代化"的必由之路

前已指出，习近平所谓"国家治理体系"即中国共产党领导之下管理国家的制度体系，是由一整套紧密相连、相互协调的国家制度构成的，其所谓"国家治理能力"即运用上述国家制度体系治理国家的能力，其所谓"治理能力现代化"即适应时代变化，通过改革上述制度体系，使之更科学完善，从而实现党、国家、社会各项事务治理制度化、规范化、程序化。可见，其所谓"国家治理体系与治理能力现代化"的过程，既是国家治理制度体系不断变革的过程，即全面深化改革的过程，也是中国特色社会制度自我发展、自我完善的过程，即发展和完善中国特色社会主义制度的过程。因而，在2014年省部级主要领导干部学习贯彻党的十八届三中全会精神全面深化改革专题研讨班的讲话中，他指出"推进国家治理体系和治理能力现代化，必须完整理解和把握全面深化改革的总目标，这是两句话组成的一个整体，即完善和发展中国特色社会主义制度、推进国家治理体系和治理能力现代化"[①]，既不能把这两句话孤立起来理解，更不能把这两句话割裂开来对待。

因为经过近40年的改革开放，我国经济社会发展虽然已经取得了巨大成就，国家治理的各项制度业已基本确定，但随着国际国内形势的变化，

---

① 《习近平谈治国理政》编辑组：《习近平谈治国理政》，外文出版社2014年版，第105页。

经济社会发展面临的突出矛盾和挑战，前进道路上遭遇的困难和问题，如发展中不平衡、不协调、不可持续等问题，科技创新能力不强、产业结构不合理、发展方式粗放、城乡区域发展差距和居民收入分配差距较大、社会矛盾明显增多等情况，教育、就业、社会保障、医疗、住房、生态环境、食品药品安全、安全生产、社会治安、执法司法等关系群众切身利益的问题多发等趋势，以及部分群众生活困难，形式主义、官僚主义、享乐主义和奢靡之风突出，反腐败斗争形势严峻复杂等倾向，尽管皆有复杂原因，但单项制度不健全、不系统、不完善，加之不同制度间不协调、不协同、不匹配导致的相互牵扯、相互掣肘和相互抵牾的情况，使制度的作用与效果大打折扣却是重要的，也是共同的原因。

正因如此，习近平关于全面深化改革重要论述，在一方面强调改革开放永无止境，只有进行时、没有完成时，停顿和倒退没有出路，认为"必须通过全面深化改革，着力解决我国发展面临的一系列突出矛盾和问题，（才能）不断推进中国特色社会主义制度自我完善和发展"[1] "解决这些问题，关键在于深化改革"[2]，得出"改革开放是决定当代中国命运的关键一招，也是决定实现'两个一百年'奋斗目标、实现中华民族伟大复兴的关键一招"[3] 结论的同时；另一方面也主张全面深化改革是关系党和国家事业发展全局的重大战略部署，既不是某个领域某个方面的单项改革，也不是几个领域改革的简单机械相加，而是所有领域改革的协同有序推进。认为"每一项改革都会对其他改革产生重要影响，每一项改革又都需要其他

---

[1]《习近平谈治国理政》编辑组：《习近平谈治国理政》，外文出版社2014年版，第71页。
[2] 同上书，第72页。
[3] 同上书，第71页。

改革协同配合"①，强调"更加注重改革的系统性、整体性、协调性"②"要更加注重各项改革的相互促进、良性互动，整体推进"③，"需要加强顶层设计和整体谋划，加强各项改革的关联性、系统性、可行性研究……要统筹考虑、全面论证、科学决策……各领域改革和党的建设改革紧密联系、相互交融"④，才能形成推进改革开放的强大合力。

除此之外，习近平还强调，全面深化改革其出发点和根本目的在于"进一步形成公平竞争的发展环境，进一步增强经济社会发展活力，进一步提高政府效率和效能，进一步实现社会公平正义，进一步促进社会和谐稳定，进一步提高党的领导水平和执政能力"⑤，认为"推进国家治理体系和治理能力现代化，是完善和发展中国特色社会主义制度的必然要求，是实现社会主义现代化的应有之义……是从国家治理体系和治理能力的总体角度考虑的"⑥，甚至上升到"在与资本主义竞争中赢得比较优势……更好发挥中国特色社会主义制度优势"⑦的高度来认识和看待全面深化改革的地位和作用。足见，"全面深化改革"在习近平"国家治理体系与治理能力现代化"思想中地位之重、意义之大。因为"要破解发展面临的各种难题，化解来自各方面的风险和挑战，更好发挥中国特色社会主义制度优势，推动经济社会持续健康发展，除了深化改革开放，别无他途"⑧，全面深化改革是完善和发展中国特色社会主义制度、推进国家治理体系和治理

---

① 《习近平谈治国理政》编辑组：《习近平谈治国理政》，外文出版社2014年版，第68页。
② 同上书，第68页。
③ 同上。
④ 同上书，第88页。
⑤ 同上书，第74页。
⑥ 同上书，第90页。
⑦ 同上书，第86页。
⑧ 同上书，第86页。

能力现代化的必由之路。

(三)"全面依法治国":"国家治理体系与治理能力现代化"的基本方式

改革开放,特别是《中共中央关于全面推进依法治国若干重大问题的决定》提出全面依法治国是关系我们党执政兴国、人民幸福安康、党和国家长治久安的重大战略问题,是完善和发展中国特色社会主义制度、推进国家治理体系和治理能力现代化的重要方面。对全面依法治国作出明确具体部署以来,我国尽管在法治国家、法治政府、法治社会一体化建设,依法治国、依法执政、依法行政协同推进方面取得了巨大进展,开创了全面依法治国的新局面,但习近平依然敏锐地发现,一些党员、干部仍然存在人治思想和长官意识,认为依法办事条条框框多、碍手碍脚,感觉还是凡事自己说了算来得痛快,视法律若无物,大搞以言代法、以权压法,甚至徇私枉法。因而,在首都各界纪念现行宪法公布30周年大会的讲话中,他指出"在充分肯定成绩的同时,我们也要看到存在的不足"[1],如保证宪法和法律实施的监督机制和具体制度不健全,有法不依、执法不严、违法不究现象,在一些地方和部门依然存在;关系人民群众切身利益的执法司法问题还比较突出;一些公职人员滥用职权、失职渎职、执法犯法甚至徇私枉法严重损害国家法制权威的情况也时有发生;公民包括一些领导干部的宪法和法律意识还有待进一步提高等,并强调"这种现象不改变,依法治国就难以真正落实"[2]"必须高度重视,切实加以解决"[3]。

---

[1] 《习近平谈治国理政》编辑组:《习近平谈治国理政》,外文出版社2014年版,第137页。
[2] 习近平:《加快建设社会主义法治国家》,《求是》2015年第1期。
[3] 《习近平谈治国理政》编辑组:《习近平谈治国理政》,外文出版社2014年版,第137页。

习近平关于"依法全面治国"重要论述内容极其丰富，涉及全面依法治国的地位作用、目标任务、路径措施等诸多方面，但篇幅所限，仅择其要者，归结如下三项。

第一，突出法律在治国理政中的极端重要地位。如果说制度是具有根本性、长期性和稳定性的规范，在治理国家和社会事务中发挥着重要作用的话，那么，法律作为通过合法程序上升到有法律约束力的规范，对治国理政就具有更加重要的作用。因而，习近平不但认为法律是治国之重器，法治是国家治理体系和治理能力的重要依托，而且2014年在庆祝全国人民代表大会成立60周年大会上的讲话中，还以法律在社会主义民主政治建设中的作用为例，指出"发展人民民主必须坚持依法治国、维护宪法法律权威，使民主制度化、法律化，使这种制度和法律不因领导人的改变而改变，不因领导人的看法和注意力的改变而改变"①。除此之外，他还特别强调，在我国全面建成小康社会进入决胜阶段，改革进入攻坚期和深水区，面临的任务之重前所未有，风险挑战之多前所未有的情况下，依法治国的地位之重、作用之大也前所未有。因而，他认为"全面推进依法治国是关系我们党执政兴国、关系人民幸福安康、关系党和国家长治久安的重大战略问题，是完善和发展中国特色社会主义制度、推进国家治理体系和治理能力现代化的重要方面"②，"是解决党和国家事业发展面临的一系列重大问题，解放和增强社会活力、促进社会公平正义、维护社会和谐稳定、确保党和国家长治久安的根本要求"③，"是贯彻落实中共十八大和十八届三

---

① 《习近平在庆祝全国人民代表大会成立60周年大会上的讲话》，http：//www.npc.gov.cn/npc/xinwen/2014－09/06/content_1877767.htm。
② 习近平：《关于〈中共中央关于全面推进依法治国若干重大问题的决定〉的说明》，http：//politics.people.com.cn/n/2014/1029/c1001－25926928.html。
③ 同上。

中全会精神的重要内容，是顺利完成各项目标任务、全面建成小康社会、加快推进社会主义现代化的重要保证"①，"是我们党从坚持和发展中国特色社会主义出发、为更好治国理政提出的重大战略任务，也是事关我们党执政兴国的一个全局性问题……对推动经济持续健康发展、维护社会和谐稳定、实现社会公平正义，对全面建成小康社会、实现中华民族伟大复兴，都具有十分重大的意义"②。因此，他要求各级领导干部要提高运用法治思维和法治方式深化改革、推动发展、化解矛盾、维护稳定的能力，致力于形成办事依法、遇事找法、解决问题用法、化解矛盾靠法的良好法治环境，努力在法治轨道上开展各项工作。

第二，强调"全面"依法治国理政。在突出法治在治国理政中重要地位的基础上，习近平强调依法治国要全面，主张全面依法治国。其全面依法治国思想，主张不但要把依法治国贯穿于治国理政全过程，而且强调要体现在治党、治国、治军各领域。为此，他一方面坚决主张"落实依法治国基本方略，加快建设社会主义法治国家，必须全面推进科学立法、严格执法、公正司法、全民守法进程"③，通过完善立法规划，突出立法重点，坚持立、改、废并举，提高立法科学化、民主化水平，提高法律的针对性、及时性、系统性，进一步健全和完善以宪法为统帅的中国特色社会主义法律体系；通过加强宪法和法律实施，做到有法必依、执法必严、违法必究，以提高宪法和法律在人们心目中神圣性和权威性；通过让人民群众在每一个司法案件中都感受到公平正义，提高司法的公信力和有效性；通

---

① 《中共中央召开党外人士座谈会 习近平主持并发表重要讲话》，http://politics.people.com.cn/n/2014/1024/c70731-25902944.html。

② 《中共十八届四中全会在京举行 习近平发表重要讲话》，http://cpc.people.com.cn/n/2014/1024/c64094-25898158.html。

③ 《习近平谈治国理政》编辑组：《习近平谈治国理政》，外文出版社2014年版，第140页。

过深入开展法制宣传教育，在全社会弘扬社会主义法治精神，引导全体人民遵守法律、有问题依靠法律来解决，形成全民守法的良好氛围；另一方面又坚持"依法治国、依法执政、依法行政共同推进，坚持法治国家、法治政府、法治社会一体建设"①，通过健全宪法和法律的实施和监督制度，完善立法体制，推进科学、民主立法等途径，提高依法治国的水平，努力推进社会主义法治国家建设；通过依法履行政府职能，依法进行行政决策，做到重大改革于法有据，机构、职能、权限、程序、责任法定等方式，努力提高依法行政水平，努力推进社会主义法治政府建设；通过建立领导干部干预司法活动、插手具体案件处理的记录、通报和责任追究等制度，确保司法机关依法独立公正行使审判权和检察权等措施，提高司法的公信力和权威，以及依法保障全体公民享有广泛的权利，保障公民的人身权、财产权、基本政治权利等各项权利不受侵犯，依法保证公民的经济、文化、社会等各方面权利得到落实；努力提高全体人民宪法意识和法制观念，弘扬社会主义法治精神，培育社会主义法治文化，在全社会形成学法、尊法、守法、用法的良好氛围，让人民群众充分认识并相信法律不仅是全体公民必须遵循的行为规范，而且是保障公民权利的法律武器，从源头和根本上提高社会治理的能力和水平，提升社会主义法治社会建设的水平。

第三，把"全面依法治国"纳入"四个全面"的战略布局，从国家治理体系与治理能力现代化的高度来理解和对待。在党的十八大提出"全面建成小康社会"、党的十八届三中全会通过《中共中央关于全面深化改革若干重大问题的决定》、党的十八届四中全会通过《中共中央关于全面推

---

① 《习近平谈治国理政》编辑组：《习近平谈治国理政》，外文出版社2014年版，第142页。

进依法治国若干重大问题的决定》，提出"完善和发展中国特色社会主义制度，推进国家治理体系和治理能力现代化"①的宏大背景下提出的习近平"全面依法治国"思想，自然也把全面依法治国的基本方略置于"四个全面"的战略布局中，纳入通过不断完善和发展中国特色社会主义制度，实现国家治理体系与治国能力现代化，完成"两个一百年"奋斗目标，实现中华民族伟大复兴的中国梦的目标任务中来考量和对待。因而，在2015年省部级主要领导干部学习贯彻党的十八届四中全会精神全面推进依法治国专题研讨班开班式的讲话中，除指出"四个全面"的战略布局，既有战略目标，也有战略举措，其中任何一个"全面"都具有重大战略意义外，他还强调"全面建成小康社会"是战略目标，"全面深化改革""全面依法治国"和"全面从严治党"是实现这个战略目标的三大战略举措，"要把全面依法治国放在'四个全面'的战略布局中来把握，深刻认识全面依法治国同其他3个'全面'的关系，努力做到'四个全面'相辅相成、相互促进、相得益彰"②。而前已述及，制度，特别是法律在规范人的行为、治国理政中是具有长期性、稳定性、全局性和根本性的行为规范，特别是在全面建成小康社会进入决胜阶段，改革进入攻坚期和深水区，面临的任务之重前所未有、风险挑战之多前所未有的背景下，把全面依法治国这个事关党执政兴国、人民幸福安康、党和国家长治久安的重大战略问题，置于"四个全面"的战略布局，提到完善和发展中国特色社会主义制度、推进国家治理体系和治理能力现代化的战略高度，通过致力形成办事依法、

---

① 胡锦涛：《坚定不移沿着中国特色社会主义道路前进 为全面建成小康社会而奋斗——在中国共产党第十八次全国代表大会上的报告》，http://news.xinhuanet.com/18cpcnc/2012 - 11/17/c_113711665.htm。

② 《习近平在省部级主要领导干部学习贯彻十八届四中全会精神全面推进依法治国专题研讨班开班式上发表重要讲话》，http://politics.people.com.cn/n/2015/0202/c70731 - 26494744.html。

遇事找法、解决问题用法、化解矛盾靠法的良好法治环境，提高各级国家机关工作人员运用法治思维和法治方式深化改革、推动发展、化解矛盾、维护稳定的能力，努力在法治轨道上展开并推动各项工作的方式，来谋划全面建成小康社会、全面深化改革和全面从严治党等各项工作，既十分必要，也非常及时。

可见，习近平关于"全面依法治国"重要论述的根本目标是要通过科学立法、严格执法、公正司法、全民守法全过程的变革，把中国特色的社会主义法制贯彻到改革、发展、稳定和治党、治国、治军各领域，在努力推动形成办事依法、遇事找法、解决问题用法、化解矛盾靠法的良好法治环境的基础上，提高各级国家机关及其工作人员运用法治思维和法治方式深化改革、推动发展、化解矛盾、维护稳定的能力，即在法治轨道上提高国家治理体系和治理能力现代化的能力和水平。

(四)"全面从严治党"："国家治理体系与治理能力现代化"的有力保证

中国共产党是中国特色社会主义事业的领导核心，处在总揽全局、协调各方的领导核心地位，必须从严治党，提高拒腐防变和抵御风险的能力，才能不断提高领导水平和执政水平，从而在形势深刻变化的背景下继续走在时代前列，在应对风险挑战过程中永远成为人民的主心骨，在发展和完善中国特色社会主义、实现国家治理体系和治理能力现代化的伟大事业中始终居于坚强领导核心地位。因而，党始终旗帜鲜明地把党风廉政建设和反腐败斗争作为重要任务，采取了一系列行之有效的措施，在管党治党方面取得了明显成效，为党领导改革开放和社会主义现代化建设提供了有力保证。而党的十八大以来，习近平适应国际形势复杂多变、国内改革发展稳定、任务艰巨繁重背景下具有许多新的历史特点的伟大斗争需要，提出了全面从严治党的新战略、新思想，主要内容有如下三点。

第一，把党风廉政建设和反腐败斗争提到事关党生死存亡的高度来认识。习近平清醒地看到，尽管党风廉政建设和反腐败斗争已取得重大成就，但无论是与国内外形势发展变化，还是与党承担的历史任务相比较，党的领导水平和执政水平、党组织建设状况和党员干部能力、素质都还有相当差距。特别是新形势下，面临"四大考验""四种危险"，一些党员干部中还不同程度地存在脱离群众、形式主义、官僚主义、享乐主义和奢靡之风，而近年来发生的系列严重违纪违法案件，不但性质非常恶劣，政治影响极坏，令人触目惊心，而且严重败坏了党在人民群众中长期积累而树立起来的良好形象。说明滋生腐败的土壤还依然存在，反腐败斗争形势依然严峻复杂，反腐败不但具有长期性、复杂性，而且具有艰巨性和紧迫性。如果不能以猛药去疴、重典治乱的决心，以刮骨疗毒、壮士断腕的勇气，坚持全面从严治党，把党风廉政建设和反腐败斗争坚决进行到底，就会重蹈一些国家因腐败问题愈演愈烈，导致民怨沸腾、社会动荡、政权垮台，最终亡党亡国的覆辙！因而，把坚持全面从严治党，加强党风廉政建设看作事关党的群众路线，保持党同人民群众血肉联系的大事，不仅是广大干部群众始终关注的重大政治问题，而且要上升到关系党和国家生死存亡的高度来认识。他坚定地表示"必须下最大气力解决好消极腐败问题，确保党始终同人民心连心、同呼吸、共命运"[①]，"反腐倡廉必须常抓不懈，拒腐防变必须警钟长鸣，关键就在"常""长"二字，一个是要经常抓，

---

① 《习近平谈治国理政》编辑组：《习近平谈治国理政》，外文出版社2014年版，第390页。

一个是要长期抓"①,要坚定决心,不断铲除腐败现象滋生蔓延的土壤,以实际成效取信于民。

第二,以作风建设为切入点推动全面从严治党各项工作。以习近平为总书记的新一届党中央上任伊始,即于2012年12月4日召开的中央政治局会议上审议通过了《中央政治局关于改进工作作风、密切联系群众的八项规定》,就此拉开全面从严治党的序幕。从作风问题入手,是因为习近平认为,作风问题虽看似虚幻,但决不是小事,如果不坚决纠正形式主义、官僚主义、享乐主义和奢靡之风等不良风气,而任其自由泛滥,则会在党和人民中间竖立起一堵无形之墙,把党和群众隔开,使党失去根基、血脉和力量。所以,他指出"八项规定既不是最高标准,更不是最终目的,只是我们改进作风的第一步,是我们作为共产党人应该做到的基本要求"②,强调这只是"提出了一个抓反腐倡廉建设的着力点,提出了一个夯实党执政的群众基础的切入点"③,要求"下最大气力解决党内存在的问题特别是人民群众不满意的问题,使我们党永远赢得人民群众信任和拥护"④,要"不断以反腐倡廉的新进展新成效取信于民"⑤。并以此为切入点,推动从严治党向四个方面全面延伸:其一,强化党的政治纪律、组织纪律、廉洁纪律、群众纪律、工作纪律和生活纪律,指出"纪律严明是党的光荣传统和独特优势,党面临的形势越复杂、肩负的任务越艰巨,就越要加强纪律建设"⑥,要求全体党员无条件严格遵守党的纪律,"使纪律真

---

① 《习近平谈治国理政》编辑组:《习近平谈治国理政》,外文出版社2014年版,第386页。
② 同上书,第387页。
③ 同上书,第391页。
④ 同上书,第28页。
⑤ 同上书,第391页。
⑥ 同上书,第386页。

正成为带电的高压线"①,而不只是"一个软约束或是束之高阁的一纸空文"②。其二,突出制度建设的重要性,指出"制度问题更带有根本性、全局性、稳定性、长期性"③,致力于全面推进惩治和预防腐败体系建设和提高各项反腐败制度执行力,让制度刚性运行,以"最大限度减少体制缺陷和制度漏洞"④,不断铲除腐败现象滋生蔓延的土壤。其三,注意发挥"惩治"的威慑作用,继续保持反腐高压态势,指出"惩治这一手决不能放松""坚持以零容忍态度惩治腐败,对腐败分子,发现一个就要坚决查处一个"⑤,不论什么人,不论职务多高,只要触犯了党纪国法,都要受到严肃追究和严厉惩处,坚持"老虎""苍蝇"一起打,既坚决查处领导干部违纪违法案件,又切实解决发生在群众身边的不正之风和腐败问题,以减少腐败存量,抑制腐败增量,为"治本"重拾信心、赢得时间。其四,注重反腐倡廉教育、廉政文化建设与以深化改革推进党风廉政建设和反腐败斗争,强调"从思想道德抓起具有基础性作用,思想纯洁是马克思主义政党保持纯洁性的根本,道德高尚是领导干部做到清正廉洁的基础"⑥,指出"理想信念就是共产党人精神上的'钙',没有理想信念,理想信念不坚定,精神上就会'缺钙',就会得'软骨病'"⑦,要求改革举措体现惩治和预防腐败要求,同防范腐败同步考虑、同步部署、同步实施,以最大限度堵塞腐败的制度漏洞,从源头和根本上预防腐败发生。

第三,强化监督制约以把权力关进制度的笼子。上已述及,习近平注

---

① 《习近平谈治国理政》编辑组:《习近平谈治国理政》,外文出版社2014年版,第395页。
② 同上书,第395页。
③ 同上书,第392页。
④ 同上。
⑤ 同上书,第394页。
⑥ 同上书,第391页。
⑦ 同上书,第15页。

意到"制度问题更带有根本性、全局性、稳定性、长期性"[①],所以,在党风廉政建设和反腐败斗争中,也特别强调"制度"在全面从严治党中的作用。不但主张要依法设定权力、规范权力、制约权力、监督权力,"把权力关进制度的笼子里"[②],要"改革党的纪律检查体制,完善反腐败体制机制,增强权力制约和监督效果"[③],而且强调要保证各级纪委监督权的相对独立性和权威性,通过强化监督,改进对领导干部,特别是领导班子一把手权力行使的监督制约。而为了更好发挥监督制约作用,他还强调"公开",要求依法公开权力运行流程,以便干部群众在公开中监督,确保权力的正确行使,防止制度成为纸老虎和稻草人。

可见,习近平关于全面从严治党重要论述的出发点和落脚点仍然是通过发展和完善党的建设各项制度,提高党的执政能力和执政水平,更好发挥其总揽全局、协调各方的领导核心作用,以实现国家治理体系和治理能力现代化的目标。

结　语

习近平关于国家治理体系与治理能力现代化重要论述内涵丰富深刻,将其置于推进中国特色社会主义事业"五位一体"的总体布局和"四个全面"的战略布局中,才能更全面、深刻理解其治国理政的一系列新理念、

[①] 《习近平谈治国理政》编辑组:《习近平谈治国理政》,外文出版社2014年版,第392页。
[②] 《习近平在省部级主要领导干部学习贯彻十八届四中全会精神全面推进依法治国专题研讨班开班式上发表重要讲话》,http://politics.people.com.cn/n/2015/0202/c70731-26494744.html。
[③] 《习近平谈治国理政》编辑组:《习近平谈治国理政》,外文出版社2014年版,第395页。

新思想、新战略。通过全面深化经济体制、政治体制、文化体制、社会体制和生态文化体制各领域的改革,构建起系统完备、科学规范、运行有效的制度体系,才能推动中国特色社会主义制度更加成熟定型,提高中国特色社会主义制度体系化的水平;通过"全面深化改革""全面依法治国"和"全面从严治党"三大战略举措,在不断改革不适应实践发展要求的体制机制、法律法规的基础上,不断构建新的体制机制、法律法规,使各方面制度更加科学完善,实现党、国家、社会各项事务治理制度化、规范化、程序化,才能增强按制度办事、依法办事意识和善于运用制度和法律治理国家的能力,从而把制度优势转化为国家治理的实际效能,提高党科学执政、民主执政、依法执政的水平,提高国家机构的履职能力,提高人民群众依法管理国家事务、经济社会文化事务、自身事务的能力,即运用中国特色社会主义制度体系有效治理国家的能力,实现国家治理体系与治理能力现代化,为实现包括"全面建成小康"在内的"两个一百年"奋斗目标和中华民族伟大复兴的中国梦提供有力的制度保障和能力保证。

[原载《青岛科技大学学报》(社会科学版)2017年第3期]

心系人民：推进"四个伟大"的动力源泉

宋义明* 张 娟

党的十九大报告中指出，"中国共产党人的初心和使命，就是为中国人民谋幸福，为中华民族谋复兴。这个初心和使命是激励中国共产党人不断前进的根本动力"。在党的十九大报告中，"人民"二字以203次的高频率成为当之无愧的热词。在党的十九大报告中，习近平总书记从历史到未来多个层面具体阐述了伟大斗争、伟大工程、伟大事业、伟大梦想（以下简称"四个伟大"），"四个伟大"始终以中华民族和最广大人民群众的利益为出发点、落脚点和归宿点。因此，在当前以及未来的发展中，我们要始终心系人民，坚持一切为了人民，依靠人民的力量发展新时代中国特色社会主义，为推进"四个伟大"提供永不枯竭的精神动力和力量源泉。下面分四个部分分别予以论述。

---

* 宋义明（1979— ），男，山东聊城人，聊城大学政管学院团委书记、副教授，中共山东省委统战部研究员、理事，研究方向为执政党建设。

一 心系人民是进行伟大斗争的领航灯塔

党的十九大报告指出,"社会是在矛盾运动中前进的,有矛盾就会有斗争。我们党要团结带领人民有效应对重大挑战、抵御重大风险、克服重大阻力、解决重大矛盾,必须进行具有许多新的历史特点的伟大斗争,任何贪图享受、消极懈怠、回避矛盾的思想和行为都是错误的"。要坚决反对一切削弱、歪曲、否定党的领导和我国社会主义制度的言行,坚决反对一切损害人民利益、脱离群众的行为,坚决破除一切顽瘴痼疾,坚决反对一切分裂祖国、破坏民族团结和社会和谐稳定的行为,坚决战胜一切在政治、经济、文化、社会等领域和自然界出现的困难和挑战。

在新时代面临的困难和挑战中,腐败问题无疑是需要攻克的难题。随着时代的发展,腐败问题越来越成为阻碍中国社会发展的重大因素,人民群众对于腐败问题更是深恶痛绝。党的十八大以来,党中央对于反腐败的斗争有了更加深刻的认识和了解,以零容忍的态度全面打击,打击力度之大是前所未有的,赢得了党心民心。党的十九大报告指出:"不敢腐的目标初步实现,不能腐的笼子越扎越牢,不想腐的堤坝正在构筑,反腐败斗争压倒性态势已经形成并巩固发展。"正是因为我们党着眼于人民的利益,时刻维护人民的利益,而坚决打击一切有损人民利益的腐败分子,才得到人民的支持和拥护。

心向人民,维护人民群众的利益,是党中央坚决进行伟大斗争的领航灯塔。习近平总书记明确指出:"一个政党,一个政权,其前途命运取决于人心向背。人民群众反对什么、痛恨什么,我们就要坚决防范和打击。人民群众最痛恨腐败现象,我们就必须坚定不移反对腐败。"我们党推进反腐败斗争，开展党风廉政建设，就是坚持以为人民服务为根本宗旨，保证人民的利益不受侵害，以赢得民心所向。

二　心系人民是建设伟大工程的价值取向

党的十八大以来，党中央加快推进党的建设新的伟大工程，将全面从严治党提升到战略高度，为全面建成小康社会、全面深化改革、全面依法治国提供政治保证。习近平总书记从世情、国情、党情出发，在实践中不断推进马克思主义同中国具体国情和时代特征相结合，形成了一系列党建新思想新举措。

加强党的建设，要求全党不断增强"四个意识"，始终遵守党的纪律，保证令行禁止。广大党员要加强思想理论建设，全面提高自身素质和能力，特别是对领导干部这一"关键少数"提出更高标准、更严要求。只有党员干部带头以身作则、率先垂范，不忘初心、牢记使命，敢于直面问题、敢于攻破难题、勇于为人民谋幸福，才能充分彰显我们党的先进性与纯洁性，人民群众才信任拥护我们党，党的执政根基才能更牢固。

民心是固国之本，得民心者昌，失民心者亡，因此我们党采取系列举措来改善民生，赢得民心。近年来，第一产业持续发展，第二产业不断转变，第三产业和新兴产业发展迅猛，为广大人民提供了更多的就业岗位，满足了人民基本的生活需求。西气东输、西电东送等大型工程的实施，不仅为西部人民带来了可观的收入，也解决了东部资源短缺的现象，促进了东部地区的可持续发展。各种事例，不胜枚举。这些表现了我们党改善民生的坚定决心。我们有理由相信，在中国共产党的领导下，共同富裕的目标一定会实现。

党的执政能力不断提高，人民群众的获得感得以增强，人民群众就会从内心深处认识到党是人民的主心骨，从而信赖党、拥护党，将自身命运与党和国家的命运紧紧连在一起。

三 心系人民是推进伟大事业的动力源泉

中国特色社会主义是党和人民经历艰辛探索得出的正确道路，只有沿着这条道路不断前进，才能完成国家富强、民族振兴、人民幸福的历史使命。从成立以来，我们党始终以维护人民的利益为根本准则和行事标准，永远站在人民的立场上考虑问题，维护最广大人民的根本利益。

习近平总书记明确指出，"坚持和发展中国特色社会主义是一篇大文章""我们这一代共产党人的任务，就是继续把这篇大文章写下去"。党的十八大以来，以习近平同志为核心的党中央高举中国特色社会主义伟大旗帜，坚持以人民为中心、以问题为导向、以创新为引领，大力促进经济政治文化社会发展，推动生态文明建设不断进步，使得人民生活日益幸福，获得感不断增强。开展一大批惠民举措，解决了一些老百姓最关心、最直接、最现实的利益问题。

中国在短短的几十年间实现了在其他世界大国眼中看来不可能实现的跨越式发展，为其他国家提供了可借鉴的发展模式。经过长期努力，中国特色社会主义进入新时代，这是我国发展新的历史方位。我们要认清新的历史方位，把握社会主要矛盾的转化，依靠人民更好推进中国特色社会主义伟大事业。

四 心系人民是实现伟大梦想的力量保证

中华民族近代以来最伟大的梦想是实现中华民族的伟大复兴，今天，我们比历史上任何时期都更接近、更有信心和能力实现中华民族伟大复兴的目标。但中华民族伟大复兴绝不是轻轻松松、敲锣打鼓就能实现的，必须准备付出更为艰巨、更为艰苦的努力。

党的十九大报告中明确提出分"两个阶段"，到2050年把我国建设成富强民主文明和谐美丽的社会主义现代化强国。当前，我们要决胜全面建成小康社会，开启社会主义现代化新征程，必须紧紧依靠人民，因为人民是历史的主人，是社会发展的动力。只有心系人民，才能真正依靠人民。只要全党全国各族人民心往一处想、劲往一处使，就一定能汇聚起同心共筑中国梦的澎湃动能，早日实现伟大梦想。

不管在任何时候，把群众的利益放在第一位，真正做到把群众的事放在心坎上，把事关群众的一切工作做好、做细、做扎实。对于维护群众利益，无论再小、再困难，也要竭尽全力，要做到了解人民的想法，明白人民的忧虑，多办人民需要的事。特别是对困难群众和社会弱势群体，要真心实意地帮助他们做实事、解难事。要深入困难群众中去，深入矛盾积聚的地方去，出谋划策，解决好实际问题。只有这样，才能激发群众的积极性、主动性、创造性。

只要党始终心系人民，坚持为人民服务，秉承以人民为中心的发展思想，就一定能带领人民群众坚持和发展好中国特色社会主义，决胜全面建成小康社会，奋力夺取新时代中国特色社会主义的伟大胜利。

（原载《人民论坛》2017年第35期）

论社会主义文化强国建设的民生自觉

陈兆芬[*]

新世纪伴随着经济发展和社会进步，我国的文化建设正迎来了一个繁荣发展的黄金时期。在党的十八大报告中更是把文化建设摆上了更加突出位置，提出了一系列符合时代要求的新的文化发展理念。报告指出：推动社会主义文化大发展大繁荣，建设文化强国就是满足人们不断增长的文化需求，就是建成惠及十几亿人口的更高水平的小康社会，这无疑是十分重要的民生。下面分两部分予以论述。

一 民生与文化

应该说，"民生"可谓是当今社会炙手可热的词汇。关注民生，已经成为当下各级政府的工作重点，也是广大人民群众热切期待的。但是长期以来一提到民生，人们往往会联想起住房、就业、教育、医疗、保障、物价、收入等与百姓物质生活息息相关的行业，殊不知改善民生并不只是衣

---

[*] 陈兆芬，女，山东平阴人，聊城大学政治与公共管理学院副教授，硕士生导师、法学博士。

食住行之类的物质层面，它理所当然地包含了健康的精神文化层面。2011年4月17日，中共中央宣传部部长刘云山在灾区重建和基层宣传思想工作座谈会上提出："把文化工作做好，也是改善民生。"[①] 这是对文化工作的新认识、新定位，也是从更高的层面阐述了文化发展与民生改善的重要关系。下面从两个角度予以论述。

（一）文化是民生事业不可或缺的重要内容

民生是与人的权利、需求、责任有关的概念。从权利角度看，就是人的全部生存权和普遍发展权。从需求角度看，是指与实现人的生存权利有关的全部需求和与实现人的发展权利有关的普遍需求，前者强调的是生存条件，后者追求的是生活质量，即保证生存条件的全部需求和改善生活质量的普遍需求。从责任角度看，就是党和政府施政的最高准则。民生是一个历史性概念，在特定历史阶段其内涵和外延上都具有与时俱进性，每个时代都有其特定民生诉求和民生问题，构成不同时代民生建设的重要内容。比如，与生存权利有关的需求主要体现在衣食住行，生老病死等方面，也就是时下常说的：劳有所得，住有所居，学有所教，病有所医，老有所养。在生产力落后，生活资料匮乏的时代，民生就是穿衣吃饭，柴米油盐酱醋茶；改善民生，不外乎管好吃喝拉撒睡，尚勤尚俭，克勤克俭。民生在勤，勤则不匮，这就是那个时代民生的全部内涵。随着时代的发展和社会的进步，人们的需求已经不仅仅局限于满足基本的生存条件，而是开始追求生活质量，追求生命质量。正如美国心

---

① 胡军. 刘云山为何提出"做好文化工作，也是改善民生"［EB/OL］. 2011 - 4 - 22, http://cpc.people.com.cn/GB/64093/64103/14460036.html.

理学家马斯洛的需求层次理论所言:"当人的某一级需求得到最低限度的满足后,才会追求高一级的需求,如此逐渐上升,成为推动继续努力的内在动力。"① 也就是说,人们在基本的物质生存需求得到满足后,与发展权利有关的各种普遍需求,如心智、能力、权利、自由、尊严、文化等也被纳入民生范畴,从而使民生的内涵更为丰富。因此在我国人民生活进入小康以后,精神文化的需求更加突出和强烈,在解决人民文化饥渴的问题越来越迫切的情况下,我们讲改善民生,文化发展成为民生事业一个很重要的组成部分。

(二)民生是文化建设的根本方向

文化之于人类是人本质力量对象化的表现,是作为社会主体精神上的内在和普遍需求,也是与人终生相伴的需求,又是以满足人的精神文化需要为指归。恩格斯说过"文化上的每一进步,都是迈向自由的一步",② 所以文化建设必须对人民保持着强大的亲和力,不能为人民喜闻乐见的文化就不能产生先进性的功能。文化工作要把出发点和落脚点放在老百姓的精神文化生活层面,用新的平台、新的载体、新的活动方式、新的文化产品、新的文化消费满足人们的文化需求,更好地丰富人们的精神世界。现阶段,在我国人民群众的生活水平有了很大提高,衣食住行已经基本得到满足的这样一个发展阶段:人民越富足,对精神文化生活的追求就越高;国家越富强,对国民精神境界的要求就越高,因此,加快推进文化改革发展、强调文化建设的民生意义是全面建成小康社会、满足人民群众不断增

---

① 成明编译:《马斯洛人本哲学》,九州出版社2003年版,第52页。
② 《马克思恩格斯选集》(第3卷),人民出版社1995年版,第456页。

长的精神文化需求和解决民生问题的迫切需要。特别是在当前,"我们正处在经济转轨、社会转型的加速期,一些人的思想困惑、精神焦虑有所增多,人文关怀、心理疏导、精神抚慰的任务变得更加繁重"的形势下,必须加大对文化设施的建设力度,形成较为完善的文化服务体系,"更好地用文化温润心灵、舒缓压力、涵养人生,更好地丰富人民的精神生活,满足人民多样化、多方面的文化需求,提高人民的文化生活质量",[①]让人民在文化的沐浴下生活得更加幸福。文化是一个国家的精神根基,是一个民族千百年的历史积淀。公民是否享有丰富的文化资源和稳定的公共文化服务,是决定和衡量一个国家或地区民生改善程度及社会幸福指数的重要指标。文化建设与民生问题息息相关,文化建设的目的就是为了人,文化发展程度高的重要标志就是人人参与文化建设,个个共享文化成果。[②]

二 文化强国建设的民生自觉

文化是凝聚和激励人心的重要力量、是综合国力的重要标志。面对科学技术的迅猛发展和综合国力的激烈竞争,面对世界范围各种文化的相互激荡,面对人民群众日益增长的文化需求,党的十八大提出了建设社会主义文化强国的战略目标,对发展公益性文化事业、构建公共文化服务体系,满足人民日益增长的文化需求提出了一系列的新要求,充分彰显了文化强国建设的民生意义。对此,提出以下三个建议。

[①] 薛岳:《怎样理解"文化也是民生"》,《红旗文稿》2010 年第 18 期。
[②] 苏北《文化也是民生》,《半月谈》2011 年第 13 期。

(一) 主动适应世情、国情、党情，不断满足和顺应人民精神文化需求的新期盼

当今世界正处于大发展大变革大调整时期。世界各种文化交流交融交锋更加频繁，文化在综合国力竞争中的地位和作用更加凸显，维护国家文化安全任务更加艰巨，增强国家文化软实力的要求更加紧迫。文化建设是中国特色社会主义事业五位一体总体布局的重要组成部分。没有社会主义文化的繁荣发展，就没有社会主义的现代化。自改革开放以来，我们党始终把文化建设放在党和国家全局工作的重要战略位置，推动我国文化建设取得重大进展，为坚持和发展中国特色社会主义事业提供了强大的精神动力和智力支持。经过这些年的发展，我们越来越认识到，无论是推动经济社会又好又快发展，还是改善民生、促进社会和谐，都要求我们必须加快文化改革发展的步伐，提高国家文化软实力，不断满足和顺应人民群众的文化需求。文化是软实力，也是硬支撑。文化工作是市场经济条件下繁荣发展社会主义文化的重要载体，是满足人民群众多样化、多层次、多方面精神文化需求的重要途径，也是推动经济结构调整、转变经济发展方式的重要着力点。从这个意义上来说，推动文化大发展大繁荣，提升国家文化软实力，就是保障和改善民生。目前，我国现阶段的主要矛盾已经转化为人民日益增长的美好生活需要和不平衡不充分的发展之间的矛盾。如果说，我们经过了30多年的改革开放，在解决人民群众的物质民生方面取得了很大的成就，需求理论告诉我们：人们的基本物质需求满足之后，便会产生心理上、精神上的需求。随着经济社会的发展、城乡一体化的推进、社会保障体系的建立，文化日益成为人们生活的重要组成部分，而且人们

在这个时候的"文化需求更加旺盛,需求总量越来越大、质量要求越来越高,文化消费多层次、多方面、多样化的特征更加明显。人们求知、求乐、求美的愿望更加强烈,实现自身全面发展的意识更加自觉"①。呼唤更多高品位、高质量、多姿多彩的优秀文化产品更加热切,期盼优质、满足个性化需求的文化服务更加强烈,因此解决好广大人民群众精神文化的需求问题就成为当代民生建设的现实要求。面对世界范围各种文化的相互激荡,面对人民群众日益增长的文化需求,以党的十八大报告为标志,我国进入全面建成小康社会决定性阶段的关键时期,我们党积极回应各族人民精神文化生活的新期盼作出了建设社会主义强国的重大战略决策。这是我们党准确把握时代和形势发展变化、确立并坚持文化发展为了人的价值目标,从人民群众的文化生活的实际需要和发展目标出发,代表最广大人民群众的文化权益,促进人民群众综合素质提升的重要体现。

(二)坚持以人为本的文化发展观,着力解决和实现好人民群众基本文化权益的新诉求

文化是人民的精神家园。文化是人民信念、信仰之源,也是人民丰富生活之源。随着改革开放和人民物质生活的丰富发展,人们的精神生活显得越来越重要。就此而言,发展文化,促进社会主义文化大发展大繁荣,着力解决人民群众最关心、最直接、最现实的基本文化权益问题,是国家建设和社会发展的需要,也是人民群众的迫切要求,更是文化强国建设的第一要务。党的十八大报告强调:只有坚持以人民为中心的创作导向,提高文化产品质量,为人民提供更好更多精神食粮,才是全面建成小康社会

---

① 邹徐文:《论中国特色社会主义文化建设》,江苏人民出版社2010年版,第443—444页。

的重要目标和重要保证。"如果抛开文化建设、忽视文化发展、离开文化的支撑和保障,全面建成小康社会的目标就不会实现。"① 目前,我们达到的小康还是低水平、不全面、发展很不平衡的小康,其中一个重要的方面就是城乡居民享受文化、参与文化、创造文化的基本权益没有得到更好的保障。尤其随着人民生活从温饱达到总体小康,文化消费进入了快速增长期,人民对丰富精神文化生活的愿望日益强烈的情况下,文化权益的新诉求越来越成为社会关注的焦点问题之一。文化权同生存权、发展权一样都是社会公民的基本权利之一,它主要包括人民群众享受文化成果、参与文化活动、开展文化创造、保护文化成果的权益等。应该说,保障人民基本文化权益,关系到千千万万人民群众的切身利益,是构建社会和谐、建成小康社会的必然要求,也是社会民生事业发展的动力之源。一方面,公平正义是实现社会和谐、建成小康的重要基础,切实保障包括文化权益在内的公民各项基本权益不仅是实现公平正义的应有之义,而且能够为全面小康社会的实现提供强大的思想动力和智力支持,创造良好的舆论环境和社会文化条件。另一方面,文化权益享受上的不均衡,严重制约着包括民生改善在内的社会事业的协调共进,保障人民文化权益,推动社会主义文化的大发展、大繁荣,将极大地提高全体人民的科学文化素质和思想道德水准,从而激发人民群众参与文化创造活动的活力,为促进社会事业的协调共进提供知识力量和精神动力。党的十八大报告明确提出:使"人民基本文化权益得到更好保障",这将人民对文化的需求上升到基本文化权益的高度,充分说明了我们党对人民文化需求的高度重视,拓展了公民权益的

---

① 《十八大报告学习辅导百问》编写组:《十八大报告学习辅导百问》,学习出版社2012年版,第100页。

内涵，体现了文化发展中的民生价值理念，具有十分深刻的内涵和重要意义。

（三）着眼于文化发展与提升民生幸福的统一，自觉维护和回应人民群众幸福生活的新思考

一个幸福的社会必然是一个文化的社会，幸福的生活只有在文化的社会里才能实现。社会的幸福、普遍的幸福，一定是文化普及、文化强盛、文化自信的结果。正如于丹接受文化媒体的采访时说：幸福和文化十分密切，文化只有化入我们的内心世界、融入血液，才能调动文化自信，找到文化自强的理由，这样幸福感才会油然而生。也就是说，人民的幸福生活除了需要以物质条件为基础，以制度和法律为保障之外，也迫切需要发挥文化温润心灵、舒缓压力、涵养人生、凝聚人心的作用，帮助人们解决思想困惑与矛盾，疏导和消除忧郁感、孤独感、失落感等不良情绪，并让人民在积极参与各种文化活动中重新组织起来，找回心理归属，品味生活情趣，超越经济指标的单一取向和财富积累的唯一尺度，积极寻求色彩斑斓的人生价值体验，从而使人民的精神文化生活更加丰富多彩，人民的精神风貌更加昂扬向上。关注民生的幸福，不断提高人民的生活质量，是我们这个时代对人民生计的一种新的关爱方式，是以人为本在这个时代的生动体现。改善民生包括提升民生幸福指数，其中思想文化是幸福指数里非常重要的内容。过去，我们对文化的认识仅仅局限于文化的教育教化功能，对文化发展与提升民生幸福的关系认识不深。毋容置疑，文化是维系一个社会团结和睦的精神力量，应当发挥文化教育人、引导人的作用，同时应当看到，随着改革开放和人民物质生活的丰富发展，人的需求是多层次、

多方面的，人的幸福指数也是一个综合性指标，特别是在物质生活得到较大改善的基础上，精神文化层次上的需求就显得更为重要。可见，保障和改善民生，不仅要在物质上提高幸福指数，而且要在精神层面提高幸福指数。文化能够为民生改善提升品位，逐渐成为民生事业的主要内容的迫切需要。文化人类学家马林诺夫斯基指出："文化是包括一套工具及一套风俗——人体的或心灵的习惯，它们都是直接地或间接地满足人类的需要。"[①] 经济发展和社会进步使民生消费出现了文化人类学家所谓的"生物需要的文化转变"的现象，对精神文化生活的需求以及幸福生活的提升有了新的思考，即真正幸福的生活和美好的人生除了"需要通过文化来启蒙心智、认识社会、获得思想的教益，也需要通过文化愉悦身心、陶冶性情、获得精神上的满足和依归"[②]。一个文明进步的社会必然是物质财富和精神文化共同进步的社会，一个现代化的强国必定是政治、经济、文化、社会协调发展的国家。正因为如此，我们讲生活质量和幸福，文化应该是一个很重要的衡量尺度和标志，文化建设的价值应该不在于贡献多少GDP，而在于它贡献了一种什么样的价值观，在于它对社会人心的无形浸润与滋养。只有多创造百姓喜闻乐见的文化内容与文化形式，文化建设才是富有活力的；只有源于百姓需求的文化内容和文化形式，才是有生命力的；只有让百姓亲切可感、可享用到的文化内容和文化形式，才是有价值的。文化作为历史文明的一种手段，作为社会发展方向的引领，对人类发展来说，文化可能是更深层次、更高境界的追求，直接关系着民生的幸福。为此，党的十八大报告进一步阐释了文化建设在我国社会主义事业总

---

① ［英］马林诺夫斯基：《文化论》，中国民间文艺出版社1987年版，第14页。
② 任忠文：《文化自觉十八讲》，人民日报出版社2011年版，第4页。

体布局中的重要地位，自觉将文化强国建设的战略目标着眼于文化发展与提升民生幸福的统一，积极维护和回应人民群众幸福生活的新思考。让文化发展成果最大限度地惠及人民，用人文的情怀关怀人、疏导人、引导人，丰富人民的精神文化生活，这是时代赋予的历史使命，是贯彻和落实文化强国建设战略的迫切需要，也是解决好文化层面的人民生计的现实要求。

我们党领导的革命、建设、改革事业，几代人前赴后继，奋斗不息的目的，就是为了让中国人民摆脱物质和精神上的贫穷和落后，过上富裕、文明、人格全面自由发展的有尊严的生活。我们党清楚地认识到，物质贫乏不是社会主义，精神空虚也不是社会主义，没有社会主义文化的发展和繁荣，就没有社会主义的现代化。中国特色社会主义是我们的共同奋斗目标，它要让人民过上殷实富足的物质生活，也要让人民享有健康丰富的文化生活。党的十八大报告中"扎实推进社会主义文化强国建设""坚持为人民服务""丰富人民精神文化生活""保障人民的基本文化权益""发挥文化引领风尚、教育人民、服务社会、推动发展的作用""为人民提供广阔文化舞台""增强全民族文化创造活力""让人民享有健康丰富的精神文化生活"等，一条条关涉人民群众文化生计的论断已经清晰地为我们勾画了一幅文化强国建设的"民生路线图"。思想是文化的先导，文化强国呼唤文化建设的民生自觉，我们要把思想认识统一到党的十八报告的精神上来，积极培育民生文化，努力建设"文化民生"，推动文化与民生的融合、兼济与互促，实现文化事业文化产业的大发展大繁荣。

（原载《文化软实力研究》2017 年第 5 期）

推进政府与社会资本合作（PPP）模式的必要性及路径探析[*]

张西勇　段玉恩[**]

基础设施是现代社会的物质支撑基础,对现代社会的正常运转不可或缺。现代基础设施具有的规模性、专用性和外部性等特点,使其自产生之日起就陷入企业性和公共性的两难困境。公共性与普遍服务相关,它意味着基础设施的服务面向全社会,全社会共享其带来的便利。这种特性会造成对基础设施的过度需求,需要政府花费巨资进行供给。一旦财政能力有限,就会损害其可持续性;企业性与提供服务的可维持程度相关,基础设施的企业化经营,会因自然垄断造成价格高昂,伤害普遍服务目标。因此,尝试探索改善基础设施投资、建设、运营、监管的方式成为研究热点。政府与社会资本合作（Public – Private Partnership，PPP）应运而生,

---

[*] 基金项目：山东省高等学校人文社会科学研究项目"公共治理视域下服务型政府建设研究"（R15WC05）。

[**] 张西勇（1975— ）男,山东阳谷人,政治学博士,山东聊城大学政治与公共管理学院副教授,聊城大学社区治理与公共政策研究中心主任,山东省中国特色社会主义理论体系研究中心研究员,从事政治学理论和行政管理现代化研究;段玉恩（1968— ）男,山东聊城人,山东聊城大学马克思主义学院教授,硕士生导师,从事劳动经济与社会保障研究。

它是指公共部门通过与私营部门建立合作伙伴关系来提供公共产品和公共服务的一种方式,其本质是充分发挥政府与私营部门各自的禀赋优势,进行相互合作的制度安排。这种制度安排能够兼顾效率和公平,从而实现基础设施等公共产品和公共服务的有效供给。[1]

当前,我国正处于全面深化改革的关键时期,经济转型的压力、工业化城市化进程的加快、基础设施供给的瓶颈难题,对政府治理现代社会的能力提出更高的要求。鉴于现代基础设施在社会经济可持续发展中的重要作用,以及公众对公共服务日益多样化的需求,需要政府进一步转变职能,提升社会治理能力,激发市场活力和社会创造力,以创新的手段和方式为公众提供优质的公共产品和公共服务。为此,"十三五"规划指出:"加快进一步放宽基础设施、公用事业等领域的市场准入限制,采取特许经营、政府购买服务等政府和社会合作模式,鼓励社会资本参与投资建设运营。"[2] 因此,政府与社会资本合作制有助于打破政府在公共服务中的垄断地位,推动政府部门进一步简政放权、转变职能,提升社会治理能力,更好地满足全社会对公共服务项目广度和质量不断扩展的需要。

一 政府与社会资本合作模式的兴起

基础设施的供给经历了由市场提供—国有化模式—政府与社会资本合作模式的发展历程。在工业社会初期,如同其他竞争性私人产品一样,基础设施的供给也是由市场提供的。随着市场失灵的出现和凯恩斯主义的兴

---

[1] [英]达霖·格里姆赛等:《PPP革命:公共服务中的政府与社会资本合作》,济邦咨询公司译,中国人民大学出版社2016年版,第3—5页。
[2] 《中华人民共和国国民经济和社会发展第十三个五年规划纲要》,http://money.163.com/16/0317/19/BICQ9JVP00252G50.html。

起,政府开始强力介入基础设施的供给,逐渐形成了国有化模式,其投资、建设、运营完全由政府承担,政府成了公共基础设施的最主要供给主体。然而,"政府失灵"表明,具有垄断性的公营事业效率低下,其提供的产品和服务质量低下,经常出现巨额亏损,需要政府弥补亏空。财政压力和公众对政府的不满,为创新基础设施等公共服务的提供方式创造了条件。下面分三个部分予以论述。

(一)新公共管理运动助推公共基础设施供给领域的制度变迁

自20世纪70年代末以来,"西方各国为了应对财政危机和政府信任赤字、绩效赤字,开始进行大规模的政府改革,由传统的官僚的、层级节制的、缺乏弹性的行政,转向市场导向的、因应变化的、深具弹性的公共管理,"① 新公共管理运动兴起。新公共管理理论强调经济价值的优先性、重视竞争与市场机制的作用,主张私营部门的管理实践和技术优越于公共部门,并且可以用于公共部门,"在公共部门中应用这种手段能自动提升公共服务的效率和效果"②。新公共管理运动深受古典自由主义经济学说的影响,强调市场机制在资源配置中的决定性作用。随着经济社会的发展、公众生活的日益富足,他们对基础设施服务提出了更高的要求,其需求超出了政府的提供能力,而私人供应商可以通过市场机制来提供这些东西,③迫使财政拮据的政府重新审视与资本充足的私营部门之间的关系,探索建立合作伙伴关系,为公众提供更为优质的公共产品和公共服务。这样,政

---

① 张成福、党秀云:《公共管理学》,中国人民大学出版社2001年版,第16页。
② M. Thatcher, *Downing Street Years*, London: arper Collins. 1995.
③ [美] E. S. 萨瓦斯:《民营化与公私部门间的伙伴关系》,周志忍等译,中国人民大学出版社2002年版,第7页。

府财力不逮、使用者多样化的需求和私营部门的投资冲动,共同促进了以政府与社会资本合作模式为主要方式的基础设施供给领域的制度变迁。"新的获利机会是个人或群体自发地改变现行规则或秩序的动力"①,公共部门和私营部门形成合作伙伴关系,呈现出的利益共享特征意味着在基础设施领域,出现了诱致性制度变迁。"诱致性制度变迁指的是现行制度安排的变更或替代,或者是新制度安排的创造,它是由个人或一群人,在响应获利机会时自发倡导、组织和实行。"② 通过制度创新,公共部门和私营部门都获得了在原有制度结构中无法得到的利益。这样,在过去的30多年里,新公共管理运动的巨大推动力,使私营部门参与公共服务的供给成为趋势。政府越来越多转向私营部门来建设和运营公共基础设施,包括道路、学校、监狱、医院和水利设施等。

(二)政府和社会资本合作模式是公共基础设施供给的制度创新

在全世界范围内,利用政府与社会资本合作模式来提供基础设施服务成为风尚。"政府与社会资本合作模式,指政府与社会资本为提供公共产品或服务而建立'全过程'合作关系,以授予特许经营权为基础,以利益共享和风险共担为特征,通过引入市场竞争和激励约束机制,发挥双方优势,提高公共产品或服务的质量和供给效率。"③ 它涉及多个学科门类,工程、经济、金融、会计、公共政策等诸多学科都从各自的视角进行研究。目前,更多的研究是把政府与社会合作模式视为一个长期合作协议,它包

---

① 徐大同:《当代西方政治思潮》,天津人民出版社2001年版,第435页。
② [美] R. 科斯等:《财产权利与制度变迁》,刘守英译,上海三联书店1991年版,第384页。
③ 吕汉阳:《PPP模式:全流程指导与案例分析》,中国法制出版社2016年版,第6页。

括最初约定的投资和典型年度支付。因此，需要根据公共服务的效率提升和绩效评估结果，检视各种合同的要件。[1] 其目的是建设公共基础设施和提供相关的公共服务，而这些基础设施和公共服务传统上是由公共部门来提供的。这种协议形式的出现，预示着从传统的公共采购形式即传统采购（TP）向现代的政府与社会资本合作模式转变（PPP）。[2] 使用政府与社会资本合作模式，而不是传统公共采购的理由在于，"对公共部门以及使用者来说，与私营部门风险共担性价比更高"[3]。因此，作为一种有效的激励相容合约安排，在政府和社会资本合作模式下，公共部门和私营部门通过建立合作伙伴关系，推进公共基础设施项目，如交通、能源、供水和其他项目。通常情况下，合作协议都是长期的，一般为15—30年。公共部门参照产品规范和明确的业绩标准确定所需服务，当服务业绩要求得不到满足，将减少后续付款。在这个过程中，私营部门会承担一定的项目风险，尤其在设计、建设、运营或项目的融资方面；在项目的整个周期，更为关注项目产出而非投入、私人融资的适用性、私营部门提供服务的收益，包括使用者付费以及如政府补贴等其他形式的收益。[4]

---

[1] A. Roumboutsos and S. Saussier, *Public - Private Partnerships and Investments in Innovation*: he Influence of the Contractual Arrangement. Construction Management and Economics, 32（4）, 2014, pp. 349 - 361.

[2] V. Valero, *Government Opportunism in Public - Private Partnerships*. Journal of Public Economic Theory, 17（1）, 2015, pp. 111 - 135.

[3] O. Debande, *Private Financing of Transport Infrastructure*: n Assessment of the UK Experience. Journal of Transport Economics and Policy, 36（3）, 2002, pp. 355 - 87.

[4] G. . M. Winch, *Thirty years of private finance in the United Kingdom*, in G. M Winch, M. Onishi and S. Schmidt, (eds) Taking Stock of PPP and PFI Around the World, Summary of Research Report 126, Association of Chartered Certified Accountants, London, 2012, pp. 117 - 25.

（三）政府与社会资本合作实践形式不断创新

社会经济的发展对基础设施的需求极为强劲，然而，基础设施供给的固有属性，如次可加性（sub‒additivity）、外部性和市场失灵，为政府功能的发挥设置了限定条件，使其扮演规划者、监管者、供给者或者公共设施资产的所有者角色。然而，尽管良好的基础设施对经济增长的重要性不言而喻，但基础设施的投资仍存在巨大的缺口，其影响因素包括公共预算限制、高成本债务、短期和长期的财政政策规则和目标，以及基础设施发展计划的需求增长。另外，由于市场自身的局限性，寻求私人资本或仅仅依靠私营部门提供基础设施，可能会带来次优水平的投资。[1] 因此，吸引私营部门参与公共基础设施投资项目，可以克服预算约束和促进经济增长，还可以充分利用私营部门的效率来维持对公共基础设施的控制。为了应对不断扩大的基础设施供给缺口，政府通过采购服务和治理模式的转变来寻求解决之道，政府与社会资本合作模式成为首选。在实施政府与社会资本合作模式时，最常见的是"建设—运营—移交"（BOT）模式。"建设—运营—移交"（BOT）模式的主要特点是，利用私营部门的融资资源和专业管理知识来提供公共服务。作为合作伙伴的私营部门又称"特许经营者"，它们有责任和义务执行与项目有关的所有或部分职能。[2] 在公共基础设施供给方式中，尽管"建设—运营—移交"（BOT）模式有着很强的

---

[1] D. Helm, Infrastructure, *Investment and the Economic Crisis*, Published. In D. Helm, J. Wardlaw, & B. Caldecott (Eds.), Delivering a 21st century infrastructure for BritainLondon: olicy Exchange. (2009. pp. 13‒39).

[2] B. Ashuri, H. Kashani, K. R. Molenaar, S. Lee, and J. Lu, Risk‒Neutral Pricing approach for evaluating BOT highway projects with government minimum revenue guarantee option. Journal of Construction Engineering and Management, 138 (4), 2012, pp. 545‒557.

吸引力，但由于政治、经济和社会背景是不断变化的，它在实施过程中也面临很大的不确定性，潜在的风险和机会可能会伴随项目的整个周期。[1]因此，在规划和设计政府与社会资本合作项目时，要通过关键性的决策对这些不确定性进行足够的考虑。另外，政府与社会资本合作的其他常见方式还有：建设—拥有—运营—移交（Build - Own - Operate - Transfer, BOOTs）、建设—拥有—运营（Build - Own - Operate, BOOs）、设计—融资—建设—运营（Design - Finance - Build - Operate, DFBOs）模式、建设—移交—运营（Build - Transfer - Operate, BTOs）模式、建设—租赁—运营（Build - Lease - Operate, BLOs）等。[2]

二 推进政府与社会资本合作模式的必要性

公共基础设施的有效供给和管理，能够推动经济社会的快速发展和城市化进程的加快。利用政府和社会资本合作模式推动基础设施的投资和运营，有助于推动公共基础设施体制的创新，改善政府的责任回应机制，进一步转变政府职能，推动行政体制改革的进程。因此，推进政府与社会资本合作模式对国家治理能力的提升和治理能力现代化的实现有着重要意义。具体而言，有以下三个重要意义。

（一）有利于公共基础设施供给体制的创新

中华人民共和国成立后，基础设施建设及其服务先后经历了政府垄断经营模式、地方融资平台模式、探索政府与社会资本合作模式三个阶段。

---

[1] N. Carbonara, N. Costantino, and R. Pellegrino, *Revenue Guarantee in Public - Private Partnerships*: fair risk allocation model. Construction Management and Economics, 32 (4), 2014, pp. 403 - 415.

[2] A. Roumboutsos, and A. Pantelias, *Allocating Revenue Risk in Transport Infrastructure Public Private Partnership Project*s: ow it Matters. Transport Reviews, 35 (2), 2015, pp. 183 - 203.

中华人民共和国成立初期，中国建立了高度集中的计划经济体制，用指令性计划取代竞争性的价格机制来配置资源，以实现资源的有效利用和"赶超战略"的实现。与此相适应，在基础设施建设领域，形成准政府的行政事业垄断经营模式。这种模式的正常运行依赖政府的财政能力，导致资金来源单一、建设投入不足，基础设施建设和经营的可持续性存在严重问题。另外，基础设施建设的垄断经营，造成政企不分、政事不分、服务意识不足问题，导致基础设施供给动力不足、效率低下。改革开放后，伴随着经济发展和工业化城市化的进程，基础设施供给的需求和满足之间存在较大缺口。为了创造良好的投资环境，更好地招商引资，地方政府积极主动参与基础设施建设。为了应对资金短缺，创立了地方融资平台模式。地方融资平台本身是经营主体，是准商业化的企业法人。尽管地方融资平台尝试引入民间力量参与基础设施的投资和经营，但它由政府主导，治理结构更类似于政府而非商业组织，其根本功能属性是"代表地方政府向银行贷款融资用于地方基础设施建设"[1]。这种以地方融资平台为骨干的基础设施投资运营，在促进基础设施建设发展的同时，其不可持续性日益明显，集中反映在债务负担加重，地方负债规模不断攀升。利用地方融资平台模式建设基础设施，尽管与传统政府出资、准事业经营模式有别，但形成的政府主导、私营部门从属的关系模式，使参与其中的社会资本的投资权、经营权和收益权常常无法得到有效的保障。[2] 因此，探索新型的基础设施供给体制刻不容缓，而政府与社会资本合作的实质是建立公私部门的伙伴

---

[1] 马柱、王洁：《地方融资平台成因探究——纵向财政竞争的新视野》，《经济学家》2013年第5期。
[2] ［英］达霖·格里姆赛等：《PPP革命：公共服务中的政府与社会资本合作》，济邦咨询公司译，中国人民大学出版社2016年版，第15页。

关系，通过公共部门和私营部门的合作共赢，推动公共基础设施的有效供给，更好地满足经济社会发展的需要。

(二) 有利于政府责任机制的改善

在政治生活和公共管理中，"责任"最通常、最直接的含义是指与某个特定的职位或机构相连的职责，这种"责任"意味着那些公职人员因自己担任的职务而必须履行一定的工作和职能。"在按照等级结构组成的政府部门中，存在一个垂直的责任链条，根据这个责任链条，机构中的每个人应当向其上级承担履行他或她自己职责的责任。"① 因此，责任制意味着一种委托-代理人的关系。在这种关系中，代理人代表委托人的利益执行任务，并向委托人汇报他们的完成情况。一般说来，在等级制关系中或在委托代理关系中必须建立一定类型的责任机制，以确保被授权人的行为最终符合所有者的期望。② 在私营部门中，总经理及其他管理人员对董事会负责，董事会对股东负责，形成了一条从管理部门到董事会并最终到股东的清晰的责任线。而在政府部门中，从理论上讲，韦伯式官僚科层制的设计意味着各级政府部门之间清晰的责任线，最终政府要对民众负责。但在现实运作中，由于管理链条的拉长，政府部门并不直接对民众负责，官僚科层制如效率低下、办事拖拉等固有的弊端，使得他们对民众的需求缺少及时的回应。经济社会的发展和公众日益多样化的需求以及政府财政资金的短缺，要求改变政府垄断经营，探索基础设施供给的新模式。政府与社

---

① [美] 韦农·波格丹诺：《布莱克维尔政治制度百科全书（新修订版）》，邓正来译，中国政法大学出版社2011年版，第574页。
② [澳] 欧文·E. 休斯：《公共管理导论（第二版）》，彭和平等译，中国人民大学出版社2001年版，第265页。

会资本合作模式能够在公共部门和私营部门建立互补性的公平和效率的合作关系，使政府更好地履行为公众提供优质公共产品的职责。因此，将私营部门责任机制的方式引入公共部门，有助于提升政府责任机制的改善。需要注意的是，政府与社会资本合作并不意味着政府的"卸责"，把应是政府"分内职责"的公共服务推向市场，而是重新界定角色，驾驭和管理改革过程，推动"公共服务提供机制"的社会化，[1]通过发展多元主体，更好地促进基础设施建设和运营的有效性。

（三）有利于推动行政体制改革的进程

自20世纪80年代以来，由于高度集权、自上而下垄断专权的官僚体制不能适应新形势的需要，各国大力推行政府体制改革和行政革新，创新政府管理手段，以应对全球经济治理危机、低效的公共服务供给和日益突出的财政危机等问题，崇尚发挥市场作用的新公共管理运动兴起。"政府再造"是这一时期行政体制改革的标签，"再造意味着重组，所传递的信息是所有大型机构必须对其完成什么任务、怎样完成任务以及以什么样的构建完成任务给予激进性的变革"[2]。旨在提升政府治理能力和效能的政府再造就是"对公共体制和公共组织进行根本性的转型，以大幅提高组织效能、效率、适应性以及创新的能力，并通过变革组织目标、组织激励、责任机制、权力结构以及组织文化等来完成这种转型过程"[3]。政府再造深深

---

[1] ［美］唐纳特·凯特尔：《权力共享：公共治理与私人市场》，孙迎春译，北京大学出版社2009年版，第11页。
[2] ［美］杰伊·M. 沙夫里茨等：《公共行政导论（第六版）》，刘俊生等译，中国人民大学出版社2011年版，第242页。
[3] ［美］戴维·奥斯本、彼得·普拉斯特里克：《摒弃官僚制：政府再造的五项战略》，谭功荣、刘霞译，中国人民大学出版社2002年版，第15页。

蕴含着"企业家式政府"的精神,公共部门通过借鉴私营部门的管理模式和激励机制,采用公共服务社会化的方式,建立公私部门合作伙伴关系,提升公共产品和公共服务供给的效率和质量,满足公众日益多样化的需求。30多年来,我国的行政体制改革与国外公共管理的变革潮流是相吻合的,无非是"政府职能的市场化、政府行为的法制化、政府决策的民主化、政府权力的多中心化"①。为了促进公共服务的有效提供,力求政府职能的市场化,其方式包括国有企业的民营化、公共事务引入内部市场机制等。中共十八大提出"允许社会资本通过特许经营等方式参与城市基础设施投资和运营",政府与社会资本合作模式进入规范阶段。《基础设施和公用事业特许经营法(征求意见稿)》的制定完成,必将有力地推动政府与社会资本合作模式在制度和实践层面的发展。公共部门和私营部门合作伙伴关系的形成,能够重塑政府与社会之间的关系,进一步推动政府职能的转变、行政体制改革的深化和行政管理方式的创新。

三 推进政府与社会资本合作模式的路径探析

当前,随着我国经济的转型升级和居民收入的持续提高,对基础设施质量和服务的需求日益旺盛,基础设施需求强劲而供给不足的局面已成为制约经济社会可持续发展的瓶颈问题。在全面深化改革的时代背景下,市场化取向的基础设施改革已成大势所趋。因此,政府应全面深化改革,从确立治理理念、合理定位角色、畅通沟通渠道等方面入手,构建公平包容的公共治理体系,以更好地为公众提供优质的公共产品和公共服务。为

---

① [美]艾莉诺·奥斯特罗姆:《公共事务的治理之道》,余逊达、陈旭东译,上海三联书店2000年版,第45页。

此，需要做到以下三点。

（一）尽快真正确立"治理"理念

现代意义上的"治理"肇始于20世纪80年代，它是传统公共行政模式在面对财政压力、管理困境等问题时，对自身进行变革的尝试。治理植根于组织生态学、公共选择和网络理论，忧虑公共管理的日益碎片化，因此，它更多地关注组织内部关系和治理过程，强调服务的有效性和结果导向，注重组织内部关系持久性的设计和评估。信任、社会资本、理性契约的正常运行是治理机制的核心。[1] 治理突破了传统公共行政的边界，重新界定国家和社会的关系，目的是实现不同利益或相互冲突的主体之间的协调，以合作共赢为行动基础，以满足不同利益群体的利益诉求。因此，全球治理委员会将治理界定为"各种公共的或私人的个人和机构管理其共同事务的诸多方式的总和"。[2] 它意味着面对日益复杂的社会问题和公共事务，必须实现治理主体的多元化。参与者不仅包括公共部门、私营部门，还包括公众和利益相关者，以公私部门的合作来实现公共服务的提供。提供公共服务的方式多种多样，而官僚结构是从多种方式中挑选出来的一种特别的提供公共服务的策略。韦伯指出，官僚机构的主要特征是提供服务的特殊组织策略，它的特点是"符合理性的组织行为"而不是"社会行为"，实际上，它把社会行为转变成符合理性的组织行为。[3] 因此，正是传统官僚机构在公共服务的供给层面存在的不足，为治理的广泛运用创造了

---

[1] A. Haveri, *Complexity in Local Government Change: Imits to Rational Reforming*, Public Management Review 8: 10, 2006, pp. 31-46.
[2] 俞可平：《治理与善治》，社会科学文献出版社2000年版，第4页。
[3] ［美］拉夫尔·P.赫梅尔：《官僚经验：后现代主义的挑战》，韩红译，中国人民大学出版社2013年版，第19页。

条件。在全面深化改革的背景下,党的十八届三中全会提出推进国家治理体系和治理能力现代化建设的目标,要求政府加强各类公共服务的提供,以维护社会的公平正义。因此,"必须全面深化改革,实现政府职能根本有效转移,实现'管制'理念向'治理'理念的转变,重构政府、市场、社会的新型关系"①,通过政府与社会资本合作,充分发挥公共部门和私营部门各自的优势,以更好地提升基础设施和公共服务的质量。

(二) 合理界定政府角色

在利用政府与社会资本合作模式过程中,必须通过构建包容性、开放性的"良治"机制,提高公众和利益相关者的参与度。如果政府坚持粗暴的家长制作风,强化排他性的治理,并且在制定政策时缺乏透明度、缺乏向公众负责的行为,就会降低公众对政府的信任度,损害推行政府与社会资本合作模式的制度环境,影响其功能的正常发挥。因此,在利用政府与社会资本合作推进基础设施建设和运营时,应合理界定政府角色,充分发挥其"规则制定者""公平环境的维护者"和"有效的监管者"的作用。

人类需要以某种方式结成共同体进行治理,建立并维持一整套法律和制度体系一直被视为政府的基本职责。米尔顿·弗里德曼在其"小政府"地位的经典阐述中认为,政府的基本职责是:"提供一种我们可以用以修改规则的途径,调解我们在规则含义上存在的分歧以及强制少数不遵守游戏规则的人遵守规则。"② 也就是说,"政府扮演着类似裁判员的角色,它定下基本规则,让每个人都遵守"③。规则是带有惩罚性的,它创立起一定

---

① 张西勇:《美国新公共治理实践及其对我国的启示》,《理论导刊》2015 年第 11 期。
② M. Friedman, *Capitalism and Freedom*. Chicago: the University of Chicago Press, (25), 1962.
③ [美] 迈克尔·罗斯金等:《政治科学(第 6 版)》,林震等译,华夏出版社 2001 年版,第 39 页。

程度的秩序，将人类的行为导入可合理预期的轨道。如果各种相关的规则是彼此协调的，它们就会促进人与人之间的可靠合作，这样他们就能很好地利用劳动分工的优越性和人类的创造性。[①] 利用政府和社会资本合作模式推进基础设施的建设与运营，就是充分发挥政府和私营部门各自的优势，以更好地实现公共利益。

随着中国经济的转型升级和居民收入的持续提高，对基础设施和公共服务的需求日益旺盛，私营部门能够很好地满足个性化、多样化的公众需求。同时，政府职能由建设型向服务型的转变，使得制定公平规则、缔造竞争环境并加以监管成为公共服务型政府的第一要务。反映在基础设施建设方面，就是通过构建公共服务的有效监管体系，为政府和社会资本合作模式的健康发展提供制度保障，更好地为公众提供优质的公共产品和公共服务。

（三）畅通公民参与协商的渠道

利用政府与社会资本合作制模式推进项目，如果能给相关社区带来收益，那么，就会得到公众与利益相关者的认同和支持，项目的实施就会异常顺利，反之，就会遭到强烈的反对。因此，公众的有效参与能够增强项目的合法性和认同度。在现代社会，"公民参与"意指影响国家或地方政府的行动或有组织的平民行动。"现代政府在下述意义上可以说是典型的民主的：所有的公民均在某种程度上参与政治领导人和决策的选择；个人的选择权由有效的公民自由得以保障。"[②] 因此，公民参与不仅能够增强政治系统的合法性和政府的公信力，而且已日益成为政治系统稳定运行和公

[①] ［德］柯武刚、史漫飞：《制度经济学：社会秩序与公共政策》，韩朝华译，商务印书馆2008年版，第32页。
[②] ［美］C. E. 布莱克：《现代化的动力》，段小光译，四川人民出版社1988年版，第22页。

共政策顺利实施的重要保证。"人们之所以被吸引去从事公共服务,是因为他们被公共服务的价值观所促使。这些价值观——为他人服务,使世界更加美好和更加安全,以及使民主发挥作用——体现了在一个社区的服务中作为一个公民之意义的精华。"① 社会发展水平的提高和个人经济实力的增强,提升了公民参与国家或社会公共事务管理的权利意识,公民社会的发展和非政府组织的活跃为公民参与提供了组织基础。他们借助各类非政府组织,进入公共政策制定、执行以及社区公共事务的管理过程。不仅表达其自身利益诉求,影响政府公共政策导向,而且作为政府的合作伙伴,承担社区一部分共同产出公共服务的责任。② 鉴于大多数利用政府与社会资本合作模式推行的项目属于基础设施,它们规模大、时间跨度长,不仅会影响服务使用者的生活和利益,而且会影响到一般公众,引发强烈关注是必然的。对如何公平实现成本和收益平衡的问题,公众的看法呈分散状态。如果不能恰当地反映更广泛的公共利益,可能会对政府的诚信或其他公共私营合作制项目的推进造成直接的负面影响。因此,在利用政府与社会资本合作模式的过程中,必须让公众和利益相关者能够平等地参与到公共政策制定中来,并能够掌握公共服务提供者的财务状况。

(原载《山东社会科学》2017 年第 9 期)

---

① [美]珍妮特·V. 登哈特、罗伯特·V. 登哈特:《新公共服务:服务而不是掌舵》,丁煌译,中国人民大学出版社 2010 年版,第 121 页。

② [美]约翰·克莱顿·托马斯:《公共决策中的公民参与:公共管理者的新技能与新策略》,孙柏瑛等译,中国人民大学出版社 2005 年版,第 2 页。

国际政治

中国对太平洋岛国的文化外交：
目标、路径及效用评析

李德芳[*]

    国内外学者对"文化外交"（Cultural Diplomacy）的界定，大体可以分为广义和狭义两类。广义的文化外交指"国与国之间所进行的一切官方或民间的文化交流活动"[①]；而狭义的文化外交则指"一国政府为达到其外交目的而运用的一种特殊政策工具"[②]。我国较早研究文化外交的学者，如李智、张清敏等，大都从狭义的角度界定文化外交，认为文化外交是"主权国家以维护本国文化利益及实现国家对外战略目标为目的，在一定的对外文化政策指导下，借助文化手段来进行的外交活动"[③]。不过，文化外交虽然是国家政府行为，其实现却需要以人际交往为媒介，是由获得外交授

---

[*] 李德芳（1975—　），女，山东临朐人，聊城大学政治与公共管理学院副教授，法学博士，研究方向为国际政治理论与中国外交。
[①] 畅征、王杏芳等编著：《国际政治学》，中国人民大学出版社1995年版，第241页。
[②] 弗兰克·宁柯维奇：《美国对外文化关系的历史轨迹》，《编译参考》1991年第7期，第57页。
[③] 李智：《文化外交——一种传播学的解读》，北京大学出版社2005年版，第25页。

权或授意的个人和文化团体进行的。换言之，文化外交的主体是主权国家政府，但文化外交的实施者既包括政府官员和社会组织，也包括获得外交授意的艺术团体和个人；同时，文化外交的对象涵盖了他国政府、社会组织和民众。基于这种认识，本文从广义上来使用"文化外交"一词，并把它界定为：一国政府利用本国的思想、教育、艺术、信息及创意产品等资源禀赋，通过文化互动在外国民众中建立理解、信任乃至仰慕的长期活动。① 从文化外交的本质上来看，文化外交是民心相通工程，其发挥作用的路径是：文化互动—民心相通—关系建立。这一本质决定了文化外交需要几代人甚至数代人"持续付出资金、才华、勇气和时间"，② 才能取得好的成效。

冷战结束后，随着信息技术的进步和全球化的发展，国际社会权力之争呈现重心由"硬实力"向"软实力"变迁的趋势。文化作为国家软实力的重要来源，"日益成为社区以及地区、国家和国际事务中越来越有影响力的力量"③。当一个国家的文化与价值观成为国际社会的主流、获得国际社会的普遍认同，该国就可以在国际社会占据主导地位。因此，文化软实力的竞争逐渐成为冷战后国际关系尤其是大国竞争的重要领域。为了增强国家文化软实力，以英国、法国为代表的欧洲大国，开始把文化外交视为继政治外交和经济外交之后外交战略的"第三支柱"。④ 美国则把文化外交视为继政治外交、经济外交和军事外交之后的"第四外交"。在美国前教

---

① 吴白乙：《文化外交：历史、现实的审视与思考》，《美国研究》2016 年第 3 期，第 10 页。
② U. S. Department of State, "2005 – Cultural Diplomacy: he Linchpin of Public Diplomacy", Report of the Advisory Committee on Cultural Diplomacy, September 15, 2005, p. 1.
③ 谢弗：《从文化观点看新的世界体系》，《现代外国哲学社会科学文摘》（上）1997 年第 12 期，第 14 页。
④ Robert T. Taylor, "Culture Diplomacy – The Future", September 10, 2014, http: //business. hol. gr/bio/HTML/PUBS/VOL2/id – taylo. htm.

育和文化助理国务卿菲利普·库姆斯（Philip Hall Coombs, 1915—2006）看来，"教育与文化事务是现代国家外交政策的第四个方面，也是最人道的方面"①。

近年来，随着中国逐渐走向世界舞台的中央，中国与世界的关系也在发生着巨大的变化。如何在世界树立中国负责任的大国形象，获得他国大众舆论的理解与支持，增强中国的吸引力和影响力，将直接影响到中国与世界关系的重新定位。因此，文化外交被纳入国家总体外交范畴，成为中国外交战略的重要组成部分。尤其是随着"一带一路"倡议的实施，中国更是亟须赢得沿线各国的支持和参与。太平洋岛国是"21世纪海上丝绸之路"（以下简称"海丝"）南线的自然延伸和重要组成部分，对于"海丝战略"的实施具有举足轻重的意义。因此，规划中国开展太平洋岛国文化外交的目标定位，梳理中国对太平洋岛国文化外交开展的现状，特别是发现其中的不足或短板，对于进一步拓展中国对太平洋岛国的文化外交，提升中国在太平洋岛国地区的文化软实力有着重要的现实意义。

一 中国对太平洋岛国文化外交的目标定位

中国与太平洋岛国的文化交流已有一百多年的历史。从19世纪末开始，旅居巴布亚新几内亚、斐济等太平洋岛国的华侨华人就成为中太文化交流的使者。20世纪70年代以后，随着中国与太平洋岛国相继建立外交关系，文化艺术展演、教育文化交流和侨务外交成为中太文化外交的主要途径。2015年3月，国家发展改革委、外交部、商务部共同发布的《推动共建丝绸之路经济带和21世纪海上丝绸之路的愿景与行动》，明确提出

---

① ［法］路易·多洛：《国际文化关系》，孙恒译，上海人民出版社1987年版，第27页。

"从中国沿海港口过南海到南太平洋"是"海丝"重点方向之一。[①] 基于特殊的地理位置和地缘政治地位,太平洋岛国成为中国推进"海丝"战略的重要区域,这对我国在这一地区包括文化外交在内的对外交往活动提出了更高的要求。本文认为,中国对太平洋岛国的文化外交应着力实现如下三个目标。

(一)促进太平洋岛国民众对"海丝战略"的了解和认同

共建"海丝"是沿路各国共同打造"利益共同体"和"命运共同体"的过程。这一进程的顺利推进有赖于沿路国家战略思维和理念的对接和认同,因此,积极推动沿路国家不同文明间的对话和交流,促进沿路各国对共同战略利益的认知,是共建"海丝"的重要社会基础。因为,如果沿路各国对中国提出的"海丝战略"缺乏认知,或者认为中国提出的"海丝战略"仅仅是中国自己建设的经济走廊,而与他国无关。那么,他们就不会积极参与甚至抵触"海丝战略"。毕竟"海丝"不是凭一国之力或一厢情愿就能建成的,而是需要所有沿路国家和地区共同参与建设。而如果沿路国家对"海丝战略"缺乏全面、客观的认知,就有可能导致共建的社会基础和民意基础不稳、热情不高,从而推迟或减慢"海丝"建设和发展的速度,影响目标的实现。

因此,加强中国与太平洋岛国文化交流、教育合作和文明互鉴,构建"海丝"民心相通工程,不仅有助于促进岛国民众对"海丝战略"的理念认同,也有助于获得岛国对"海丝战略"的支持和积极参与。同时,开展

---

① 国家发展改革委、外交部、商务部:"推动共建丝绸之路经济带和21世纪海上丝绸之路的愿景与行动"(2015年3月),新华网,2015年6月8日,http://news.xinhuanet.com/gangao/2015-06/08/c_127890670.htm。

太平洋岛国文化外交，也是阐明"海丝"与岛国关联性的重要举措。因为，"海丝"不仅是一条交通贸易之路，也是一条文化交往之路。太平洋岛国作为太平洋海道交通大动脉沿途国家，不仅受惠于"海丝"日渐增多的沿路贸易，也有利于增强岛国与世界的联系，提升岛国的国际地位。而建成"海丝"，无疑也是推进中国海洋大国战略的重要一环。因此，通过文化外交的沟通和交流功能，促进太平洋岛国对"海丝战略"的了解和认同，成为当下中国对岛国文化外交的首要目标。

（二）塑造"开放、包容、负责任"的大国形象

随着中国国力的不断增强和大国地位的确立，太平洋岛国对中国这一新兴大国既有期待也有顾虑。一方面，期待中国能够担负更多的"国际责任"，在应对全球气候灾害和海平面上升等全球问题中发挥更大的作用。另一方面，太平洋岛国也不乏对中国强大的焦虑，这其中，既有西方大国故意抛出的"中国威胁论"的影响，也有岛国对如何跟强大起来的中国打交道的顾虑。因此，在太平洋岛国展示一个什么样的大国形象以及如何塑造这种大国形象，是当下中国在推进"海丝战略"中迫切要解决的问题，也关乎中国与岛国如何相处的问题。太平洋岛国大多属于经济落后的发展中国家，在与中国发展关系的过程中，非常关注中国的大国地位和大国形象。此外，鉴于太平洋岛国历史上被殖民的经历，岛国在与大国打交道时，也非常在意其国家利益、传统是否会受到侵害。毫无疑问，中国与太平洋岛国的关系（简称"中太关系"）也是"大国"与"小国"的关系，而且是不同文化之间的沟通与交流。因此，中国在太平洋岛国民众心目中是一个什么样的大国形象必将深刻影响到双方关系的发展和未来。此外，

中太关系的良性互动效应也将"外溢"到其他小国、发展中国家，提升中国在这些国家的形象。

党的十七大以来，中国外交明确提出通过增强中国的"软实力"，在国际社会塑造"政治上更有影响力、经济上更有竞争力、形象上更有亲和力、道义上更有感召力"大国形象。[①] 党的十八大报告中又明确写入了在国际社会发挥中国"负责任大国"作用。[②] 习近平主席也强调指出，随着中国国力的不断提升，构建对外话语体系，主动塑造"负责任大国"的国际形象。[③] 因此，充分发挥文化外交提升软实力、塑造国家形象的作用，在太平洋岛国塑造中国"开放、包容、负责任大国"形象，赢得岛国对中国大国地位和形象的了解和认同，不仅有利于双方共建共享"海丝"，也有利于构建中太相互尊重、共同发展的战略伙伴关系。因此，中国对太平洋岛国文化外交的一个重要任务就是塑造中国在岛国"开放、包容、负责任大国"的形象，增强中国的亲和力和感召力。

（三）增强中国在太平洋岛国的文化软实力

提升一个国家的文化软实力是文化外交的重要目标。党的十八大报告明确提出"文化实力和竞争力是国家富强、民族振兴的重要标志"[④]。文化软实力表现为一个国家文化的亲和力、感召力和影响力。因此，提升中国在太平洋岛国的文化软实力就是要不断扩大和增强中华文化在岛国地区的

[①] "胡锦涛等中央领导出席第十一次驻外使节会议"，新华网，2009年7月20日，http://news.xinhuanet.com/politics/2009-07/20/content_11740850.htm。

[②] "十八大报告（全文）"，新华网，2012年11月19日，http://www.xj.xinhuanet.com/2012-11/19/c_113722546_6.htm。

[③] 习近平：《习近平谈治国理政》，外文出版社2014年版，第162—163页。

[④] "十八大报告"（全文），新华网，2012年11月19日，http://www.xj.xinhuanet.com/2012-11/19/c_113722546_6.htm。

亲和力、感召力和影响力。对于如何增强中国在太平洋岛国的"亲和力、感召力、影响力",习近平主席强调指出"国之交在于民相亲""要全方位推进人文交流,深入开展旅游、科教、地方合作等友好交往,广交朋友,广结善缘"①。扩大中国在太平洋岛国的文化软实力,举措有二:其一,大力传播中华文化,拓展中国文化的全球性价值。中国历史上形成的"己所不欲,勿施于人"的理念,"远人不服,则修文德以来之;既来之,则安之"的主张,成为中华文明与其他文明打交道的准则。通过对太平洋岛国文化外交的开展,争取岛国民众对这些理念和准则的理解和认同,进而在彼此交往中秉承这些原则,就是对中国文化影响力、凝聚力和感召力的最好诠释。其二,把中国现代化建设的"中国经验"加以提炼和传播,尤其是为太平洋岛国的经济、社会发展提供经验和借鉴,无疑也是增强中国文化软实力的重要方面。此外,中国积极推进对太平洋岛国的文化外交,也有应对美国、日本、澳大利亚等大国遏制中国在岛国影响力的考虑。近年来,随着中国在太平洋岛国影响力的逐渐增强,美、日、澳等太平洋岛国地区的传统大国视中国为外来者和竞争者,不断通过多边外交、援助外交等方式遏制、抵消中国在太平洋岛国的影响力。

此外,中国与太平洋岛国关系的发展还受到台湾因素的影响。目前,太平洋岛国独立的国家中还有 6 个国家与中国台湾地区保持着"邦交"关系,而且台湾地区非常重视岛国的"邦交国",把岛国视为台湾地区"外交战略"的重点领域之一。因此,无论从推动中国与已建交的太平洋岛国关系健康发展的角度,还是从与台湾地区"外交角逐"的角度,增强中国

---

① 习近平:"让命运共同体意识在周边国家落地生根",新华网,2013 年 10 月 25 日,http://news.xinhuanet.com/2013-10/25/c_117878944.htm。

大陆在岛国的文化软实力，扩大在岛国的影响力，是巩固和扩大中国同岛国关系长远发展的社会和民意基础的重要举措。

二 中国推进太平洋岛国文化外交的路径

文化外交作为一种"思想外交""思想武器"，发挥着促进国家间相互了解与信任、提升本国国家形象和文化软实力的作用。[①] 英国、法国、美国、日本等较早推进文化外交并取得良好成效的国家，主要通过语言推广、人员交流、文化产业和留学生交流等方式推进"思想交流"。中国对太平洋岛国的文化外交开展得比较晚，在路径上既借鉴了西方国家的语言推广、留学生交流等方式，也从中国文化的特点和优势出发，通过艺术展演、侨务外交等形式推动中国与岛国间的了解与信任。中国对太平洋岛国的文化外交具体有以下五个路径。

（一）形式多样的文化艺术展演

文化艺术展演是一种可以超越国界、语言和文化习俗限制的文化交流活动，是中国文化外交最有效的方式之一。鉴于太平洋岛国与中国有着不同的文化、语言和习俗，因此，通过这种超越国界与文化的文化艺术展演，在与岛国民众"面对面"的交流中传递中国的文化形象，成为中国开展岛国文化外交的重要方式。结合太平洋岛国的民族文化和岛国风情，自中国与岛国建立外交关系后，每年都会派出多个文艺团组赴岛国演出和举办文化艺术展演活动，成为增进岛国民众了解中华文化的重要窗口。尤其是近年来，随着中国与太平洋岛国关系的发展，与岛国民族文化和传统习

---

① 胡文涛：《解读文化外交：一种学理分析》，《外交评论》2007年第3期，第55页。

俗相近的中国地方艺术团体和文艺组织纷纷远赴岛国，在给岛国民众带来一轮又一轮的"文化盛宴"的同时，也拉近了中国与岛国民众的距离。从20世纪70年代开始，中国武术代表团、中国杂技民乐团、中国杂技小组以及湖南、河北、辽宁、河南、广东、重庆、上海等地方艺术团都曾多次赴太平洋岛国访问演出。2015年，在中巴、中斐建交40周年之际，中国也派出了大量艺术代表团赴巴布亚新几内亚、斐济进行演出和交流。这些蕴含中华文化精粹、富于民族特色的艺术展演，不仅为太平洋岛国民众奉上了一场场文化盛宴，也是增进中太人民友谊，传播中华文化的旅程。当地民众在观看精彩演出的同时，也"感受到中国令人惊叹的悠久文化，感受到中国人的活力和中国文化的魅力"[①]。为促进中国与太平洋岛国文化交流的开展，中国还与岛国共同成立文化交流协会——2015年10月"密克罗尼西亚联邦雅浦州—中国经济文化交流协会"在雅浦州成立。[②] 协会的成立，推动了中山市与雅浦州的文化艺术交流。在2015年10月底雅浦州州长托尼·甘吉延（Tony Ganngiyan）访问中山市期间，中山市教体局和雅浦州体育委员会签署了友好合作备忘录，旨在加强双方在体育和文化领域的交流与合作。2016年12月，中山市组织文化艺术团访问了雅浦州，为雅浦州民众带来了二胡、竹笛等中国传统艺术文化表演。2017年上半年，相继在斐济首都苏瓦举办了"中国国画精品展""大河上下"中国黄河风情艺术摄影展、"我的科幻童年"中国儿童绘画展等特色展览。斐济教育遗产艺术部遗产艺术司副司长梅瑞吐依·拉图纳布阿布阿在参观中国

---

① 刘鹏："少林功夫亮相斐济"，新华网，2015年3月12日，http://news.xinhuanet.com/2015-02/27/c_1114461252.htm。
② "中国同库克群岛的关系"（最近更新时间：2017年4月），中华人民共和国外交部网站，http://www.fmprc.gov.cn/web/gjhdq_676201/gj_676203/dyz_681240/1206_681468/sbgx_681472/。

黄河风情艺术摄影展指出,"通过这些照片,我们确实能感受到中国人民心中的母亲河的壮观和美丽,也能感受到黄河两岸的文化传统和风土人情"①。

此外,面向太平洋岛国观众播放介绍中国现状的纪录片和中国优秀影视作品,也是近年来中国开展岛国文化外交的重要举措。继斐济广播有限公司(FBC)播放了《建国大业》《人在囧途》《极限救援》等12部中国影片后,中国大型纪录片《舌尖上的中国》《超级工程》及电视剧《北京爱情故事》《奋斗》等影视作品相继在斐济电视公司(FJTV)1频道及所属卫星电视直播平台(Sky Pacific)播出。② 斐济电视公司是斐济最大的商业电视台,除覆盖斐济本国外,还辐射到巴布亚新几内亚、库克群岛、密克罗尼西亚、萨摩亚、汤加及瓦努阿图等岛国,中国影视作品在太平洋岛国的影响也逐渐扩大。

(二)不断增多的教育交流项目

通过奖学金、访问学者、培训、研讨会和其他教育交流项目,与他国的精英人物建立"长期关系",③ 是文化外交最有效的手段。尽管这种以赢得价值和观念认同的"关系建立",可能需要数年才能产生回报,但这种教育交流项目无疑是政府最合算的交易。不过,中国对太平洋岛国的教育交流项目不仅数量较少,影响力也比较有限。中国从20世纪80年代开始向萨摩亚、斐济和巴布亚新几内亚学生提供政府奖学金名额。受中国当时

---

① "2017年河南省文化厅与斐济中国文化中心对口合作项目全面启动",河南省文化厅网站,2017-05-16,http://www.worldhenan.com/a/haiwai/20170516/19866.html。
② 璩静:《〈舌尖上的中国〉〈北京爱情故事〉斐济开播》,《人民日报·海外版》2014年11月21日。
③ Mark Leonard, *Public Diplomacy*, London: the Foreign Policy Centre, 2002, p.18.

有限的教育交流资金的限制，中国一开始为太平洋岛国提供的奖学金名额非常有限。从 1984 年开始，每年大约向斐济学生提供 5 个来华奖学金名额。中国自 1995 年开始向瓦努阿图提供来华留学奖学金，并从 1999 年开始向汤加提供政府奖学金名额。此外，每年太平洋岛国也会应邀选派官员或青年来华参加中方举办的各类技术培训班或官员研修班。

近年来，中国与太平洋岛国教育交流的规模在不断扩大，中国留学生也开始远赴太平洋岛国留学。在 2013 年 11 月举办的第二届"中国—太平洋岛国经济发展合作论坛"上，中国宣布今后 4 年为太平洋岛国提供 2000 个奖学金名额，帮助太平洋岛国培训一批专业技术人员，以支持岛国开发人力资源。[1] 2014 年习近平主席访问太平洋岛国时，又提出未来 5 年中国将为岛国提供 2000 个奖学金和 5000 个各类研修培训名额。[2] 截至 2014 年，已有 149 名汤加学生、121 名斐济学生、120 名密克罗尼西亚联邦学生、52 名瓦努阿图学生及 1 名库克群岛学生获中国政府奖学金来华留学，中国也有数百名留学生在斐济、澳大利亚昆士兰大学分校学习。中国与太平洋岛国的教育交流项目还包括向太平洋岛国派遣汉语教师、与太平洋岛国的大学结成友好大学及大学间的人文交流等。自 20 世纪 80 年代起，中国就开始向萨摩亚、斐济等国派出汉语教师。从 1986 年起，中方先后向斐济派驻汉语教师共 23 人次。从 2014 年起，中国每年向萨摩亚派遣 3 名小学汉教和一名大学汉教老师。2016 年，应萨摩亚教育部邀请，聊城大学派出 5 名教师到萨摩亚从事中小学数理化教学，任教一年。2017 年 1 月，聊城大学派出第二批援萨教师赴萨摩亚任教。

---

[1] 《中国第二届中国—太平洋岛国经济发展合作论坛》，《中国环境报》2013 年 11 月 18 日。
[2] 《习近平：对太平洋岛国的投入只增不减》，《新京报》2014 年 11 月 23 日。

(三) 侨务外交的发展

旅居海外的华侨华人是我国经济发展的重要推动力量，也是沟通中国与世界的桥梁和纽带。侨务外交就是"以侨为桥，沟通中国与世界"。太平洋岛国是华侨华人较早定居的地区之一，从19世纪中叶开始，华人劳工和一些华商及其后代开始在太平洋岛国定居。目前，生活在太平洋岛国的华侨华人约有7万人。[①] 其中，华侨华人较多的国家有斐济、巴布亚新几内亚、汤加等国。目前，斐济有2万多名华侨华人，巴新有华侨华人1万人，汤加有华侨华人约2000人。萨摩亚华侨华人约有300人左右，但混血华裔超过3万人，约占萨摩亚国家总人口的20%。旅居太平洋岛国的华侨华人，在他们的社会生活中保留了许多中国传统的风俗和习惯，对中国有着深厚的感情。近年来，太平洋岛国的华侨华人社团和华文期刊及中文网站成为沟通中国与太平洋岛国，促进华侨华人和太平洋岛国民众对中国了解的重要平台。

太平洋岛国华人社团成为中国侨务外交的重要载体。在太平洋岛国中，斐济是拥有华人社团最多的国家。目前，斐济华人社团的数量已经增至27个，涵盖教育、艺术、体育、青年、妇女等各个领域，他们既是中斐侨务外交的重要组织者，也是中斐侨务外交的重要参与者。近年来，中国文化部、教育部、国务院侨办、中国驻斐济大使馆与斐济华人社团合作，积极推动"文化中国"品牌的实施，通过"中华文化大乐园""欢乐春节""中华才艺""中华美食"等特色文化活动的举办，将中华文化推向

[①] 郭又新：《南太平洋岛国华侨华人的历史与现状初探》，《东南亚研究》2014年第6期，第86页。

斐济主流社会，使斐济民众在感受中华文化的过程中增进对中华文化的了解。从 2013 年开始，"中华文化大乐园"已经连续三年走进斐济，为华裔孩子提供了与中国优秀学生直接交流的机会，也成为展示中国传统文化，促进中斐人文交流的重要渠道。不过，相较于斐济不断增多的华人社团，其他太平洋岛国的华人社团非常少，如汤加、瓦努阿图、萨摩亚和巴布亚新几内亚都没有建立以血缘和地缘为联系纽带的华人社团，而直到 2001 年巴布亚新几内亚才成立了全国性的华人社团——巴新中华总会。为帮助华侨华人增进互助，从 2014 年开始，中国国侨办推出"海外助侨工程八项计划"，包括在海外侨胞聚集地设立华侨华人互助中心（简称"华助中心"）。目前，2016 年 9 月，斐济苏瓦"华助中心"成立，为斐济侨胞增添了一个守望相助、同舟共济的温暖之家。

此外，华侨华人创办的华文报刊和中文网站也起到了沟通中国与太平洋岛国的桥梁作用。在太平洋岛国中，斐济的华文传媒比较发达，其他岛国华人主要是订阅澳大利亚和新西兰的华文报刊。斐济的华文报纸《斐济日报》和《华声报》都是全国性报纸，斐济还有两个中文网站"斐济华人网"和"斐济华人新闻网"。其中，斐济华人新闻网还与新华社形成了供稿合作关系，并与广东东莞广播电视台达成了宣传合作框架协议。这些华文传媒成为斐济华侨华人和当地民众了解中国发展、弘扬和传播中华文化的重要渠道。[①]

（四）影响日增的孔子学院和中国文化中心交流平台

随着中国与太平洋岛国交往的不断扩大，为促进岛国对中国文化的了

---

① 李德芳：《中国开展南太平洋岛国公共外交的动因及现状评析》，《太平洋学报》2014 年第 11 期，第 30 页。

解，把中国文化传播到岛国，从2012年开始，中国先后在岛国设立了孔子学院（课堂）和中国文化中心，为中国与岛国民众提供了新的文化交流平台。

成立于2012年9月的南太平洋大学孔子学院（简称"南太孔院"），设在南太平洋大学位于斐济首都苏瓦的总部，由北京邮电大学与南太平洋大学合作办学。南太孔院为满足南太大学学生对汉语学习的需求，先后在南太大学劳托卡校区、瓦努阿图维拉港分校开设中文班，并在瓦努阿图艾玛卢分校和库克群岛校区设立孔子课堂，为广大岛国居民和中文爱好者提供了便利的学习条件，打开了了解中国及中国文化的窗口。南太孔院还积极走出大学校园，在斐济及其他太平洋岛国的幼儿园和中小学开展中文教学，更广泛地服务于太平洋岛国社会。南太孔院已经先后在斐济南太大学幼儿园、"苏瓦国际学校"、苏瓦智能学校开展中文教学和文化体验日活动，积极促进汉语教学的低龄化普及。如从2015年起，南太孔院还在斐济最著名的女校 Adi Cakobau School（ACS）开设汉语课程和文化课。南太孔院的汉语课程教学包括汉语学分课程教学和中小学汉语教学。这些汉语课程的设置不仅受到了该校师生的欢迎，也得到了斐济教育部的肯定。同时，南太孔院还经常举办文化主题活动，与岛国民众互动和交流。自2013年开始，南太孔院每年都会以主题日的形式参加斐济传统节日"红花节"。2016年南太孔院的"红花节"主题日活动以展示中国文化和招生推广为主线，并开设了"文化体验"活动和"汉语课堂"活动。在一周活动期间，有1000余人次的当地民众在孔子学院展台前咨询、体验，许多参与者表现出对汉语和中国文化的浓厚兴趣。[1] 此外，南太孔院还通过举办各种形式

---

[1] "南太平洋大学孔子学院再度亮相'红花节'"，国家汉办官网，2016年9月6日，http://www.hanban.edu.cn/article/2016-09/06/content_655117.htm。

的友谊赛，促进孔子学院与当地华人、华人社团之间的沟通与交流。正如斐济驻中国大使艾萨拉·布莱尼所言，"孔子学院的工作不仅涉及斐济，更关联整个南太平洋地区，我们彼此都有一个共同的目标——加强中国与斐济及南太平洋地区的友好关系"①。

2015年12月，中国在斐济首都苏瓦设立斐济中国文化中心，为中太文化交流搭建了新的平台。正如斐济议长吉科·卢维尼（Jiko Luveni）所言，文化中心会"把中国悠久历史和丰富文化以多种形式展现给斐济民众，使他们从中汲取养分，从而创造更美好生活"②。自2015年12月文化中心成立后，先后举办了一系列文化活动、中文课程、中国美食烹饪培训及中国电影放映等主题活动，到2016年8月，已有超过9000人次参与文化中心的活动，③ 成为中国与太平洋岛国民众进行文化交流的又一重要平台。同时，文化中心还与斐济文化部、苏瓦市政府、南太平洋大学、斐济艺术委员会、斐济博物馆等当地文化艺术机构达成了合作意向，为联手举办文化活动奠定了基础。2016年5月，在文化中心还举办了斐济2016猴年邮票及首日封正式发行仪式。邮票展示了中国红面猴、金丝猴、猕猴和白头叶猴同斐济当地植物融为一体的画面，是中斐两国"文化交流合作的典范"。斐济邮政有限公司董事长劳伦斯·蒂卡拉姆（Lawrence Tikaram）称邮票的成功发行"彰显了两国友谊，拉近了两国关系"。斐济当地主流媒体《斐济太阳报》（*Fiji Sun*）也以"新邮票连接两国文化"为题对邮票发

---

① "斐济驻中国大使艾萨拉·布莱尼访问南太孔院"，国家汉办官网，2015年4月3日，http://www.hanban.edu.cn/article/2014-05/26/content_538036.htm。
② 刘鹏："斐济中国文化中心成立"，新华网，2015年12月15日，http://news.xinhuanet.com/world/2015-12/15/c_1117468709.htm。
③ 鲍捷：《中国文化闪耀南太岛国》，《人民日报》2016年8月22日。

行仪式进行了报道。① 2016年6月，文化中心举办了"民族复兴之路——中华文明历史图片展"。斐济国防部部长蒂莫西·纳图瓦（Timoci Natuva）在致辞中表示，中国人民的勤劳智慧创造了源远流长的中华文明历史，令人十分钦佩，斐中两国应继续加强文化交流，不断推进各领域的交流与合作。在2016年8月举办的斐济"红花节"上，文化中心一亮相就受到围观观众们的鼓掌欢呼，人群中不时有人高呼"你好，中国"。② 继2016年在斐济发行"猴年"生肖邮票之后，2017年融合了斐济自然文化元素的"鸡年"生肖邮票又亮相斐济。斐济妇女、儿童和反贫困部长梅森妮·瓦尼瓦卡（Mereseini Vuniwaqa）女士在"鸡年"生肖邮票发行仪式上致辞时指出，"斐济与中国、中国人民的关系是最重要的双边关系之一"，现在这一重要的关系通过中斐合作发行邮票再次显现——斐济的国花塔基毛基雅花（Tagimoucia）以及鸡蛋花、木槿花和椰子树融进了中国的"鸡年"邮票中。③

（五）逐渐增多的文化外交"引进来"路径

从文化外交的"方向性"路径来看，可以把文化外交发挥作用的途径分为"走出去"和"引进来"两个渠道。其中，"走出去"是中国传统文化外交的主要路径。事实上，通过邀请他国政府官员、媒体、组织和民众到中国参观访问、旅游观光，更能够让他国民众亲身感受到中国的文化、

---

① "New Stamps Combine Two Cultures", Fiji Sun Online, May 5, 2016, http://fijisun.com.fj/2016/05/05/new-stamps-combine-two-cultures/.
② 鲍捷：《中国文化闪耀南太岛国》，《人民日报》2016年8月22日。
③ Mereseini Vuniwaqa, "New Stamps Another Mark Of China Fiji Relationship", Fiji Sun Online, February 23, 2017, http://fijisun.com.fj/2017/02/23/new-stamps-another-mark-of-china-fiji-relationship/.

中国的发展，增进他们对中国的了解和理解。因此，"引进来"路径也成为中国文化外交大力推行的外交方式。近年来，在开展对太平洋岛国的文化外交方面，中国也在积极发挥文化外交的"引进来"功能，邀请太平洋岛国政治家、记者和旅游团体访问中国，以增进中国与太平洋岛国人民之间的相互了解。例如，从2011年开始的"太平洋岛国政治家联合考察团"项目，就成为增进中国人民和太平洋岛国人民相互了解的重要渠道。截止到2016年，已经先后有6批岛国联合考察团访问中国，足迹遍及北京、银川、广州、厦门、泉州、汕头、舟山、潮州等中国大江南北的诸多城市。考察期间，考察团成员到各地企业参观，与中国官员、企业家和民众进行交流，2014年和2016年考察团还都分别访问了聊城大学和厦门大学。考察团成员在考察过程中不仅"深刻感受到了中国的发展和人民的热情"，而且纷纷表示"回国之后，将把我们在中国的所见所闻告知我们国民，传播中国的友好之情"[①]。

此外，2015年年底，在中国记协的组织下，来自斐济、瓦努阿图等6个太平洋岛国的12名记者参加了"太平洋岛国记者研修班"。研修班以专题讲座、媒体实习、实地采访、交流媒体发展经验等方式展开，太平洋岛国记者团还到北京、泉州等地实地考察了"一带一路"实施进展情况，亲身感受中国经济社会发展。研修团团长、太平洋岛国新闻协会主席摩西斯指出，中国与太平洋岛国地区的民众需要更多的了解，媒体要承担起促进双方交流的责任，希望能与中国媒体开展信息合作，促进两国新闻界的交

---

① "太平洋岛国政治家联合考察团访闽"，福建省人民政府外事办公室网站，2016年9月18日，http://www.fjfao.gov.cn/zwgk/gzdt/zwyw/201609/t20160918_1215717.htm。

流与合作，为两国关系发展作出贡献。①

三 中国对太平洋岛国文化外交的成效

总体而言，通过文化艺术展演、教育文化交流、侨务外交以及孔子学院平台和斐济中国文化中心，中国对太平洋岛国文化外交取得了显著的成效，不仅展示了中国良好的国家形象，增进了岛国民众对中国的了解和信任，也增强了中国在太平洋岛国的文化软实力。下面分三部分予以论述。

（一）增进了太平洋岛国民众对中国和"海丝"战略的了解和认同

文化艺术演出是一种可以超越国界的文化交流活动，富有特色的文化艺术演出不仅可以跨越语言的障碍和文化习俗的限制，而且起到一种"百闻不如一见"的视觉、听觉效果。从20世纪70年代开始，中国每年都会有大量的文化艺术团体到太平洋岛国进行访问演出，太平洋岛国观众在观看演出的过程中，不仅感受到中国文化的魅力，也为中国文化的博大精深所折服。近年来，中国文化外交的"引进来"功能也在不断显现。在中国参加了记协举办的2015年记者研修班的汤加博通广播公司记者表示，以前大多通过西方媒体的报道来了解中国，"只看到硬币的一面"，这次来中国参加研修和参访，第一次听到和看到中国是什么样的，中国在做什么，中国想要做什么，"看到了硬币的另一面"。库克群岛电视台记者表示，在来中国之前，对"海丝战略"几乎一无所知，经过在福建省的两天行程后，

---

① "祝寿臣会见太平洋岛国记者研修团"，中国记协网，2015年12月4日，http://news.xinhuanet.com/zgjx/2015-12/04/c_134884581.htm。

了解了"海丝战略"与太平洋岛国的关系。① 此外,"太平洋岛国政治家联合考察团"项目也成为增进中国与太平洋岛国彼此了解的重要途径。考察期间,岛国政治家无不赞叹我国的快速发展,同时表示将学习中国宝贵发展经验,积极推动各相关国家进一步了解海丝、参与海丝。2016 年第六批太平洋岛国政治家联合考察团成员汤加司法大臣武纳就指出,"21 世纪海上丝绸之路"是太平洋岛国未来发展的宝贵契机,呼吁各岛国政治家积极参与海丝建设,寻求共同发展。② 中国中铁一局集团(斐济)有限公司是中国在援建斐济基础设施方面的主要施工单位,该公司在当地的援建工作中不仅把中国人吃苦耐劳、敢于创新的精神、文化带到了斐济,而且积极创新援建模式,培养当地技术、管理人员。从 2016 年开始,该集团把优秀的当地员工送到西安本部进行为期一年的实习培训。2017 年 4 月回国的这些斐济员工在接受《斐济太阳报》采访时均表示,在西安培训学习的一年中,不仅感受到中铁一局本部中国员工的热情和友谊,而且在参观中国历史古迹和生活中处处感受到中国文化的博大,是一次"终生难忘的经历"③。

(二)增强了中国在太平洋岛国的影响力和吸引力

语言是增进国与国之间相互了解和认同的重要载体,一国语言的国际传播力和影响力也是该国文化软实力的重要体现。近年来,中国通过孔子学院和斐济中国文化中心的汉语教学、文化交流及文化体验活动,在太平

---

① "访华感言|太平洋岛国记者:从陌生到亲近的访学",中国记协网,2015 年 12 月 17 日, http://news.xinhuanet.com/zgjx/2015-12/17/c_134926233.htm。
② "太平洋岛国政治家联合考察团访闽",福建省人民政府外事办公室网站,2016 年 9 月 18 日,http://www.fjfao.gov.cn/zwgk/gzdt/zwyw/201609/t20160918_1215717.htm。
③ Rahul Naidu, "China Firm Recognises Locals", Fiji Sun Online, April 3, 2017, http://fijisun.com.fj/2017/04/03/china-firm-recognises-locals/。

洋岛国掀起了一股学汉语、用汉语的热潮。2005年，汉语被列入逸仙中学毕业考试科目，标志着华文教育已经融入了当地的主流社会，斐济政府还打算把汉语普通话列入斐济中小学的必修项目。中文也成为当下斐济中国文化中心最热门的课程，文化中心的学生包括斐济政府官员、其他国家驻斐济外交官、高校学生、商场店员等，"他们都认为学习中文对现在的工作及未来的发展十分有益"。汉语的传播不仅增进了太平洋岛国民众对中国的了解和认可，而且正在以润物细无声的方式融入当地人的生活。在酒店、餐馆、出租车等服务行业以及商场和农贸市场里，服务人员和商贩大都会用中文说"你好""谢谢""你好，欢迎来到斐济"。苏瓦农贸市场的小商贩乌拉娜丽可以用标准的中文与中国游客交流。乌拉娜丽坦言，"最近两年，来斐济旅游的中国游客越来越多，会讲些中文，生意也会更好"[1]。在密克罗尼西亚联邦、萨摩亚、瓦努阿图、汤加等国，当地许多民众可以用简单的中文同中国游客打招呼，"您好""谢谢"等词汇从岛国民众口中"蹦出来"已经不是什么新鲜事。在斐济等尚武的岛国，孩子们特别喜欢中国功夫，尤其是随着越来越多的中国武术代表团访问岛国，许多岛国青少年也能够"展示"一些中国武术动作。

太平洋岛国民众对中国的了解和认同也在不断提升。在2017年1月27日中国农历除夕日，巴布亚新几内亚主流媒体《国民报》（*The National*）用了4个版面推出"中国新年"（Chinese New Year）专刊，集中介绍了中国春节传统文化（Gong Xi Fa Cai）、中巴布亚新几内亚友好合作关系以及中国政府2017/2018学年奖学金公告等内容，增进了巴布亚新几内亚

---

[1] 鲍捷：《中国文化闪耀南太岛国》，《人民日报》，2016年8月22日。

人民对中国的了解。① 2016 年 10 月,《斐济太阳报》(*Fiji Sun*) 的记者跟随斐济代表团参加了在中国东莞市举办的"2016 广东 21 世纪海上丝绸之路国际博览会"。期间,采访了正在中国参加为期三个星期的"太平洋岛国公务员培训"项目的苏瓦市议会卫生督察坦尼拉·洛布瓦(Taniela Lobua)。坦尼拉·洛布瓦指出,中国人民是非常勤奋的民族,富有易于接受新事物的学习精神,"中国的成功主要源于中国人民、中国经济的创造力和中国文化塑造的民族特性"。斐济应该学习中国的基础设施发展模式,并"在复制中国模式的基础上创造斐济自己的基础设施发展模式"——"不仅要发展城镇的基础设施,而且要加强农村的基础设施建设"②。

（三）塑造了中国"强大而可亲"的形象

习近平主席指出,"中国一贯主张国家不分大小、强弱、贫富,都是国际社会平等一员,应该相互尊重、平等相待"③。中国在与太平洋岛国发展关系的过程中,充分体现了这一主张。随着中国经济的高速发展和经济实力的不断增长,中国也明确提出欢迎太平洋岛国搭乘中国快速增长的列车,实现共同发展。因此,近年来中国也不断加大对太平洋岛国的经济技术和教育援助力度。2014 年年底习近平主席在访问太平洋岛国时又宣布了支持太平洋岛国经济社会发展的一揽子计划。从 2014 年开始,中国海军"和平方舟"号医院船也相继访问巴布亚新几内亚、斐济和汤加等岛国并

---

① "Chinese New Year", National Supplement (The National, Papua New Guinea), January 27, 2017.
② "Fiji Should Replicate China's Success: obua", Fiji Sun Online, November 3, 2016, http://fijisun.com.fj/2016/11/03/fiji-should-replicate-chinas-success-lobua-2/。
③ "盘点习近平与南太平洋岛国的渊源",人民网,2014 年 11 月 21 日,http://js.people.com.cn/n/2014/1121/c360300-22973592-6.html。

在当地开展义诊,受到当地民众的热烈欢迎。中国为太平洋岛国提供的援助和技术培训项目,不仅增强了中国在岛国的影响力,也在岛国塑造了中国"强大而可亲的形象"。曾经到中国参加"南南农业技术合作研修班"的巴布亚新几内亚农业部食品安全司司长也在巴布亚新几内亚主要报纸《信使邮报》上发表文章,赞扬中国政府农业政策在促进社会经济发展、解决农民温饱等方面所取得的巨大成就,并表示中国的经验值得巴布亚新几内亚农业部门学习。[①]萨摩亚议会议长拉乌利·施密特(Laauli Schmidt)也指出,"中国共产党的执政实践为太平洋岛国提供了丰富的发展经验,太平洋国岛将继续加强同中国的交流和合作"[②]。斐济教育、文化遗产和艺术部长马亨德拉·雷迪(Mahendra Reddy)在出席斐济中国文化中心揭牌仪式上指出,斐济中国文化中心的建立不仅表明中国赞同建立"多元文化"的社会,而且给斐济民众"理解和欣赏其他文化提供了机会,有助于推动斐济的全面发展",同时指出,中斐文化交流取得了积极成果,斐济也正在寻求中国在文物保护、数学和科学教育方面给予更大支持和帮助,并希望加强中斐文化交流,包括斐济文化艺术团每年到访中国。[③]南太平洋大学外交和国际事务专家格雷格·弗赖伊(Greg Fry)认为,"中国是太平洋岛国的主要经济和发展合作伙伴。中国在南太地区扮演着越来越重要

[①] "巴布亚新几内亚学员高度评价我援外培训工作",商务部网站,2007年10月26日,http://search.mofcom.gov.cn/swb/searchList.jsp#。

[②] "贾庆林会见太平洋岛国政治家联合考察团",中国新闻网,2012年5月25日,http://china.huanqiu.com/hot/2012-05/2758112.html。

[③] "FIJI AND CHINA DISCUSS CULTURAL COOPERATION", December 15, 2015, http://www.fiji.gov.fj/Media-Center/Press-Releases/FIJI-AND-CHINA-DISCUSS-CULTURAL-COOPERATION.aspx。

的角色,对促进岛国发展作出了重要贡献"①。"中国是岛国的真朋友"②已经成为太平洋岛国民众的共识,而岛国也愿意做中国的好邻居,希望搭乘中国发展的快车,积极参与"海丝"和亚洲基础设施投资银行建设,以促进岛国经济发展和社会进步。

四 中国对太平洋岛国文化外交存在的问题及对策

中国对太平洋岛国的文化外交取得了一定的成效,不过,中国在推进太平洋岛国文化外交的进程中也存在一些不足和制约因素。在中太文化交往中,仍然存在以中国文化展示为主要方式的单项度"交流"为主的问题,双向度的文化交流平台建设仍然较为薄弱。而中太文化交流是异质文化间的沟通与交流,也极易受到沟通方式和文化偏好的影响。此外,西方大国和澳大利亚等南太平洋地区域内外大国对中国防范的增强,也在一定程度上制约了中国对太平洋岛国文化外交的效用。③ 而随着中国"一带一路"倡议的逐步实施,中国也有必要加大熟悉中太双边"国情"的智库和文化交流人才队伍建设,为中太文化外交提供智力支撑和人才保障。

(一) 双向度文化交流平台不足

设立在他国的孔子学院(课堂)和中国文化中心是当下中国与他国公众进行双向度文化交流的重要平台,也是连接中国和世界各国重要的纽带和桥梁。"语言是了解一个国家最好的钥匙,孔子学院是世界认识中国的

---

① "盘点习近平与南太平洋岛国的渊源",人民网,2014 年 11 月 21 日, http://js.people.com.cn/n/2014/1121/c360300 - 22973592 - 6. html。
② 《让互信互利、合作共赢的中国声音响彻南太平洋》,《人民日报》2014 年 11 月 24 日。
③ 徐秀军:《中国的南太平洋周边外交:进展、机遇与挑战》,《太平洋学报》2016 年第 10 期,第 36 页。

一个重要平台。"① 通过这些交流平台的汉语教学、展览、文艺演出等多种文化交流活动，让当地民众直接接触中国语言和中国文化，是消除西方媒体在他国塑造的中国消极印象的重要途径，也是增强他们对中国文化和中华文明的认知，增进中国与他国民众相互了解与信任的重要渠道。自 2004 年中国首个孔子学院建立以来，中国已经在 140 个国家和地区建立了 512 所孔子学院和 1073 个孔子课堂（截至 2016 年 12 月 31 日），② 成立了 30 个中国文化中心，③ 并从 2014 年开始在国外建立"中国文化之家"。这些中外文化交流平台的建立，不仅"为世界各国民众学习汉语和了解中华文化发挥了积极作用，也为推进中国同世界各国人文交流、促进多元多彩的世界文明发展作出了重要贡献"④。然而，目前中国在太平洋岛国仅有一家孔子学院、一所中国文化中心和两所孔子课堂。而且，南太孔院（孔子课堂）和文化中心的汉语教学和文化交流辐射面还比较有限。南太平洋大学由 12 个太平洋岛国合办，大学共有 14 个校区。但目前南太孔院仅在斐济校区、劳托卡校区、瓦努阿图艾玛卢校区和库克群岛校区设有孔子学院（课堂）或汉语教学点，南太孔院的汉语教学还未能覆盖南太平洋大学其他校区。此外，在南太最大的岛国巴布亚新几内亚以及其他尚未与中国建交的岛国，也尚未能建立起有效的文化交流平台。因此，应该增加在太平洋岛国的孔子学院（课堂）和中国文化中心的数量，或与当地机构合作建立"中国文化之家"，充分调动和发挥社会各界力量参与海外中国文化中

---

① 《习近平出席全英孔子学院和孔子课堂年会开幕式》，《人民日报》2015 年 10 月 23 日。
② "关于孔子学院/课堂"，国家汉办官网，2017 年 5 月 5 日，http://www.hanban.org/confuciousinstitutes/node_ 10961.htm。
③ "2020 年海外中国文化中心将达 50 个以上"，中国新闻网，2016 年 12 月 16 日，http://news.xinhuanet.com/book/2016-12/16/c_ 129407323.htm。
④ 《习近平出席全英孔子学院和孔子课堂年会开幕式》，《人民日报》，2015 年 10 月 23 日。

心建设,以增强中国与太平洋岛国文化交流的渠道和平台,积极发挥文化外交"传播文化、沟通心灵、促进世界文明多样性"的作用。

(二)异质文化沟通的影响

中太文化交流属于异质文化间的沟通,一定程度上存在跨文化交流沟通障碍,甚至是偏见和抵制。历史上,太平洋岛国长期属于西方殖民管辖,深受西方文化的影响。直到20世纪60年代以后,在"去殖民化运动"推动下,大部分太平洋岛国才逐渐取得了民族独立和自治。[①] 因此,太平洋岛国文化是一种典型的"混合文化",既吸纳了西方的语言、宗教信仰,又保留了岛国传统文化和习俗。而这些都与中国的东方文化有很大的差异。基于这种差异性,太平洋岛国对来自中国的东方文化、价值观、理念,既有新奇的一面,有时候也会造成异质文化群体间的不理解、误解甚至相抵触的一面,在一定程度上成为中太文化交流的障碍。这也是中国对太平洋岛国文化外交一开始多以文化艺术展演等超越语言和文化的形式存在的原因。然而,文化艺术展演往往受到演出时间和规模的限制,难以在短时间内使岛国民众对中国、中国文化、中国人民有深入的了解。因此,未来中国对岛国文化外交的开展,应注重消除这些跨文化交流的障碍,在交流中要坚持既要体现中国文化的民族特色,又要符合和尊重岛国文化传统与风俗。其次,要改进沟通的方式,用岛国民众听得懂的、能够产生互动的方式进行交流。同时,应该培养更多了解岛国的国际交流人才,加强与岛国间的人员往来,真正实现"思想"的交流。

---

① 曲升:《南太平洋区域海洋机制的缘起、发展及意义》,《太平洋学报》2017年第2期,第3页。

此外，随着太平洋岛国地区战略地位的凸显，近年来美国、日本、澳大利亚等域内外大国也在岛国地区展开了争夺，从经济援助、教育援助到文化交流，不仅在各个层面上加强了与岛国的合作与沟通，而且有联合打压中国在岛国影响力的趋势。因此，未来中国对太平洋岛国文化外交的开展，应以长期文化外交战略为主，如举办双方共同参与的长期文化交流项目、访问学者项目、留学生项目、孔子学院项目等。正如习近平主席所言，"文化交流是民心工程、未来工程，潜移默化、润物无声，"[①]"只要我们加强交流，持之以恒，偏见和误解就会消于无形"[②]。

（三）有待加强的侨务外交

太平洋岛国华侨华人是中国开展岛国文化外交的重要实施主体，然而鉴于华侨华人在岛国仍然属于少数族裔，其社会影响力也比较有限，使得侨务外交的开展仍然存在一定的局限和不足。例如，华侨华人及其华裔数量较多的斐济，目前也不过有2万人左右，在斐济87万人口中仅占2.2%左右，[③] 而且他们对斐济政治、经济、社会的影响力仍然有限。而除了巴布亚新几内亚和斐济之外，其他太平洋岛国的华侨华人无论是数量还是影响力都是微乎其微。此外，近年来岛国新生代华侨华人违法犯罪和非法经营事件时有发生，催生了当地政府和民众对华人的不满甚至怨恨情绪，也损害了华人华侨的形象。鉴于中国政府对海外华侨华人的行为几乎毫无约

[①]《"文化交流是民心工程、未来工程"——记习近平主席会见俄汉学家、学习汉语的学生和媒体代表》，《人民日报海外版》2013年3月25日。

[②] "习近平同德国汉学家、孔子学院教师代表等座谈"，中国新闻网，2014年3月29日，http://www.chinanews.com/gn/2014/03-29/6008489.shtml。

[③] 斐济统计局数据：斐济人口为86.9458万人（2015年），斐济统计局网站，2017年2月10日，http://www.statsfiji.gov.fj/。

束力可言，因此，通过侨务外交加强与岛国华侨华人社团的联系与合作，借助华人社团约束和规范当地华侨华人的行为，塑造华人勤劳勇敢、扎实肯干的形象，将是中国对太平洋岛国文化外交的重要着力点。同时，通过各种渠道给予岛国华侨华人更大的支持和帮助，增强他们融入当地社会的能力，也有助于提升华侨华人在斐济的形象。当然，塑造和提升中国人在太平洋岛国的形象将是一个长期、艰难的过程。

此外，太平洋岛国的华文教育也存在师资力量、普及性不足的问题。而华侨华人聚居区的华文教育力量薄弱，直接导致了第二代、第三代华侨会说中文识汉字的越来越少，在有些岛国的华侨中甚至已经出现了中华文化的传播断层问题。因此，如何使新侨民担当起传播中华文化的重任，成为中国文化外交要完成的重要任务之一。目前，除了南太孔院的汉语教学外，中国政府也已经向斐济的华文学校逸仙中学和中华学校派出了汉语志愿者以提高华文学校的汉语教学水平，但仍然远远不能满足斐济华侨华人社会的汉语教学需要。因此，增强孔子学院的汉语教学能力、派遣更多的汉语教学志愿者、为当地汉语教师的培训提供教材和师资资助，以及在新生代华侨华人中开展文化交流活动，都将有助于提升太平洋岛国华文教育的力度和成效。

（四）从事太平洋岛国研究和文化交流的人才缺乏

从传播学的角度来看，文化外交成效的取得很大程度上取决于受众的接触度和接受度。因此，研究文化外交的客体，了解文化外交受众的特点、习俗和传统，是推进文化外交及取得成效的重要前提和保障。然而，目前中国专门从事太平洋岛国研究的智库和专家学者不仅数量较少，而且在研究的广度和深度方面还存在很大的不足。尤其是相比较于日本、美国和澳大利亚等对太平洋岛国研究较早、影响较大的国家而言，中国研究太平洋岛国的智库、专家团队建设尚处于起步阶段，在与太平洋岛国人文交流方面的作用也比较薄弱。事实上，在当今软实力竞争领域，智库发挥的作用越来越大，智库的竞争力也可看作一个国家软实力和国际话语权的重要标志。据宾夕法尼亚大学智库研究项目（TTCSP）发布的《全球智库报告 2016》数据显示，美国仍然是世界上拥有智库数量最多的国家，共有 1835 家智库。中国虽然已经成为世界"第二智库大国"，但仅拥有 435 家智库，[①] 在太平洋岛国研究领域的国内智库更是少之又少。中山大学大洋洲研究中心是国内较早开始涉猎太平洋岛国的研究机构，但其研究重点主要集中在澳大利亚、新西兰和巴布亚新几内亚，对其他太平洋岛国关注甚少。目前，专门从事太平洋岛国研究的智库只有两家：一是成立于 2012 年的聊城大学"太平洋岛国研究中心"，二是成立于 2015 年的广东外语外贸大学"太平洋岛国战略研究中心"。当下"太平洋岛国研究中心"主要致力于太平洋岛国国情政情研究、基础数据库建设和对外关系研究，而"太平洋岛国战略研究中心"则致力于开展与太平洋岛国的"全方位合作"研究。相对而言，在发挥智库的文化外交人才支撑和文化交流作用方面，两者都较为欠缺。近年来，聊城大学先后接待了太平洋岛国外交使团、南太平洋大学访问团等人文交流团体，也派出访问学者、援外教育团体赴萨摩亚、斐济进行交流，但规模和频率都还非常有限。而 2017 年 3 月刚刚成立的北京外国语大学太平洋研究中心，计划将研究领域"覆盖太平洋区域政治、外交、投资、商贸、法律、语言、文化、旅游、历史等多个方面"，

[①] "全球智库报告 2016：中国智库数量位居全球第二"，央广网，2017 年 1 月 26 日，http://cn.chinagate.cn/reports/2017-01/26/content_40182418_2.htm。

其效用尚待观察。因此，加强太平洋岛国研究的智库和人才队伍建设，对于推动中国对太平洋岛国文化外交的开展、促进岛国对"海丝战略"及实施途径的认知，都将起到积极的作用。同时，智库对太平洋岛国政治、社会、文化和舆情的研究，也将为中国文化走进太平洋、为"海丝"南线战略的实施提供社会基础和文化基础。

总体而言，中国对太平洋岛国文化外交的渠道和途径比较广泛，新的交流平台也在不断建立。中国对太平洋岛国文化外交也取得了良好的效果，不仅增进了岛国民众对中国的了解，提升了中国在岛国的软实力，也为中太关系的发展奠定了社会基础和民意基础。近年来，太平洋岛国也开始派出艺术团到中国交流展演，在为中国人民带来浓郁太平洋风情的同时，也进一步加深了中国与岛国民众之间的了解。不过，我们也应该看到，中国对太平洋岛国文化外交的推进路径仍然存在诸多不足，以及受异质文化因素的影响和大国竞争性文化外交的影响，中国在岛国的影响力比较有限，而且软实力的提升主要集中在与中国建交的 8 个岛国的关系上。因此，改进中国文化外交实施的途径，增强双向度文化外交项目，增加孔子学院的数量、增强其辐射力，将更有利于中国对太平洋岛国文化外交的开展和效用的取得。

（原载《太平洋学报》2017 年第 9 期）

全球化的困境及未来走向刍议

刘丽坤[*]

在全球金融危机的冲击之下，全球经济秩序日益趋向碎片化。由于现有经济秩序难以实现包容性的经济增长与繁荣，对这一秩序的质疑与挑战陡增。除了修正现有经济秩序的运行航线，今天的经济秩序沦为无序状态的风险将日益增大。

当下的国际经济秩序是在"二战"后由美国及其盟友创建的，它的基础则是多边机构，包括国际货币基金组织和世界银行。这些机构旨在明确成员国的义务，并体现为一套最优的经济政策实践，这一套经济政策实践逐渐演化为著名的"华盛顿共识"。华盛顿共识根植于一套经济学范式，这一范式旨在促进国家间的双赢互动，强调贸易自由化、相对无限制的跨境资本流动、自由市场定价和国内放松管制。所有的这一切与冷战初期苏东集团和中国的经济实践截然相反。

几十年来，西方主导的国际秩序运作良好，实现了经济的繁荣和相对

---

[*] 刘丽坤（1981—），男，山东阳谷人，聊城大学政治与公共管理学院讲师，研究方向为国际关系、国外社会主义。

的金融稳定。之后，它遭受到2008年全球金融危机的冲击，引发了一连串的经济灾难，使整个世界陷入大萧条的危机边缘。这是20世纪30年代大萧条以来最严重的经济衰退。但是，冲击国际经济秩序的危机并不是突然而来的。恰恰相反，结构性经济调整的速度远超国际秩序演化的速度，而多边治理机构花费了太长的时间才认识到金融业发展的重要性及其对实体经济的影响。

中国调整国内经济议程以履行其国际经济责任的努力，则又使多边治理机制改革滞后的后果更加复杂化。其他一些国家，特别是发达经济体，也未能有效地调整国内政策以应对全球化、放松管制和自由化带来的经济关系的变革。所有这一切的结果就是，赢家与输家的平衡被打破，并趋于极端。由于太多的人感觉被遗忘和边缘化，并对国内领导人和多边治理机构产生怨恨情绪，世界各国国内政策压力加剧，导致许多国家日益内向。

这一趋势反映在近期出现的对现有经济秩序的挑战之中，如北美自由贸易协定、美国退出跨太平洋伙伴关系协定以及英国放弃欧盟成员国资格等。所有的这些变化都给全球经济体系的未来投下了阴影。虽然美国将其政策重心移向国内的趋势已经持续了若干年，但是美国的内转还是产生了重大的影响，因为这使现有的国际秩序失去了一个主要的协调者。因为没有其他任何国家或国家集团能取代美国的领导角色，美国政治学家伊恩·布雷默所言的"G0时代"极有可能会出现。

这些动态正在引发贸易紧张局势，并提高经济分裂的风险。如果这种趋势持续下去，全球经济和金融结构将会变得越来越不稳定，加剧地缘政治与安全威胁。随着时间的推移，与全球经济无序状态相关的风险可能对地缘政治和国家安全造成严重的不利影响。下面分三部分予以论述。

一 反全球化运动的兴起

在"二战"后的数十年中,许多国家共享着一个基础性的经济愿景。它们支持开放的国际贸易体系,允许货物、资本、人员跨边界自由流动,鼓励数据与技术的快速流动。随着国际贸易的扩张,全球的生活水平急剧提升,亿万民众脱离贫困。然而今天,全球化经济的每个层面都饱受责难与非议。反对自由贸易和无限制跨境资本流动的情绪与动议迅猛增长;信息自由流动的理想与呼吁隐私权、知识产权保护、增强网络安全的声音迎头相撞;在发达国家,随着中东难民潮席卷整个欧洲,民众反对移民的情绪不断增长;多边贸易谈判步履维艰:自1995年成立以来,世界贸易组织尚未在任何一轮谈判中取得全面的成功。

2016年6月,英国脱欧引发欧盟史上最严重的政治危机。在美国,特朗普上台后誓言推行"美国优先"政策,他退出跨太平洋伙伴关系协定(TPP),还承诺将就北美自由贸易协定重新谈判。美欧正在进行谈判的跨大西洋贸易与投资伙伴关系协定(TTIP)也面临着一个不确定的未来。虽然美国在战后主导了现有国际秩序的建立,但而今由于美国在维护国际秩序上丧失了兴趣,全球化的未来在很大程度上将取决于中国。迄今为止,中国正在努力维持一个开放的全球体系。在技术变革迅猛发展的今天,全世界的政治家与决策者需努力推行改革,以保存全球化的成果,并努力遏制全球化的负面效应,否则悔之晚矣。

过去70年,全球化进程稳步加速。绝大多数国家接受了开放的全球贸易体系,但很多国家常常设立壁垒以管控变革的步伐。发展中国家时常通过延缓开放特定的经济部门来保护新兴工业,并且限制资本流动,以避免金融系统受损。发达国家有时也会干预经济，以减少自由贸易带来的经济波动。尽管如此，发达国家并未成功减轻国际贸易与技术变革带来的负面影响。这导致西方民众将制造业工作岗位的减少与收入差距的扩大归咎于自由贸易，正是这种反自由贸易情绪帮助特朗普入主白宫。在传统的倡导全球化的地区——美国与欧洲大陆，民众对开放型经济的支持已经急剧减少。2016年11月，舆观调查网（YouGov）和《经济学家》的民意测验结果显示，只有不到一半的美国人、英国人和法国人认为全球化代表着"使人变好的力量"。

二 自动化和经济困境的双重压力

在"二战"后的国际秩序中，多边机构扮演着重要的领导角色。但是，诸如世界银行这样的国际机构在应对新兴经济体的崛起上备感吃力。因为这些国际机构仍被美国与欧洲主导，这使它们在发展中国家丧失了部分公信力和影响力。然而，美国与欧盟在未来几年都不太可能向这些机构投入巨额资源。随着多边国际机构的边缘化，全球经济体系更易受区域性和系统性金融危机的冲击。同时，早期关于互联网与信息自由流动的乐观情绪已消失不见。斯诺登事件、网络攻击、虚假新闻以及恐怖组织利用网络招募成员和策划袭击等事件表明，信息技术既可以促进全球化，也可以颠覆全球自由经济秩序。互联网面临的未来比20世纪90年代许多人想象的更复杂、更规范、也更碎片化。在未来几年里，许多国家可能会以安全的名义限制信息、数据和知识的自由流动。

全球经济面临的许多挑战，其根源都肇始于世纪之交。1999年欧元发行，为时今欧洲的经济困境埋下了隐患。2001年中国加入WTO，开放国内市场并与全球经济接轨。同时，自动化与数字技术的经济影响开始加速呈现。多年来，自动化使得蓝领工作趋于消失，低薪白领工作减少。最近在传感器、机器学习和人工智能等领域的突破使更多的工作岗位岌岌可危。在几乎所有发达经济体中，中等收入就业岗位都在减少，低薪和高薪工作岗位却在增加。

面对自动化的挑战，世界各国以不同的方式进行了回应。丹麦、德国和瑞典通过税收系统进行财富的再分配，扩展社会保障体系和投资教育来减少社会不平等，这些努力已经取得成功。在这些国家，工会的力量较强大，工会与商界彼此信任并且平等主义的文化规范较为盛行。但在缺少这些因素的国家，尤其是英国与美国，收入、财富和机会的不平等已急剧扩大。缺少相应的政策调整以及精英群体对这些问题的漠不关心都造成弱势群体对全球化的愤慨。

对旧秩序的反动并不是一蹴而就的。曾经，人们认为经济上的困境是2008年金融危机造成的，是暂时性的。但随着时间的推移，人们开始怀疑工作机会的减少已成为经济景观的持久特征。由此，他们开始把矛头指向精英群体。在经济与技术力量冲击着自己的国家，而政策决策者对此却不加限制之时，人们开始尝试重新掌控自己的命运，并重申国家主权。这一点在欧洲尤为突出。在欧洲，与移民相关的主权已经受到欧盟法律的诸多限制，这也成为英国决定脱欧的最重要因素。即使在开放的全球体系中受益的民众也投票支持脱欧，他们认为脱欧会使他们更好地掌控自己的命运。

三 带有中国特色的全球化

随着美国与欧洲将政策重心移向国内，维持国际自由经济秩序的重任将落在中国肩上。在达沃斯世界经济论坛上，中国国家主席习近平重申中国对全球化的承诺。通过发起众多经济动议，包括亚洲基础设施投资银行（以下简称"亚投行"）、"一带一路"倡议和新开发银行以及大量海外投资，中国已向世界表明，中国有意支持一种带有包容性和多边主义特征的全球化。

中国对多边主义的支持代表着世界向前迈出重要一步。一个以双边关系为基础的世界适合于最强大的国家，而一个以多边主义为基础的世界则适合小国和贫穷国家参与国际事务并发展繁荣。但如果让小国与贫弱国家自给自足，它们则会走向衰败。中国对多边主义的支持已提高了它在小国中的地位。尽管遭到美国的强烈反对，但至2016年已有57个国家加入了亚投行，它们中许多国家是美国的盟友，如澳大利亚、法国、德国、以色列、韩国和英国等。在2017年第一季度，又有13个国家加入，包括阿富汗、比利时、加拿大、匈牙利、爱尔兰和秘鲁等。

但是，如果美国退回到双边主义，而中国意欲填补其空缺的话，中国的经济则需保持持续增长，其他新兴经济体必须增加中国市场的准入。绝大多数TPP成员国，包括澳大利亚、日本和韩国，依赖于对中国市场的出口。中国是它们也是全球新兴经济体的最大贸易伙伴国。如果美国转向贸易保护主义的话，中国这个12万亿美元的经济体仍然难以完全依靠自身力量来支撑全球经济的增长。

特朗普政府认为贸易协定造成贸易赤字高企和制造业岗位流失，并声称要对美国的一些主要贸易伙伴国实施制裁。从短期看，美国政府可能会以一些主要贸易伙伴国操纵汇率为借口，针对性地提高关税，实施反倾销惩罚和贸易限制。特朗普政府也许还会对跨国公司进行恫吓，迫使它们在美国设立工厂。目前为止，除了退出TPP，并严厉指责贸易协定和贸易伙伴国之外，特朗普已力图避免再采取破坏性的行为。但是，如果他的国内政治议程走向破产，一个挫败的特朗普政府会实施更强有力的保护主义政策，进而导致与其他国家发生贸易战。

尽管如此，乐观前景依然存在。特朗普政府的目标，如税收改革、基础设施领域的公共投资和放松管制，可以刺激私人投资，促进美国经济发展，进而带动全球经济增长。但为实现这一结果，特朗普必须避免与媒体和法院产生不必要的冲突，也必须巩固党内议员的支持。与此同时，其他国家的政策制定者和企业在怀有乐观期冀的同时，也须做好最坏的打算。

（原载《社会科学报》总第1568、1578期）

学术动态

聚焦文化自觉与马克思主义文化理论内在关系的精心架构

——《列宁文化自觉思想研究》评介

黄明理[*]

学界一般认为,马克思主义经典著作中并没有明确提出文化自觉这一概念,也没用专门论述文化自觉的文章、书稿或书信。但是长期致力于马克思主义理论研究的陈兆芬副教授在其新作《列宁文化自觉思想研究》(人民出版社 2017 年版)一书中,通过对他们丰富文化理论的耙梳,独辟蹊径以列宁文化自觉思想为个案将文化自觉与马克思主义文化理论的内在关系进行了精心架构,克服了以往学者认为马克思主义文化理论已经有自己完善的学术规范体系,如果硬要引进"文化自觉"这个概念必然引起思想混乱的固见。陈著更是对有些学者认为的"文化自觉"只是中国共产党关于文化建设的指导思想、原则方针的一种新理念,现有研究已经非常充分,没有必要再对其进行系统性分析的错误认识的积极回应。其实,通览

---

[*] 作者为河海大学马克思主义学院教授、博士生导师。

全书，本书作者秉持着解剖典型，精做个案的原则，演绎了文化自觉与马克思主义文化理论内在关系研究的范例，开拓出了马克思主义文化理论迁移性和通融性研究的一个全新领域，这应当是《列宁文化自觉思想研究》最大的亮点。下面从三个角度予以论述。

一　聚焦文化自觉与马克思主义文化理论内在关系的精心架构，是马克思主义理论思考与文化自觉实践吁求内在统一的完美体现

理论思考和实践吁求的内在统一是任何学术研究得以选定的重要前提。理论思考只有根植于实践吁求才鲜活，实践吁求只有依赖理论思考才多彩。从理论思考角度看，作者是基于对20世纪特殊的政治经济背景下社会主义国家一诞生就普遍面临的现实文化落后困境与马克思主义经典社会主义文化诉求之间构成的严重矛盾冲突的思维困惑：这一矛盾究竟是什么造成的？是否是经济文化落后国家建立社会主义的必然结果，还是这些社会主义国家跳跃性发展的历史悲剧造成的？为什么列宁执政之始就自觉把文化工作摆在俄国全方位建设的战略层面，从而使布尔什维克在没有任何历史借鉴的情况下总体上按照文化发展规律来建设一种新文化的？但自列宁去世后，苏联共产党在改造或建设文化方面为什么出现了教训多于经验、问题超过成绩的结果，以致成为20世纪90年代历史悲剧的一个诱发因素，这不能不是一个值得社会主义国家深刻思考的问题，更是对肩负着解决思维困惑不断开辟学理新境界等重要责任的广大马克思主义理论研究者提出的重要课题之一。

从实践吁求角度看，"文化自觉"这一理念自1997年费孝通先生大力倡导，其他学者积极探讨和深入阐释以来，到胡锦涛同志2011年在庆祝中国共产党成立90周年大会讲话上首次清晰地提出：我们必须以高度的文化自觉

和文化自信，着眼于提高民族素质和塑造高尚人格，在中国特色社会主义伟大实践中将文化改革推向一个新高潮。而后，又在党的十七大及十七届六中全会作出的《中共中央关于深化文化体制改革推动社会主义文化大发展大繁荣若干重大问题的决定》中，对培养高度文化自觉和文化自信提出了新要求，再到党的十八大报告从"扎实推进社会主义文化强国建设"的战略高度，号召全党和全国人民一定要树立高度文化自觉和文化自信，坚持社会主义先进文化前进方向，表明费老提出的"文化自觉"理念已经从学者的文化自觉发展成我们党的文化思想、国家的文化理念、全民的文化追求。这是我们党紧密联系全球化时代国内外文化建设历史经验，立足于我国改革开放和社会主义现代化建设全局，对文化重要作用、时代价值及其发展理念的新觉醒，同时我们党把树立高度文化自觉的观念、思想和理论写在中国共产党文化旗帜上的这一战略决策，也给我们每一个有担当、有正义感的马克思主义理论研究者开拓新的研究领域提出了新要求、新期盼。

因此可以这样说，在当今实践呼求"树立高度文化自觉和文化自信""扎实推进社会主义文化强国建设"的社会背景下，作者聚焦于文化自觉与马克思主义文化理论内在关系的精心架构，是作者理论思考和实践呼求内在统一的完美体现，也彰显了作者作为一位先进知识分子对中国文化境遇及其利弊得失考虑的担当意识。

二 聚焦文化自觉与马克思主义文化理论内在关系的精心架构，是马克思主义回应现实挑战与期待实践能力增强的完美体现

20世纪末伴随着苏联东欧国家的改旗易帜，社会主义的"苏联模式"成为明日黄花，而列宁领导和开启的苏联共产党执政也已烟消云散，尽管

不是全部但至少在某种程度上，自列宁去世后苏联共产党对于文化改造和建设的失误和教训是社会主义历史悲剧的一个诱发因素，这不能不是一个值得社会主义国家深刻思考的问题。

尤其当今全球化时代伴随着经济贸易科技的深入发展，资本、技术、信息、人员的流动彻底打破了以往地域、民族和宗教、文化的壁垒，促使包括知识、意识形态、价值观念在内的各种文化超越国界进行交流的同时，其间的摩擦、震荡、渗透、整合和交融亦是越来越激烈、越来越复杂。从国际上看，人类社会在经济全球化领域进步空前凸显的同时，那些凭借着强大经济优势占据着历史跑道最佳位置的西方国家，却是不择手段和变本加厉地妄图使西方的政治、意识形态和文化价值成为全球化价值的核心。它们不断地以工业化方式大批量地生产和复制着文化产品，借经济全球化之机大量地输出文化产品，进行着西方文化的渗透和宣传，腐蚀着发展中国家人们的社会生活和心理，荡涤着发展中国家的民族文化，影响着发展中国家的文化建设观念。从国内看，伴随着我国社会主义市场经济体制的建立和信息化进程的加快，我国首当其冲地成为西方文化渗透和影响的重灾区，从人生观、价值观和道德观的扭曲，到极端个人主义、拜金主义、享乐主义的泛滥等，它们无不是西方意识形态、价值观念以及以话语权、文化产业、文化消费品等为标识的文化领域的争夺、侵蚀、渗透、消磨的恶果，因此面对全球化时代国际上西方文化霸权渗透的愈演愈烈和国内社会文化及道德乱象的泛滥丛生，世界各国普遍将关注的焦点聚焦于：马克思主义创立的"社会主义旗帜"还能打多久；社会主义的"中国道路"如何继续前行；中国共产党执政能否进一步巩固和取得更大的成功。

其实，无论是西方文化的霸权心态，还是国内社会文化的乱象都是没有清醒地自觉地认识到自身文化的优势和弱点。有的只强调本文化的"优越"而置弱点于不顾，有的只强调本文化的"统一"而畏惧革新发展。这都是经济全球化语境下"文化不自觉"的表现。因此，在新的时代条件下作者聚焦文化自觉和马克思主义文化理论内在关系的精心架构，既是作者树立高度文化自觉，加强社会主义文化转型的自主能力，取得决定适应新环境、新时代文化选择的自主地位，应对全球化时代国际上西方文化霸权渗透和国内社会文化及道德乱象丛生的理论表现，也是作者完整阐释马克思主义理论的原则方法问题，增强马克思主义回应现实挑战与期待的实践能力的完美体现。

三 聚焦文化自觉与马克思主义文化理论内在关系的精心架构，是马克思主义科学性研究视角与认识维度拓展的完美体现

目前，从学界日趋丰厚和成熟的马克思主义文化理论研究成果来看，基本上能够全面、深刻地挖掘其精华，并呈现出一些鲜明的特色，例如：有的研究者在准确理解马克思主义经典作家关于文化的经典话语前提下，能够进行精当分析，剖析出马克思主义文化理论形成和发展的脉络，并能从不同的角度和侧重点对文化理论的内容展开深入探讨，体现了他们深厚的理论功底和对经典著作犀利的理解力。有的研究者自觉将苏东面临的文化难题与我国文化建设所要思考的命题相结合进行研究，并形成了一大批关于怎样从马克思主义文化理论的精华中吸取理论指导与实践借鉴，用于推动我国社会主义文化建设的研究成果，深刻体现了研究者的主体自觉意识和对发展中国文化历史责任的主动担当。但是近年来随着国内外学术界

对文化自觉研究的持续升温，马克思主义理论自觉的研究也逐渐成为争相研究的主题。这样，伴随着对马克思主义理论自觉研究的不断扩展就把对马克思主义经典作家文化理论的探索推到了学术研究的前沿，逐渐成为学术界争相研究的重要课题，围绕着他们的文化理论和自觉问题也产生了一些有代表性的学术成果。列宁作为马克思主义经典作家中的重要一员，也是在马克思主义发展史上是第一次自觉地、全方位地促进了马克思主义的文化理论与俄国的具体社会实践的结合，推动了社会主义文化的形成和发展，彰显了马克思主义文化理论的实践维度。

事实上列宁文化理论的架构，并非源自建立逻辑体系的理论旨趣和单纯的人文气质与文化情怀的凸显，而是出于列宁对文化的历史地位、发展规律及其发展责任高度自觉的结晶。由此可以说，列宁文化理论不仅是列宁对社会主义文化建设探索的成果，更是列宁社会主义文化自觉思想的理论体现。所以，陈兆芬以列宁为个案聚焦文化自觉与马克思主义文化理论的精当架构，在一定程度上是对列宁文化理论科学价值的研究视角和认识维度的拓展。

文化自觉问题自从学术层面提出，到中央层面在十八大把建设社会主义文化强国，"树立高度的文化自觉和文化自信"提升为党的文化工作方针以来，学界关于文化自觉研究可谓是正逢其时，但是关于文化自觉理论体系的架构从概念界定、学科理论、范畴体系、研究方法等方面还处于探索阶段，尤其关于阐释文化自觉与马克思主义文化理论内在联系的研究极为薄弱。列宁作为世界上第一个在落后国家执掌政权的共产党领袖人物，能够对民族落后文化及其带来的缺陷或危害有一种清醒的文化批判和自觉的文化建构意识。这种文化自觉意识不仅是必要的而且实际已经成为一种现实的存在，因而抚今追昔、殷鉴不远，以列宁文化自觉思想为个案聚焦于文化自觉与马克思主义文化理论内在关系精心架构的重要意义是期望能为我国文化强国建设的途径选择和政策操作寻找科学发展之路，最终实现马克思主义理论研究魅力与价值的完美契合。

当然，本书以列宁文化自觉思想为个案聚焦文化自觉与马克思主义文化理论内在关系的精心架构，耙梳史料，经纬俱陈，条分缕析，开拓出一个全新的研究领域，使该书具有深厚的历史感和丰富的立体感。毋庸讳言，纵观全书还有很多问题需要进一步探讨，有的问题还需要做更为细致、更为深入的研究。如该书对列宁文化自觉思想的形成背景着墨浓淡不相宜，对全球化时代国际上西方文化霸权渗透和国内社会文化及道德乱象丛生的理论根源有待进一步具体微观的分析。但是，存在于"白璧"之中的这些"微瑕"并不影响这部著作的探索精神和学术价值。

20世纪60年代以来非政府组织和环境非政府组织研究述评

刘子平[*]

自20世纪60年代以来，日趋严重的环境问题使人类社会面临史无前例的挑战，各种非政府组织大量涌现。它们在地区和世界范围内开展各种活动，发挥了显著的作用，环境非政府组织就是其中非常引人注目的一类。由于环境问题自身具有的全球性、整体性、渗透性、公益性等特征，环境问题的解决需要各种力量的相互配合与协作。仅仅依靠主权国家政府来实现对环境问题的最终解决是不现实的。尽管主权国家政府在环境治理与环境保护中发挥了重要作用，但现实中的两方面矛盾制约着主权国家的环境治理与环境保护：一是各国政府主权的有限性与环境问题的跨国性之间的矛盾；二是各国政府的民族利己主义与环境问题的国际公益性之间的矛盾。这两方面矛盾的存在使主权国家政府在面对复杂的环境问题时要么是力不从心，要么是追求短期的政绩和利益，而把环境治理与保护置于经

---

[*] 刘子平（1979— ），男，博士，聊城大学政治与公共管理学院政教系主任、副教授、硕士生导师，山东省中国特色社会主义理论体系研究中心特约研究员。

济增长之后，甚至对环境与资源进行滥用而造成难以弥补的环境灾难。在一些国家，政府就是导致本国生态环境恶化的主要原因。正是由于主权国家政府在生态环境治理上越来越力不从心，环境非政府组织作为生态环境治理中的一种新的、具有特定作用的新生重要力量，走向国家政治舞台的前台。环境非政府组织利用自身具有的信息优势、知识优势和机制优势，通过加强与社会各界的沟通，采取集体行动向国际社会和各国政府施加压力，促进了国际生态环境事务决策的民主化与透明化。

作为一种作用发挥日益显著的社会力量和行为体，非政府组织和环境非政府组织正受到越来越多的关注。非政府组织引发的社会团体变革也为社会科学研究者提供了丰富的研究内容和日程。非政府组织正以其独特的魅力吸引着越来越多的政治学、国际政治与国际关系学、社会学、心理学等各界研究者的视线。国内外学术界对非政府组织及环境非政府组织进行了深入的研究与探讨，成果丰硕。下面分三部分予以介绍。

一 国外非政府组织和环境非政府组织研究的兴起与进展

非政府组织的广泛发展和在国际政治中起到的作用越来越大，是"二战"战后以来引人注目的新问题。正是由于非政府组织在国际体系中发挥的作用愈加显著，西方学术界开始关注和研究它。关于非政府组织研究的兴起是从20世纪60年代末70年代初开始的。这一时期西方学者研究的主要特点是：主要采用跨国关系的分析框架，相关的非政府组织和环境非政府组织的研究主要放在跨国关系和非国家行为体的总体研究中，但缺乏相应的独立性。[1] 罗伯特·基欧汉和约瑟夫·奈合著的《跨国关系与世界政

---

[1] 刘贞晔：《国际政治领域中的非政府组织》，天津人民出版社2005年版，第12页。

治》(Transnational Relations and World Politics) 是这一时期研究的代表著作。这一时期的学者把非政府组织看作国内政治的影响因素之一。随着罗伯特·考克斯《社会力量、国家与世界秩序：超越国际关系理论》一文于1980年的发表，国际政治的研究开始转向对社会力量的关注和研究。20世纪90年代以后，西方学界开始把非政府组织作为国际治理体系网络中不可缺少的一个行为主体来进行研究。非政府组织的研究在各个方面得到了发展和深化。西方学术界开始从理论上构建非政府组织研究的理论框架，研究深入了各种领域，如环境、人权、妇女、和平、人道救助等领域，也包括对一些重要的国际非政府组织的个案研究。可以说从20世纪90年代至今的这一段时期，是非政府组织和环境非政府组织研究的快速发展时期。这一时期的非政府组织和环境非政府组织的研究主要表现为以下五个方面。

第一，把非政府组织看作参与国际政治的一种重要力量进行研究，并发表了大量的研究成果。其中代表作有：玛格丽特·E.凯克（Margaret E. Keck）等著的《超越国界的活动家——国际政治中的倡议网络》(Activists beyond Borders: Dvocacy Networks in International Politics)，唐·乔纳森（Don Johnathan）著的《全球化与非政府组织：转型商务、政府与社会》(Globalization and NGOs: Ransforming Business, Government and Society)，尼尔森·保罗（Nelson Paul）著的《世界银行和非政府组织：非政治化发展的界限》(The World Bank and Non-governmental Organization: the Limit of Apolitical Development)，亨利·F. 凯里（Henry F. Carey）著的《缓解冲突：非政府组织的作用》(Mitigating Conflict: the role of NGOs)，Bas Arts 著的《全球非政府组织的政治影响：气候和生物多样性公约的个案研

究》(The Political Influence of Global NGOs: Ases Studies on the of Climate and Biodiversity Conventions)。

第二，从宏观和微观的层面来研究环境非政府组织。宏观上，是从政治学的研究视角分析环境非政府组织对国际政治的影响以及其在全球环境外交上所起的作用；微观上，详细分析和阐释了环境非政府组织在某一问题领域、某一地区的作用或环境非政府组织与政府间国际组织的关系等。代表作有：约翰·E. 卡罗尔（John E. Caroll）著的《国际环境外交》(International Environmental Diplomacy)，托马斯·普林森（Thomas Princen）著的《世界政治中的环境非政府组织：世界与地区的联络》(Environmental NGOs in World Politics: Linking the Local and the Global)，彼得·威利茨（Peter Willets）著的《世界的良知：影响联合国系统的环境非政府组织》(The Conscience of the World: the Influence of NGOs in the UN System)，李-安妮·布罗德赫德（Lee-Anne Broadhead）著的《国际环境政治：绿色外交的限制》(International Environmental Politics: the Limits of Green Diplomacy)。

第三，从环境运动和全球环境政策角度对环境非政府组织自身特点或作用进行专门研究。代表作有：约翰·麦考密克（John McCormick）著的《收回乐园：全球环境运动》(Reclaiming Paradise: The Global Environmental Movement)，洛林艾利奥特（Lorraine Elliot）著的《全球政治中的环境》(The Global Politics of the Environment)。

第四，从治理和公民社会理论的视角来分析和研究非政府组织。比较典型的有：詹姆斯·罗斯诺（James Rosenau）主编的《没有政府的治理：世界政治中的秩序和变化》(Governance without Government: The Order and Change in World Politics)，保罗·韦普纳（Paul Kevin Wapner）著的《环境行动主义和世界公民政治》(Environmental Activism and World Civic Politics)，亚历杭德罗·科拉斯（Alejandro Colás）著的《国际民间社会：世界政治中的社会运动》(International Civil Society: Ocial Movements in World Politics)，LM·萨拉蒙（LM Salamon）著的《全球公民社会：非营利部门视界》(Global Civil Society: on-Profit Sector Perspective)。

第五，从法律的视角来分析和研究非政府组织。西方学者对非政府组织的法律地位的研究也是比较多的。例如，亚历山大·基斯（Alexander Keith）《国际环境法》(International Environmental Law)从国际环境法的角度讨论了非政府组织的地位和作用，并以世界野生生物基金会和国际自然保护同盟为案例阐述其对于国际环境法的重要意义。① 法尔哈纳·亚明（Farhana Yamin）著的《非政府组织和国际环境法：角色和责任的批判性评价》(NGOs and International Environmental Law: A Critical Evaluation of Their Roles and Responsibilities)对非政府组织在国际环境法中的发展历史、扮演的主要角色进行了详细的梳理和分析，认为非政府组织在国际环境法中地位将日益突出。②

二　国内非政府组织和环境非政府组织的研究缘起与进程

与西方学术界相比，我国非政府组织研究起步的时间较晚。直到20世纪90年代末，我国学者才开始注重对非政府组织的研究。1998年清华大学成立了NGO（非政府组织）研究所，其是国内较早专门从事非政府组织

---

① [法]亚历山大·基斯：《国际环境法》，张若思译，法律出版社2000年版，第151—152页。
② Farhana Yamin, "NGOs and International Environmental Law: Critical Evaluation of their Roles and Responsibilities", RECIEL, Vol. 10, No. 2, 2001, pp. 149–162.

研究的机构之一。此后，北京大学公民社会研究中心和浙江大学公民社会研究中心也相继成立。国内非政府组织研究步入发展时期。经过不懈的努力和深入研究，国内也涌现了一大批有关非政府组织研究的优秀成果。这些研究成果主要集中在对非政府组织的总体研究、比较研究、个案研究和非政府组织内部的管理研究等几个方面。

正是在这一背景下，环境非政府组织的研究也逐步发展起来，一系列期刊文章先后发表。这些论文主要从以下五个方面进行了相关的研究。

第一，环境非政府组织的功能与作用研究（侧重于我国的环境非政府组织研究）。王名、佟磊针对日益严重的环境问题，认为"NGO 在环境保护领域内开展着多种多样的活动，在环境治理中发挥着越来越重要的作用，同时分析了发挥环保 NGO 作用所需要的条件，并为促进环保 NGO 发展提出了政策建议"[1]。凌定勋、李科林认为"在当前的环境管理体系背景下，环保 NGO 明确自身的角色定位有利于提高效率，环保 NGO 应以合作者、监督者、环保决策的参与者和环保理念的宣传者的角色规范自己以提高自己的行为能力"[2]。郑克岭、李春明、孙健认为"循环经济在本质上是生态经济，是一种符合可持续发展理念的经济增长模式。在循环经济发展中，必须充分发挥环境非政府组织的功能——循环经济理念宣传和自我教育功能、社会力量的疏导和整合功能、对市场失灵和政府失灵的弥补，进而建立以政府力量为主体、社会公众全面参与的循环经济发展体系。"[3] 王津、陈南等针对我国环境 NGO 在环保领域的快速壮大，认为"我国的环

---

[1] 王名、佟磊：《NGO 在环保领域内的发展及作用》，《环境保护》2003 年第 5 期。

[2] 凌定勋、李科林：《当前环境管理体系下环保 NGO 角色定位及生存环境探讨》，《环境科学与管理》2009 年第 5 期。

[3] 郑克岭、李春明、孙健：《环境非政府组织在循环经济发展中的功能分析》，《大庆社会科学》2007 年第 6 期。

境 NGO 已经初具规模，我国环境 NGO 的面貌与功能已经发生悄然变化，彰显出作为环境政策的倡导者和推动者的倾向"①。蒋惠琴通过"从环境保护运动到环境保护组织的历史考察中，揭示了非政府组织在环境保护方面所起的作用"，提出"环境非政府组织是公共参与环境保护的有效形式"②。刘小青、任丙强选取"怒江建坝"决策公众参与为案例，采用访谈法和文献研究法，提出"怒江建坝决策政治参与是一个由 NGOs 为关节点的开放网络型参与，以媒体工作者和环保生态专家学者为核心的城市知识性中间阶层是中国环境政治参与的引导者和推动者，公众进行环境政治参与的原动力是保护环境，其中 NGOs 环境政治参与的动机具有'环保理念与政治理性并存'的特征"③。

第二，环境非政府组织的法律地位研究。刘芳、徐艳荣在阐释环境非政府组织概念与作用的前提下，分析了中国环境非政府组织的法律地位的现状，他们认为"总体上看，在法律上我国环保 NGOs 面临的困难主要有三个方面，一是组织上很难取得合法的资格，另一方面是资金不足，第三是权利有限"④。为此，他们提出了一些法律建议："一是在环保 NGOs 的设立登记上规定统一的业务主管机关；二是应放松对环保 NGOs 营利活动的限制；三是明确赋予环保 NGOs 等环境主体以环境权；四是完善环保 NGOs 资金筹集渠道的法律。"⑤ 廖建凯认为"当前我国环境保护领域存在着'政府失灵'和'市场失灵'的现实问题，在此背景下，环境保护要求社会调

---

① 王津、陈南等：《环境 NGO——中国环保领域的崛起力量》，《广州大学学报》（社会科学版）2007 年第 2 期。
② 蒋惠琴：《环境非政府组织：公众参与环境保护的有效形式》，《学会》2008 年第 10 期。
③ 刘小青、任丙强：《"怒江"建坝决策中的公众环境政治参与个案研究》，《北京航空航天大学学报》（社会科学版）2008 年第 1 期。
④ 刘芳、徐艳荣：《对我国环保 NGOs 的法律分析》，《当代法学》2002 年第 6 期。
⑤ 同上。

整机制的引入。环境民间组织作为环境保护的一类组织,其生存下去的首要问题是其合法性问题。目前我国环境民间组织的合法性不足。"[1] 针对上述问题,他提出"只有建立在公众法定环境权基础上的环境民间组织,才有可能在法律上获得充分的支持,具备完全的法律合法性。另外,在法律中明确规定公民环境权是解决国内环境民间组织合法性危机的必要条件"[2]。肖晓春从国际环境法的视角阐释了环境 NGO 的法律地位,他认为"目前环境 NGO 在国际环境法中所具有的合法身份主要有咨商身份、观察员身份、合作伙伴身份、'法庭之友'身份。由此可见,环境 NGO 在国际环境法中的法律地位是有限的"[3]。张乐群认为"环境污染和生态破坏问题已经成为当前我国实现经济、社会、环境全面协调可持续发展的主要障碍。建立健全环境公益诉讼制度是保护生态环境的重要方式之一。环境 NGO 作为专业组织,可以弥补公民个人和检查机关作为环境公益诉讼原告的不足"[4]。但他同时指出,"环境 NGO 自身存在着组织缺乏规范化、制度化和法定化;资金来源及运作问题使其开展活动和与政府、企业对抗时力不从心;缺乏长期稳定的宗旨与使命;组织管理存在问题,如缺乏强制性责任机制、运作成本高、管理松散、缺乏社会公信力;缺乏与国内外环境 NGO 的交流与合作等问题,导致其在环境公益诉讼中作用的发挥受到局限,因此,发展路径一是应当加强对环境 NGO 的指导与管理,为其健康发展提供支持;二是尽快完善相关法律法规,对环境 NGO 从行政管理向依法

---

[1] 廖建凯:《国内环境民间组织合法性初探》,《环境科学与管理》2005 年第 3 期。
[2] 同上。
[3] 肖晓春:《论环境 NGO 在国际环境法中的地位》,《黑龙江省政法管理干部学院学报》2007 年第 1 期。
[4] 张乐群:《论环境 NGO 在环境公益诉讼中的困境及其出路》,《兰州交通大学学报》(社会科学版) 2009 年第 5 期。

管理转变;三是作为环境 NGO,应立足环境公益精神和志愿精神,强自律,完善组织体系,提高专业水平;四是加强与国外环境 NGO 的交流与合作,学习它们科学的运营机制,成熟完善的组织架构,环境维权的成功经验等"[1]。任军成从我国环境保护组织的发展现状入手,指出"目前我国环境保护组织由于缺乏相应的法律保护、保障,民间环保组织往往在作用发挥上心有余而力不足,起不到应有的作用"[2],因此应"提升民间环保组织的法律地位;加大政府的支持力度;完善民间环保组织发展中的相关法制"[3]。

第三,对国际环境非政府组织的研究。在 19 世纪至 20 世纪初,环境问题一直被当作国内问题来看待。随着全球化的发展,从 20 世纪 70 年代以来,环境问题日益成为公众关注的焦点,国际环境非政府组织也应运而生并不断得到发展。万俊、罗猛认为"国际环境保护非政府组织的出现有力地促成了国际市民化社会的形成,对变革旧的国际关系格局的思维范式起到了重要作用。"[4] 桑颖认为"国际环境非政府组织是全球环境问题催生的新的国际行为体,它的兴起和发展为全球环境治理注入了新的动力因素,体现了国际合作的新趋势"[5],并且"国际环境非政府组织具有专业性优势、公益性优势、网络化优势"[6],因此其可以发挥"普及环境保护意识、对国家政策和行为的影响、与联合国的合作的桥梁沟通作用"[7]。

---

[1] 张乐群:《论环境 NGO 在环境公益诉讼中的困境及其出路》,《兰州交通大学学报》(社会科学版)2009 年第 5 期。
[2] 任军成:《关于我国民间环保组织的法律保障问题研究》,《前沿》2010 年第 11 期。
[3] 同上。
[4] 万俊、罗猛:《论国际环境保护非政府组织的兴起、形成及其作用机制》,《黑龙江省政法管理干部学院学报》2006 年第 2 期。
[5] 桑颖:《国际环境非政府组织:优势和作用》,《理论探索》2007 年第 1 期。
[6] 同上。
[7] 同上。

第四，对国外环境非政府组织的研究。随着环境问题的日益凸显，环境非政府组织的研究也愈加深入，对国外环境非政府组织的研究成果也愈加丰富。李峰以英国的环境非政府组织为研究对象，分析了英国环境非政府组织的发展历史与典型阶段，在此基础上提出了英国环境非政府组织在英国政治生活中的地位和作用。① 饶传坤以英国的一个环境保护组织——英国国民信托为案例，分析了英国环境保护组织在保护英国的自然环境和历史文化环境中起到的作用，提出其成功运作对我国的经验启示："营造良好的政策环境，整合各地资源，推动民间环保组织和历史文化保护组织的发展；适时制定国民环保信托法，引导民间环保信托组织的发展；激发全民参与意识，提高环保认同度；实施全方位环保政策，保护与开发相结合。"② 张淑兰认为"环境运动在印度有着较长的发展历史，是世界上环境运动规模最大的国家之一，著名的环境非政府组织——拯救纳尔默达运动（NBA）组织的反坝运动举世闻名，然而现今却经历了重大曲折。"③ 通过对印度环境非政府组织——NBA 组织发展与政治动员的分析，她认为"第三世界的环境运动都面临着'发展主题'的强大限制，因而往往'进退两难'；NBA 这个蜚声国内外的环境团体的发展斗争过程中存在着许多问题——严重的'非政治化'、群众基础和社会力量支持有限、严重的'非组织化'。"④

第五，环境非政府组织与国家、跨国公司等其他行为体关系的研究。随着环境治理与环境保护问题的愈加重要与凸显，环境非政府组织成为全球非政府组织体系中的一个重要组成部分。环境非政府组织通过与国家、

---

① 李峰：《试论英国的环境非政府组织》，《学术论坛》2003 年第 6 期。
② 饶传坤：《英国国民信托在环境保护中的作用及其对我国的借鉴意义》，《浙江大学学报》（人文社会科学版）2006 年第 6 期。
③ 张淑兰：《印度的环境非政府组织：以 NBA 为例》，《唐都学刊》2007 年第 5 期。
④ 同上。

政府间组织以及跨国公司等行为体建立起各种各样的关系,推动了自身在全球环境治理与环境保护中的地位与作用提升。赵黎青考察了环境非政府组织兴起的背景条件,分析了环境非政府组织的全球网络体系。在此基础上,他认为"环境非政府组织通过会议、论坛、参与缔结条约等机制与联合国建立了比较密切的联系,对联合国体系的工作产生着日益增大的影响"①。霍淑红认为"随着全球化不断向纵深发展,世界相互依赖的程度日益加深。我们享受着全球化带来的好处的同时,也面临着全球性环境问题的困扰。作为全球经济主体的跨国公司既带来经济的繁荣,也带来了全球性环境问题。从某种意义上讲,全球性环境问题改变着国际关系的内容,影响着国际事务的发展。传统的以强制力为基础的国家权威在对待全球性环境问题时显得有些无力。非政府组织以其所拥有的权威,无形之中形成一种强大的约束力,它们和国家一道合作增强了对跨国公司的制约"②。张密生认为"共同的环保目标构建了政府和环境 NGO 的同盟关系,不同的特征决定了它们在环境保护中发挥着各自的作用。政府的特征决定了政府环境管理中的主体地位和在环境保护中的主导作用。环境 NGO 的特征决定了它是政府力量的补充"③"政府和环境 NGO 之间是合作互助的关系,这种关系是互动的、互补的和互相依存的"④,"政府与环境 NGO 的各自特征和合作互助关系,决定了他们的独立平等和相互监督关系"⑤。郇庆治以自然之友为例探讨了中国环境非政府组织与政府间的关系,他认为"二者之间的关系主要概括为政府支持型为主、政府中立型和政府抑制型为辅的

---

① 赵黎青:《环境非政府组织与联合国体系》,《现代国际关系》1998 年第 10 期。
② 霍淑红:《环境非政府组织:跨国公司行为的制约者》,《教学与研究》2004 年第 10 期。
③ 张密生:《论环境 NGO 与政府的协作关系》,《环境与可持续发展》2008 年第 1 期。
④ 同上。
⑤ 同上。

'政府主导型格局'""影响二者关系格局变化的宏观因素有经济社会环境变化、环境非政府组织自身的阶段性变化和政治机会结构的变化等方面。"①。刘贞晔认为"环境非政府组织的兴起一方面是对环境生态危机日益严重的反应，另一方面也是对传统的国际政治机制在遏制生态环境危机、解决环境问题上的失效所做出的反应。环境非政府组织广泛地参与了主权国家范围内、地区性以及全球性环境治理，其中，对联合国环境事务的参与所发挥的作用最为突出。环境非政府组织对联合国的参与具有提供环境信息和引入新议题、推动环境问题的国际公约的制定和监督实施等方面的重要政治作用"②。

除了上述期刊论文外，国内一些高校的硕士学位论文也有涉及环境非政府组织的研究。例如，外交学院郭灿希在其硕士论文《环境非政府组织和国际环境保护》（2004）以国际环境问题为切入点，分析环境非政府组织在国际关系中的作用和影响。云南师范大学赵雪莉在其硕士论文《20世纪70年代以来的国际环境非政府组织研究》（2008）中从历史学的视角，梳理了国际环境非政府组织的发展概况，分析了各个时段国际环境非政府组织的发展特点。中国政法大学卓君恒在其硕士论文《国际环境非政府组织在全球环境机制中的作用及其影响因素》（2010）中以全球环境机制理论为分析视角，分析了非政府组织在国家、国际组织主导的国际机制中怎样发挥自身的作用。

从全球公民社会视角来研究环境非政府组织目前还没有专著性的成果，一些研究成果散见于全球环境治理的部分章节中。例如，王杰的《全

---

① 郇庆治：《环境非政府组织与政府的关系：以自然之友为例》，《江海学刊》2008年第2期。
② 刘贞晔：《环境非政府组织对联合国的参与》，《保定学院学报》2008年第3期。

球治理中的国际非政府组织》一书，在其第七章"国际非政府组织与全球环境治理"中，部分地分析了环境非政府组织在全球环境治理中的地位、作用和发挥作用的方式。

三 非政府组织和环境非政府组织研究的未来展望

通过以上的文献整理，我们可以发现随着对非政府组织和环境非政府组织的研究越来越多，研究的深度和角度也在不断增加，有社会学的，也有政治学、历史学的。非政府组织的研究既有对其概念的争论性研究，也有对其地位、功能、法律地位，还涉及非政府组织的国际、国别的案例研究。总体来说，非政府组织已经日益成为研究的一个热点。关于非政府组织和环境非政府组织的研究成果也将会不断增加。国内外关于环境非政府组织的大量研究成果，无疑给环境非政府组织在环境治理中的作用研究提供了大量丰富的材料。但关于环境非政府组织的研究基本上是介绍性和描述性的，深入的理论研究较少，对具体案例的实证分析和研究也不多。对非政府组织和环境非政府组织在环境治理中的角色和作用的分析常常带有极端化倾向，要么过于乐观，要么过于悲观。因此，笔者认为，在已有研究成果的基础上可以从更加细化深入的视角来研究环境非政府组织，从而对其在生态环境治理中的作用做一个客观公正的评判，探讨环境非政府组织发挥作用的动力机制，从而对其健康发展提出积极的建议。

（摘自《环境非政府组织在环境治理中的作用研究》，中国社会科学出版社2016年版）